致敬西泠印社建社120年

西泠印社

XILING SEAL ENGRAVER'S SOCIETY

Edited by Xu Jifeng

Xiling Seal Engraver's Society Publishing House

许继锋 编著

西泠印社出版社

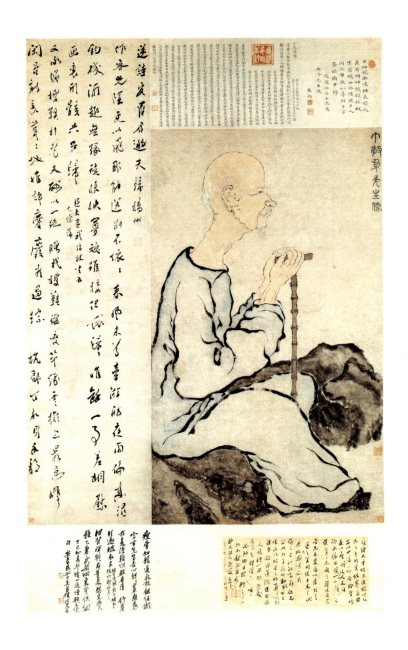

　　丁敬，字敬身，号钝丁，自称龙泓山人，家居钱塘候潮门外。乃篆刻浙派鼻祖，"西泠八家"之首。罗聘所绘《丁敬身先生倚杖坐石图》为丁敬唯一存世画像，清代大诗人袁枚有题图诗一首，其中"世外隐君子，人间大布衣"句，堪称丁敬形神气质最是精妙的评价，亦是解读"四君子"创社西泠，造就金石圣山极为清晰透彻的十字精神密码，抑或君子孤山之十字碑。

序

君子的刀法

　　1755 年，乾隆二十年的冬天。钱塘候潮门外的一间酒坊，因"邻人不戒，灾及其庐"而失火。江风助着火势，木质老屋里一坛坛陈年美酒，让这场火越烧越大，以致势无可救。不到一个时辰，三间木屋化为焦土，当比邻而居的好友们赶到时，酒坊主人毕生收藏的珍稀古籍与书画已"尽化黑蝶"。

　　这怎么都不应该是两百多年来杭州城里最著名的一场火吧。但是，杭州城的几部史志里，不仅记录了这场大火，还留下了这样一个让人印象深刻的场景：金农和一众街坊老友们看见，废墟上，端坐着一位老者。这位老者，即是丁敬。就是"摹印集古今大成，开宗浙派"的龙泓山人丁敬，丁敬身。

　　也许，这可以算是"扬州八怪"与"西泠八家"两位传奇领袖最有意味的一次遇见。乾隆《杭州府志》说，丁敬性狷介，如野鹤山麇不可羁勒。但是，人多爱其真率，勤与交接。后来，金农迁居扬州，丁敬刻有一方印表达思念之深切："只寄得相思一点。"丁敬并不随意为他人治印的，志书上说，非生命之契，不能得其一字也。所以，我们相信丁敬是一位敢爱敢恨、敢怒敢嗔的人。他与金农的友情，更让我们确信，高山流水不只是传说年代的一个绝唱，它会是"琴罢倚松玩鹤"的优雅，也是相望于江湖的相濡以沫。

　　"扬州八怪"里最年轻的画家罗聘，数年之后由金农引荐到杭州为丁敬绘了真容。丁敬与罗聘相差三十八岁，两人此后也成了忘年交。

　　这是丁敬存世的唯一一幅画像。画就，丁敬叮嘱罗聘"秘诸箧衍"，罗聘也应允将画携归扬州珍藏。想不到百年之后，此画辗转到杭州，又因误会为杭城钱塘头发巷丁氏先贤，有缘被西泠印社创社"四君子"之一的丁辅之父亲丁立诚收藏于八千卷楼。1905 年，孤山仰贤亭成，吴隐以画像为摹本镌刻成碑，以为社员永久景仰。袁枚曾在画上题曰："世间大布衣，隐世真君子。"

在袁枚先生看来，刀法精湛、活法精彩的丁敬是真正值得推崇的大丈夫、真君子。

刀法即是活法。丁敬运刀为笔，写下了自己的非凡人生，留下了西泠君子最自由雄豪、气象万千的一种生活方式，一如他"不可一世"的刀法。有人说，丁敬的刀法，"超秦汉而上之，归、李、文、何未足比拟"。丁敬的活法，应该是既有君子之风范，又有江湖之侠义。这种刀法，应该就是既得千年之秘韵，又有孤洁与雄健。

1921年，丁仁于山中觅得一块奇石，刻成了孤山西泠印社的第一尊石像。叶为铭《西泠印社三十週纪念刊》说："西湖钱粮司岭九曜山之阴有石如人状，与西泠印社壁中所镌扬州罗两峰绘丁龙泓大像，石亦如之，命石工就石势凿像，形神毕肖，岂偶然耶？"

丁仁，字辅之。所谓"古之士者，国有道则尽忠以辅之，国无道则退身以避之"。仁者无敌，我相信丁仁的手里握有两把钥匙，一把借由甲骨文和金石秘藏打开了中国文化的源头密码，另一把钥匙——他与胞弟丁三在发明的聚珍仿宋铅字进入当代国人沸腾的生活。聚珍仿宋铅字，是不应该被我们遗忘的丁氏兄弟的智慧创造。而在儿孙辈的记忆里，无论何时何地，丁仁好似永远都带着两只皮箱，那里面深藏着无数秘密；他们也一直记着，哪怕绕很长的路，他也会带着儿孙们寻一碗好吃的宁波汤圆。

"四君子"里，丁仁与吴隐相差十二岁，两人都属兔。以我所见，他们两人在"四君子"里虽相识最晚，但是感情最是笃然。

丁敬的石像在孤山上立好的第二年，吴隐因病辞世。临终之前，吴隐把自己一双年幼的儿女托付给了好兄弟丁仁。无论是帝王之家，还是寻常百姓，"托孤"这样的故事，总是悲壮而凄美的。但是，这个行为的底色，一定是一诺千金，义薄云天。

因此，在"四君子"的后人里，丁如霞的身世就显得十分特别，她是丁仁的嫡孙女，也是吴隐的外孙女。在拍摄纪录片《西泠印社》的四五年里，我有机会经常向丁如霞老师讨教丁吴"两家人又像一家人"的诸种过往，我经常可以在她的脸上读到那种"君子的表情"。

旅居日本几十年的丁如霞老师为我们找来了伴随祖父丁仁先生逃难日子的两只皮箱，拿来了吴隐在上海家中宴请吴昌硕先生，据说可能是记录缶翁出任社长一刻的照片原件，以及她的祖母临终前写给沪上诊疗腿疾的姑妈丁阆平的亲笔信函，还有她的舅舅吴振平从吴隐那边继承而来的一床明代古琴。我们与丁老师带着那床古琴，找到浙派古琴名家徐君跃先生，为古琴换上丝弦的那刻，仿佛一股远古而来的清音悠然而至，好像那几千年间，我们可以想到的所有剧情都在瞬间再现了。琴声响起时，我看到了丁如霞老师脸上既像丁仁又像吴隐的欣然笑意。

我相信，君子之风与江湖之义总有完美的交集。

2022 年，吴隐先生辞世一百周年，丁如霞的愿望是有没有记得吴隐之德的西泠印社中人，为这位隐者做一场纪念活动。她不是西泠印社社员，但是她记得自己是丁仁先生的孙女，吴隐先生的外孙女。在丁敬先生之后，吴隐应该是孤山西泠印社立起来的第二尊石像。但是，吴隐先生给孤山西泠印社留下的，应该远不止一尊隐匿于潜泉背面的雕像。

西泠印社始于 2021 年最大规模的一次保护性提升修整，在 2022 年 6 月结束。我个人以为最可称道的一笔，是将此前几十年尘封于壁龛里的一尊吴氏先贤吴泰伯的半身石刻大像碑，重新放置于小盘谷遁庵他本有的尊位。这次重置，亦还原了观乐楼追慕季札子鲁国观礼完整的精神信息逻辑。吴公子季札，是孔夫子尊奉为南方第一位圣人的君子，季札子墓在今江苏江阴，墓碑"呜呼有吴延陵季子之墓"，据传乃孔子所篆。1915 年，吴隐先生在孤山小盘谷筑室祭祀，1921 年再促成从孙吴善庆筑观乐楼并立碑，后将遁庵和观乐楼等吴家私产悉数捐出，以为印社中人传颂风雅、乐群敬业之所。《观乐楼碑记》，我以为是西泠印社最值得珍惜的遗存。此碑匪啻于丁仁撰文、吴昌硕手书、王禔题篆额、叶铭勒石而记吴隐家事，最要紧的是"四君子"与西泠印社的首任社长，他们表达了对于超越书写、超越铭刻、超越有形记录，西泠同志们应该恪守的君子风范的期待。碑石上说，希望百世希贤希圣之士"传之久远，无俾失坠"。我以为，这正是西泠印社的"君子宣言"！

西泠印社之为"天下第一名社"，概由君子之约。

吴隐离世之后，谁也不会想到，这样的"托孤"剧情，会在以后的日子里不断地上演。而且，这次西泠印社君子们托付的，是整座孤山。

1937 年 12 月 24 日，日寇进犯杭州，天堂即刻沦为地狱，原本六十余万人的东南名邑，骤然锐减四十多万。孤山凋零，同人星散，守社的重责，被丁仁、王禔与叶铭托付给了叶六九和叶秋生、叶德生父子。一个承诺让叶家十九口人守护西泠印社八年。1945 年抗战胜利，人们难以相信眼前的奇迹：除宝印山房因失火焚毁，孤山社址几乎安然无恙。我想，大家对于叶家的感激不言而喻。

意味深长的是，记录叶氏兄弟护社功勋的文字，是题写在丁敬的画像上的。我理解，这是丁仁他们可以想到的最好的表彰方式：丁仁特请人在"丁敬身先生像"上裱边题识，铭记叶家护社之功；叶秋生、叶德生兄弟二人，虽不谙金石，但是双双被录入西泠印社社员名单。

　　运笔如刀，这样的书写，无疑把叶家的忠诚之举刻成了一块丰碑。

　　1947年补行四十周年社庆之后，叶铭先生卧床不起。

　　这位西泠印社的"大管家"，立社几十年来，克勤克俭，鞠躬尽瘁，即便在日寇占领期间，也没有离开杭州。他与吴隐同年，亦属兔，两人是同门师兄弟。

　　创社四十五年之后，丁仁在病榻上和王禔商议将西泠印社捐给政府。

　　1949年夏天的这一次，是丁仁与孤山最后的告别，每次想到这样的场景，我总是想起另一位西泠印社社员写给自己人生最后的四个字："悲欣交集。"在儿孙们的记忆中，丁仁的表情应该是平静的，他还看见了解放军进驻上海城的场景。当然，在丁仁和王禔们看来，西泠印社生存的未来，和叶秋生、叶德生兄弟与他们家人的生计一样重要，这是必须作为他们最后的愿望郑重地有所嘱托的。他们念兹在兹的身外的世界，也永远是内心的出发点。

　　"四君子"里，唯一的一位"80后"王禔先生，与吴隐先生的儿子，丁仁先生的义子吴振平，一起把孤山社产、社址地契文件和捐献信函，委托邵裴子和陈锡均两位社员转交政府。信中只说，西泠印社名称要求保留，建议山上售茶处的生意仍交由叶秋生承办。

　　王禔先生，书香世家，桃李天下，堪称一代大师。先生身后，生平珍藏及所有佳作，均分别捐赠西泠印社和上海博物馆。王禔先生嫡孙王乃康说，祖父的坟中，只带走了一支烟斗、一把刻刀，还有几支笔。此情此境，像极了孤山上林和靖先生墓中的那只簪，那方砚。

　　王国维先生自沉颐和园昆明湖之前五年，题《西泠印社图》说："管领湖山属印人。"孤山是千万载造物馈赠，亦是湖山百代精神的底座。

　　刀法就是活法，活法即是道法。西泠君子之道法，犹如他们的活法，以一介布衣而有士者担当，他们意在金石，存亡继绝，心无旁骛，一意而孤行。他们处千年未有之变局，面对泰山崩于前而面不改色，他们的表情优雅而稚拙，他们的活法好隐而疏离，他们的刀法就是暗香入怀，由繁化简，以无形而胜有形。其间绵绵不绝的，永远是君子信仰的尊严！这正是俞樾先生苦苦寻找的孤山文泉的"斯文在兹"，亦所谓顾炎武之言："君子为学，以明道也，以救世也。

徒以诗文而已，所谓雕虫篆刻，亦何益哉？"

孤山不孤。

孤山，一千多年来，一直也是生长着的。

它的生长，也许是从林和靖先生的那株梅花开始的，君子的清冷与孤傲一直没有停止生长，到今天，海拔 38 米的孤山，其精神之源头，必是那片青苔、那株梅花的泠泠清香。

西泠印社将迎来创社一百二十年的纪念日。我在系列纪录片《西泠印社》主题歌的最后写道："湖山一片等你回，我在水之北。"秦代设县之时，钱塘县有几百年间一直在湖水之西，而在秦王缆船那刻，孤山，不过是远方海面上一块长满青苔的礁岩。所以，你是谁？你在西泠等谁？你去往哪里？我们只看见，今日之西泠，熙熙攘攘，孤山的泉水，泠泠无语，风，飘来飘去，惟丁敬先生还端坐在孤山之巅，不论西东，无问南北，看花开花落，人来人往。

许继锋
壬寅端午于西泠四照阁

目录

子

陈振濂书

君子，是西泠印社的表情与风骨。

《君子》讲述"创社四君子"创社、护社与捐社的故事。西泠印社自创立即面临种种灭顶之灾：先是误占晚清首富盛宣怀地产被诉上公堂，再是民国成立后要将社产充公，接下来是宋美龄提议并孤山。每一次都是泰山压顶，每一次又能绝处逢生，他们到底有何护社神通？

四个手无缚鸡之力的文弱书生，唯一的神通就是"君子之风"，就是肝胆相照的一次次"托孤"，就是不惜代价的一次次"捐赠"，就是"有所为有所不为"的独善其身。

君子，就是虽千万人吾往矣的不忧，就是泰山崩于前而色不变的不惧。

杭州西湖　孤山

杭州，三面云山一面城，自古以来被称作"天堂之城"。

城的中央，是最具天堂模样的一湖碧水。湖水之上，海拔 38 米的孤山，写满了唐诗宋词与人间烟火，千百年间先行者们叩问天地、寻道山水的种种痕迹层层叠叠。

1904 年，四位杭州城的年轻才俊，在孤山南麓创建西泠印社。此后历百年风雨，孤山已成为一座令海内外仰止的金石圣山。丁辅之、王福庵、叶为铭和吴石潜，以一介布衣而开启百年名社，在晚清快速崩塌的危局里逆势而上，求解于中华文明不灭之道。

群星丽天，他们被称为"西泠四君子"。

吾道不孤，这究竟又是怎样的一群人？

杭州西湖旧影

孤山御码头旧影

中山公园

1928 年冬天，纷纷扬扬的，杭州下了一场好雪。

西湖水面凝冰，冻住一湖残荷。孤山兀峙水中，恍若瑶台琼圃。

正是雪中探梅的好时节，孤山脚下的中山公园却有人把守大门，许出不许进。显然，今天有大人物要出场。白雪红梅中，衬托出一位满面春风的黑衣女人，看起来游兴甚高。环顾湖山，她忽然笑着提议："不如将整个孤山都改建为中山公园吧！"

在场的浙江官员无人应声，现场气氛有如冰冻一般。

这个女人，就是宋美龄。

她的话，听起来让人无法拒绝。但是，他们也知道，孤山之上，有一处地方绝不能动。

消息不胫而走，很快传递给一个叫丁辅之的人。

孤山旧影

西泠桥雪景复原

丁家花园祖孙三代合影

小八千卷楼

头发巷　小八千卷楼

清末民初，头发巷丁家，位列"不出十家"的"杭城巨室"之一，堪称名门望族。

丁丙、丁申兄弟，是当年杭州著名富商和慈善家。江南四大藏书楼之一的八千卷楼，即由丁氏兄弟所修筑。太平军攻陷杭州时，八千卷楼藏书皆毁。战火平息，丁家朝蓄夕求，在头发巷再起八千卷楼。还散尽千金，搜集散佚的文澜阁《四库全书》，倾一家之力为钱塘保得风雅文脉。

凡有利于国计者，丁家事无不赴。

上海　丁裕年家

丁裕年　西泠印社创始人丁辅之之孙

　丁裕年同期声　头发巷里面有个马所巷，就在马所巷过来一点点就是我们这个房子了。大门进去，有一个停车子的地方。那个时候停车不是汽车，是说拉的车子。再进去就是管我们整个大院的，头发巷5号。

那里面蛮漂亮的，有一个花园。

丁家兄妹重访头发巷

丁如霞　西泠印社创始人丁辅之孙女
　　　　西泠印社创始人吴隐外孙女

　丁如霞同期声　听我姑妈讲，她就说到过红楼梦的大观园，我们从前比这个还要好。

丁利年　西泠印社创始人丁辅之之孙

　丁利年同期声　头发巷里，就是我们祖居的大房子，生活方面的事情，他（丁辅之）根本不去管的……

丁辅之 ｜ 王福庵
叶为铭 ｜ 吴石潜

杭州　头发巷　八千卷楼旧址

丁仁　字辅之，浙江杭州人。
　　近代篆刻家、书画家，西泠印社"创社四君子"之一

　　丁仁，字辅之，丁申嫡孙、丁丙从孙，自小家学深厚，精鉴别，富收藏。
　　仁，从来都是君子的理想。辅之，源于《孔子家语》，所谓"古之士者，国有道则尽忠以辅之，国无道则退身以避之"。
　　他十五岁那年，中日甲午海战，北洋海军全军覆没。四年之后，励精图治的光绪皇帝发动戊戌变法宣告失败。中国正不知何去何从之时，却有人在一味名叫"龙骨"的中药上，发现了三千五百年前的甲骨文。
　　二十岁的丁辅之开始研习甲骨文。他应该从这味药里发现了文明中国的特殊密码。

孤山数峰阁遗址

孤山

　　1904 年，正是西泠印社创社那年。
　　千年科举制度废除，孔庙不复为官办学府，读书人报国无门。浙江青年周树人、秋瑾都去了日本留学，想要"以日为师"寻求"救国之道"。四位孤山上的年轻人却决定"与古为徒"，创建西泠印社，在金石之中寻求中华文明自信。
　　金石学，形成于北宋、清代因乾嘉学派影响而臻于鼎盛，乃中国现代考古学先声，是以远古文字为路径，以证经补史为目的之"经世致用"的大学问。
　　创社之时，丁辅之二十五岁，王福庵二十四岁，叶为铭与吴石潜三十七岁。
　　生逢"天崩地解"之际，却不忧不惧，一意而孤行。

创社之初，上无片瓦，下无寸土，丁辅之率先捐出自家在孤山上的房产和土地。

丁如霞同期声　西泠印社的前面一部分，开始是丁家的地方，买下来做墓地的。小时候开始，是丁仁（丁辅之）和王福庵关系很好，老在这里玩。之后进来了叶铭，再来吴石潜进来。那么涉及西泠印社要创社，但是在哪里。丁辅之就跟爸爸讲。"那你们玩就在这里玩吧。"

丁利年同期声　我祖父如果去的话，必定要买点楼外楼的面，在那个楼上吊（篮子）下去，"今天我要什么面"，最主要就是虾爆鳝。

楼外楼旧影

孤山　仰贤亭

创社第二年春，孤山南麓便矗立起一座"仰贤亭"。

由丁辅之主张，仰贤亭中供奉浙派印学大师、西泠八家领袖丁敬等印学群贤雕像。印社同道每逢春秋必祭拜先贤，永久敬仰。

自此往后，西泠印社不断凭同道之力而增高度：以仰贤亭为核心，分别建起了宝印山房、石交亭、观乐楼、山川雨露图书室等，一座气象万千的文人园林逐渐成形。

丁辅之爱印成痴，王福庵精于金石书法，吴石潜最擅经营，叶为铭主导日常社务。四人同心，堪称珠联璧合。

仰贤亭旧影

仰贤亭

四君子在孤山题襟馆复原

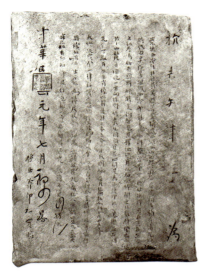

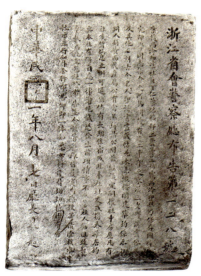

西泠印社保护碑

中山公园

其实，宋美龄并孤山的提议，并不是西泠印社第一次面临灭顶之灾。

先是误占晚清首富盛宣怀的地产被诉上公堂，再是民国成立后要将社产充公。一波未平，一波又起，每一次都是泰山压顶，每一次又能绝处逢生，他们到底有何护社神通呢？

西泠印社甫一出世，便遇上了朝代更迭。险象环生，"四君子"第一要务就是生存。

他们决定，西泠印社要通过申报批复的方式，求得官方的认可与庇护。十年间，西泠印社的两份申请先后得到了杭州府和钱塘县两级官府的批文同意。

眼前这块石碑，一面刻的是民国元年（1912）七月，杭县首任知事对西泠印社社员联名呈请保护印社"私产"的批复；另一面是民国十一年（1929）八月，浙江省警察厅签发的"浙江省会警察厅布告第一二八号"批文。两块碑的内容，都是要保护印社社址。

建议最初由上海吴隐提出，他最擅长未雨绸缪，规划社务大计。

杭州　西湖琴社

丁如霞同期声　这张照片，主要是西泠印社创始人，我祖父丁仁，我外祖父吴隐，第三个是创始人之一叶为铭。（中间）这个呢是吴昌硕。这在吴隐的家里面，1912年。

这个拍摄呢是日本照相馆的摄影师请来在家里面所拍摄的。这里，居然西装革履，抽雪茄烟。

個藹弟謂余見較簪時允矛墨真老霞相邪
丁卯暮佛同乎子湖上昭慶禪寺八十四年之羅
石窟遮形 錫帝橋 新目

吴隐上海家宴

上海　吴隐旧居

1912年的上海滩，能西装革履还抽雪茄烟的，尚属凤毛麟角。

就在当年，孙中山主政的南京临时政府颁布了剪辫易服令："今者满廷已覆，民国成功，凡我同胞，允宜涤旧污之染，作新国之民。"

上海领中国风气之先，穿西装、吃西餐、抽雪茄、打弹子、喝咖啡开始盛行，成为当时重要的时尚标签之一。

吴隐，字石潜。孤山创社之后，就在上海苦心经营，每月奔赴孤山，与诸好友都有银票交予大总管叶为铭，用以维持西泠印社日常开支。当时，一块大洋可买六十斤米。吴隐在数年间即挣得两万元银洋，西泠印社，大概不必为财务而捉襟见肘。

几番波折过后，他们一直在想，如何才能让西泠印社再添新气象？

吴隐设下家宴，主宾请来海派领袖、浙江安吉人吴昌硕。他与丁辅之、叶为铭等几位兄弟共议，并请其他朋友见证，准备宣布一个重大决定：请吴昌硕出任西泠印社掌门人，以其一代宗师的影响力来引领印社，让印社成为海内翘楚。

1927 年吴昌硕摄于缶龛前

吴隐上海寓所客厅上悬挂着一床明代古琴——"金声玉振"

孤山

　　此时，西泠印社创立近十年，"创社四君子"却谁都不肯出任社长。

　　经诸君大力举荐，众人同声附和通过，年近古稀的吴昌硕先生慨然应允。

　　那天夜里，吴隐似乎听见壁上挂着的那床古琴不弹自鸣。琴上四个字闪闪发光：金声玉振。

徐君跃修复明代古琴

　　丁如霞同期声　确实是五十年没碰过。襟带有的，然后肯定先要怎么样的。这两个琴呢是我的舅舅吴振平留给我的。在前面，我外祖父，西泠印社创始人之一吴隐从前留下的。今天就请我们的古琴大师来恢复古琴。

丁如霞珍藏吴隐古琴"金声玉振"

　　自此，西泠印社迅速发展，进入黄金十年。

　　吴昌硕登高一呼，天下精英云集响应。李叔同、黄宾虹、马一浮、丰子恺、吴湖帆、商承祚等均成为西泠印社社员。孤山不孤，从杭州连通上海，进而达至日本、韩国，逐步确立了海内外金石书画界无可替代的地位。

　　十年之后，吴隐因病辞世，享年尚不足六十岁。

　　临终，他将幼女和儿子全部托付给了丁辅之。

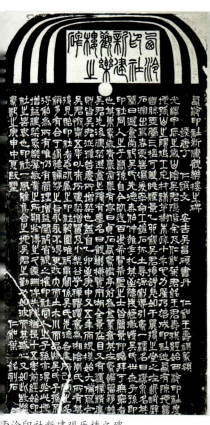

西泠印社新建观乐楼之碑

丁辅之与吴隐合影

孤山　潜泉

时至今日，这尊吴隐石像仍在守望着西泠印社。

吴隐，系延陵季子第八十八世孙，因追慕先祖遗风而在孤山筑室祭祀，并立碑将吴家私有建筑悉数捐出，以为印社中人乐群敬业之所。

延陵季子，即春秋时吴国公子季札。吴王因其贤能而欲传位于他，他却三让天下，"弃其室而耕"。

观乐楼，典出公子季札游鲁国赏周乐。

无论孔圣人，还是司马迁，都把季札子尊为江南第一位君子。

祖辈先德的尊荣并未给吴隐带来可炫耀的财富，反而成了身份和信仰的一种传承自觉。

观乐楼东墙，立有一方丁辅之撰文、王福庵题篆额、吴昌硕书、叶为铭刻的石碑，共同表达了对君子之风的仰慕，大家期待君子风范"传之久远，无俾失坠"。

古有托孤者，必是知心过命的嘱托，丁辅之也倾全力回报世间这最难得的托付。

他先认吴隐次子吴珑为义子，按自家族谱中"平"字辈序列为其改名吴振平，时时带在身边。吴隐女儿吴华英，时年九岁，他也早早为其考虑好终身大事。十年之后，他让自己最帅气的儿子娶了华英。兄弟之情，进而联姻为儿女亲家。

祖父丁辅之，外祖父吴隐，丁如霞的身世，正是一段古道热肠的世间传奇。

1913 年西泠印社社员雅集合影

纪录片实景拍摄合成复原图

丁如霞同期声　我妈妈从前给我的印象，也是很漂亮、很讲究的。外祖父吴隐1922年去世，然后女儿呢，就是我的妈妈，那时候只有九岁。十九岁要结婚了，丁仁考虑给她找人家。长得最好是我爸爸，去了复旦大学，戴那个方帽子很神气的。也就这样，吴家和丁家结亲。

我觉得我们丁家也好、吴家也好，真的是非常和睦，也没有任何争执。又是像两家，又是一家一样。

吴隐走后五年，吴昌硕先生也撒手人寰。

那是一个"城头变换大王旗"的时代，西泠印社社长却从此又空缺了整整二十年。

宋美龄随口一句话，让丁辅之昼夜难安。他听说浙江省政府正在筹办首届西湖博览会，计上心来，想方设法把西泠印社列为展示馆。

西泠印社被列为西博会卫生馆，叶为铭出任西博会金石部主任。宋美龄并孤山为公园的提议暂且搁置。

丁如霞父母婚礼合影

杭州　西博会

1929年夏天，首届西湖博览会隆重开幕，达官要人悉数到场，热闹非凡。

为了从长计议，丁辅之又给北京故宫博物院写了一封求援信。时任故宫古物馆副馆长的马衡决定，就在孤山上设立全国古物保护委员会浙江分会，以此再给西泠印社挂上一块"免死金牌"。

印社保住了，"第一夫人"的提议终于不再提起。

岂料，八年之后，又来了一场更大的灾难。

孤山旧影（1929年）

1937年12月24日凌晨,日军分三路入侵杭州。次日起,全体士兵"自由行动"三天,烧杀抢掠,尸横遍野,杭州一夜之间从天堂坠入地狱。

每天都有成千上万的杭州市民逃离,六十余万人口的杭州城,锐减超过四十万,只剩下十八万人,丁家宅院连同著名的"八千卷楼",也因日军烧火取暖引发火灾而化为焦土。

危难之际,丁辅之却做了一个极为冒险的决定:他让二儿子冒着炮火回家,从上海绕道宁波、绍兴,从已成废墟的家里抢出那些烧不掉的西泠八家印章。

杭州 日军侵占期间旧影像

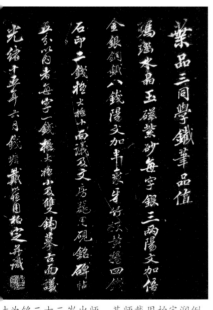

叶为铭二十二岁出师,其师戴用柏定润例

铁蹄之下,湖山破碎。

灵隐寺山门被拆,六和塔被洗劫,断桥成了练兵场,理安寺楠树被伐,汪庄古琴被抢,文澜阁被占,"精忠报国"的岳飞墓前竟留下入侵者的嚣张合影。

焚琴煮鹤,斯文扫地。孤山上的西泠印社能逃得过这场劫难吗?

国难当头,家园不在,丁辅之与王福庵全家避难上海,叶为铭去余杭仁和藏身。三人仔细商议后,决定将看护印社的重担托付给一个名叫叶六九的老友。

战时生活朝不保夕,临走之前他们约定,大家每月要尽量筹措费用,作为护社日常开支。他们刻印章、出印谱,殚精竭虑,只为信守与孤山守护者的一个承诺。

藏身余杭的叶为铭,罕见地为自己的作品开出润例。从来不重名利的君子,在战时却把挣钱当成第一要务,他要确保孤山及老友都能活下去。

叶金池　西泠印社创始人叶为铭之孙

叶金池同期声　他（叶为铭）很节俭的，以前节俭是为了盖这个房子（叶氏家庙），后来节俭就是为了印社。当时刻印的都是一些有钱人，平民老百姓他不会刻印的。只要是全心全意是在为印社的，另外什么都不在乎。因为他们四个人都是这样，有钱出钱，有力出力。

我母亲家里条件很好的，一嫁到这里来，她觉得不习惯。每天荤腥都很少的。后来就是日本鬼子来了嘛，逃难了。因为我父亲是银行里的，那边还蛮富裕的。有时候跟我父亲开玩笑："哎哟，太节俭了。"

叶为铭的节俭，让家人都难以承受。儿媳甚至抱怨，路上逃难的日子也比在家里好过。

丁裕年重回复兴公园

上海　复兴公园（时称法国公园）

拎着两口旧箱子，丁辅之带着一家人逃亡上海，苟全性命于乱世。

离开孤山，乱世的间隙反倒使他有机会安享片刻难得的天伦之乐。这个以仁为名的老人，既爱世人，更爱家人。人世聚散无常，幸得儿孙相伴。八千卷楼没了，孤山也丢了，他不能再丢掉家人了。

丁裕年同期声　就是我们刚刚逃难到上海嘛，住了一段时间。那一次我记得是到法国公园，到淮海路这样走过去，我就走在最后面，我就不愿意跟其他的人，都跟在他后面走。他怕我走坏了，走错了（路）。

他带我们到这个公园，从前门进去，玩了一圈以后就走后面。为什么要走后面呢？他就是知道那边有一个汤圆店，宁波的，要带我们去吃。

丁如霞珍藏丁辅之旧物

杭州孤山

　　孤山上的叶家人，在生死存亡之际始终不肯离开印社半步。

　　早在创社之初，叶家就受托管理西泠印社。叶六九带着儿子秋生、德生兄弟，以及子孙亲戚共计十九人，全都在孤山上讨生活。孤山，是叶家人的命根子。

　　就在日本军队眼皮底下，叶家人把西泠印社藏了起来。他们把古物埋入地下，把匾额摘下藏起，用枯枝败叶封住了进山的路，把一座精致孤山伪装成无人荒岭。

前山石坊旧影

丁裕年追忆少年时代的自己

旧时没有后院围墙的小龙泓洞

　　叶金池同期声　印社需要有一个人常务管理的，可能是叶秋生他的爹吧。跟他商谈一下，你能不能走得出来这里管理一下。

　　丁裕年同期声　秋生他管得很严的。他说不知道哪一个送给他一支长枪，这个里面大概有一颗子弹，这个子弹呢不装在里面的，是你要用的时候可以拿。这个好像就是吓唬吓唬人的。

　　叶金池同期声　抗战期间游客少了嘛，（他们）也很辛苦的。因为收入少了嘛，他能坚持八年已经很不错了。

　　丁裕年同期声　抗战胜利了，我们杭州没有地方去住了。我父亲跟祖父讲，是不是能够在西泠印社给我们暂时住一住，祖父同意了。我们在西泠印社大概住了一年多。

西泠印社部分社员合影（1947 年）
前排右起一、二：吴振平、丁辅之

1947年　西泠秋祭

孤山上再无游客，生计全无着落，叶家人竟苦苦守了整整八年。

劫后余生，1947年重阳日，丁辅之、王福庵、叶为铭与西泠印社八十余名社员重聚孤山，补行建社四十周年庆典。

秋日暖阳，众人不敢相信眼前所见：除了宝印山房失火被毁以外，印社毫发未损，这不啻是纷乱的战火中难以想象的一个奇迹！

丁辅之特请人在《丁敬身先生像》上裱边题识，铭记叶家守社之功。叶秋生、叶德生兄弟，虽不通金石书画，但双双录入西泠印社社员名单。

少年丁裕年，见证了这珍贵的时刻。

人生苦短，事变尤多。

与叶家兄弟重逢第二年，叶为铭辞世。孤山春祭过后，丁辅之也觉来日无多。

寄居上海滩的残年里，他总会打开逃难时带着的那两只旧木箱反复打量。回望浮沉人世，八千卷楼毁于一旦，西泠印社命悬一线，四君子心系一脉，一家人苟且于世。他这一生空空荡荡，箱子里仅剩几幅甲骨文残片。

三千多年前，哪位先人刻下了这些文字，让他在这世间苦苦追索呢？

病重之际，他也难免生出一分"托孤"悲情。

王福庵在汉三老石室（1951年）

上海　丁辅之旧居旧址

丁辅之心中不舍的，正是孤山上的印社。

王福庵赶去探望有如风中之烛的老友，当年丰神俊朗的年轻人，如今都已历尽沧桑。

丁辅之嘱托王福庵："你听，龙华已经有炮声了。我们创社四人，到如今印社重担要由你一人承担了。好在解放已近，可将印社交给新政府。我只有两点要求，第一，要照顾好叶家后人生活；第二，西泠印社名字绝不能改。"

出院回家之后，正逢解放军大军进入上海。听说这支队伍军纪严格、行止有节，丁辅之很想起身看看这支以摧枯拉朽之势推翻旧王朝的大军究竟什么模样？

孙儿们想出办法，让病重难以起身的祖父借着镜子的反射看看外面的景象。

吴振平在孤山题襟馆

丁裕年同期声 正好已经解放了。我祖父实际上，他就是行动不方便。我看他很感兴趣，我就问我祖父，给你拿个镜子照了看一看好吧，他说好啊。拿来以后，窗子上面首先一挂，还可以看得到四川路。

丁辅之念念不忘之托，两年后终有回响。

1951年夏天，王福庵和吴隐之子吴振平联名写信给人民政府，请求捐社。

数年后，王福庵也与世长辞。他临终留下遗愿，将其收藏的887件珍品全部捐赠给西泠印社。

生命终结，他们把自己也捐给了孤山。

孤山不孤，君子有邻。

王福庵联名吴振平致邵裴子、陈锡钧函

師

陳振濂書

　　大师，是西泠印社的基因与底气。

　　《大师》讲述"右军后人"王福庵成为金石大师的人生传奇故事，从受邀主持"中华人民共和国中央人民政府印"的铸刻要务讲起，回溯了上海四明邨里对邻家少年高式熊的指点，再到他一生北上南下，篆文并监制"中华民国之玺"，以及他与吴昌硕、溥心畲、张大千、黄宾虹、梅兰芳等一众大师的交往，还有他对弟子顿立夫的提携，无不彰显其大师风范。

　　王福庵之所以成为大师，乃在于他把自己人生中所有无用之物通通去掉，进而浮现出他那金石铭刻般的人格，正所谓"舍身取义"。

　　西泠印社号称"天下第一名社"，必是有宗师级别的人在，是为"定海神针"。

上海　四明邨

1949年初夏，上海解放还不到一个月，空气中依稀还有些硝烟的味道。一辆奥斯汀轿车开进了上海四明邨幽静的弄堂。车里坐着一位身负特别使命的人物：清末翰林，知名社会活动家陈叔通。他是受周恩来的委托，专程来此邀请当时篆刻界一位最有名望的大师北上京城，主持"中华人民共和国中央人民政府印"的铸刻要务。陈叔通与这位大师同为杭州人，欣逢盛世又领此重任，两位老者激动不已。

上海四明邨

许多年之后，当人们醉心于大师的作品之前，依旧会想起那个灿若朝霞的艺术时代。

吴昌硕、溥心畬、张大千、黄宾虹，这是一场早就约好的老友聚会，在深秋的杭州，先生们如期而至。先生们的这位朋友姓甚名谁？是谁又与新中国"开国大印"的诞生息息相关呢？

四明邨王福庵旧居

上海四明邨，距静安寺仅一步之遥，一处闹中取静的好地方。

一个个熟悉的名字被永远镌刻在了这里。东边78号楼里居住着前清翰林宁波人高振霄，他与邻里的余杭人章太炎交好，满腹经纶的两位老人时常一起品学论道。高振霄的儿子高式熊是位雅好篆刻的少年，时常会去3号楼父亲的另一位挚友处请教。

高式熊　原西泠印社名誉副社长

高式熊在孤山

高式熊同期声　我们没有老师（师生）的身份，我也没有拜过他老师，他是看我比（他的）学生还要亲的，而且是跟自己的子弟一样，路也比较近，我经常差不多隔两天就到他家里去。他是非常严格、非常客气的一个人，每一个图章有毛病他就指出。现在刻图章方面，小篆的方面，还是受他的影响比较多。

这栋三层小楼的主人，名叫王褆，号福庵，杭州人，西泠印社创始人之一。

晚年高式熊

王乃康　王福庵之孙，医学专家

王乃康追忆上孤山

王福庵和家人（右一王乃康）

王福庵所刻"右军后人"印

王乃康同期声　第一次是在1954年，清明的时候，是陪我的祖父到杭州给我的阿太（曾祖父）扫墓来的。当时是从上海坐老式火车，到了杭州。到了杭州呢，祖父坐了一辆黄包车，我也坐了一辆黄包车，从城站一直就拉到了西泠印社。当时我们住就是住在此地，吃呢我们就在楼外楼吃。当时在杭州住了三天吧，这个西泠印社给我的印象简直是太美了，我早上起来，我站在那里看着西湖，杭州怎么这么漂亮。所以说，就是这次来了，我决心考大学考到杭州来。

现年八十五岁的王乃康身体健朗，他时常会来到孤山，顺着过往的脚步，走过鸿雪径的片片苔藓，感受山林草木间碑刻的温度。这枚"右军后人"的印章像一把钥匙，帮他打开了通往祖父精神世界的大门。琅琊王氏，曾是中原最具代表性的名门望族，其祖上正是被后世称为"书圣"的王羲之。

西晋末年，永嘉大乱，王羲之随家族仓皇南渡时，传来祖坟被挖的噩耗，他于悲愤中提笔，写下这仅仅八行六十二字的信札，却写尽了摧绝之痛。

杭州　南宋太庙遗址

王乃康也会时常远眺西湖对岸的吴山，那里曾是南宋皇城的所在。千百年过后的市井烟火中埋藏着先人们精神传续的秘密。紫阳小学坐落于太庙广场的南侧，如今还能寻觅到它的前身"紫阳书院"的踪迹。一百五十年前，清光绪进士王同以书院山长而负盛名，少年时的王福庵便随父亲在此开蒙，谙熟金石书画之道。他从十二岁起就开始操刀治印。当时，杭州另一所书院——诂经精舍的掌门人俞樾和其父交好，醉心于金石的少年很快便和俞樾的一位高足结为忘年之交，他叫吴昌硕。

吴昌硕与王福庵相差三十六岁，两人之间的渊源起于师门父辈，而终其一生的情谊全续于金石砚田。

三十年后，王福庵请吴昌硕为自己的斋号"麋研斋"题写匾额，当时的吴昌硕已是誉满天下、蜚声海内外的一代宗师，他欣然提笔，并落款"八十一岁小弟吴昌硕"。

大师之道，正在于彼此塑造。

周建国　西泠印社社员，麋研斋再传弟子

周建国

周建国同期声　这方印是我老师（江成之）在封刀前的两三年，帮我刻了这么一方印，"麋研斋再传弟子"，那么"麋研斋"也就是王福庵的斋号，因为我们一脉相承嘛，老师为了鼓励我就刻了这个印，让我就是在这个一门当中很好地再传下去。应该是1918年的时候吧，1918年的时候呢王福庵写了一封信，他给吴昌硕写了一封信，主要意思就是求他帮他写一个润例（酬劳标准），他的是书刻润例，书法和篆刻嘛，书刻的润例，今后就是为了向职业方面靠拢，所以一般要么是请自己的老师写润例，要么是请当时社会上，在这个行当里面德高望重的人，帮你写一个润例。吴昌硕也给他回信，给他回信也是相当客气的，而且在信的最后两句呢，他说我看到，你王福庵大家都知道你的名头，然后他说，我看见你的这个东西啊，又像看见什么，举了两个前辈，一个就是赵之谦，又像看到赵之谦的声名鹊起，同时又看到吴让之，就是你这个里面，有他们两个全盛期的东西在里面。

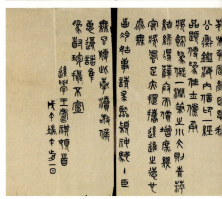

王福庵致吴昌硕信札

艺事的传承都有其相似之处，当吴昌硕为年轻时的王福庵定出第一份润例时，这亦师亦友的相重相契早已不言自喻。

王福庵成长在中国剧变的时代，他与同好创建西泠印社之时，西学东渐带来的科学与自由之风，使得他也对数学和工程领域产生了兴趣。他一边钻研篆刻，一边奔波于沪杭、湘鄂铁路之间，成为一名土木工程师。一边是行走的江湖天地，一边是金石的方寸世界。

刚过而立之年，他已辑成个人第一部作品集《罗刹江民印稿》，其篆法、章法深得明清诸家精髓，不拘一格，洋洋大观。此谱一出，王福庵的艺名不胫而走，噪于湘楚川汉，继而闻达于京师。

周建国同期声　王福庵先生二十年代初的时候到北京去工作，到印铸局做技正的工作，那么这个技正相当于我们现在的工程师，他对每一方印制作之前，他要对稿子啊什么都要监督过，修正，修正好了，最后再让他们下面技术工人去浇铸。他的工稳一路的印风带到北京以后相当受欢迎，所以我们也看到，从他印谱上面也看到，我们比较熟悉的，像那个"旧王孙"，就是溥心畬的，溥心畬的好多用印，都是请福庵先生刻的。

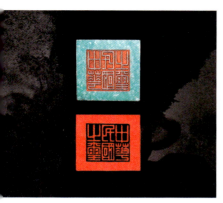

华民国之玺

那么从王福庵先生的印谱里面也可以看到，当初的那些贝子、贝勒，都请王福庵刻，因为他这个工整印风带来以后呢，在北京刮起了清丽之风。

数年后，他的技艺深得官方赞赏，南京国民政府的"中华民国之玺"，便出自王福庵的篆文和监制。从艺三十余年，他的个人印风也日趋成熟。

王乃康同期声 我的祖父生前曾经跟我的祖母说过，在我祖父去世以后，要把家中珍藏的书籍、印章、字画、碑帖，捐献给西泠印社，那么我的祖母呢，一共整理了八百八十七件，捐给了西泠印社。现在唯一留下来的，就是这个十六册的我的祖父的印册。

王叔孺

耄耋之年的王乃康时常会翻看这套印谱，这是祖父留给自己的唯一念想，也是王福庵二十七岁就已搜集钤拓完成的杰作。十六册《福庵藏印》汇集了明清两代先贤的重要作品，从来为众多印人所珍视。多年以后，王福庵被另一位寓居海上的金石大家赵叔孺青眼有加，也是源自这套他年轻时研辑的印谱。

赵叔孺 现代金石书画家

海上名家赵叔孺，以篆刻、书法、绘画、鉴定四绝名满天下，其授业弟子也是驰誉大江南北。在后人编撰的《赵氏同门名录》中，他们大多是后世书画印坛的中坚力量。西泠印社第四任社长沙孟海，年轻时也拜于赵叔孺门下，他在日记中曾说过这样一段往事：

甲子年三月廿四日，午后拜谒叔孺先生，傍晚散归，赵先生所看古今印谱数十种，其名称旋背多忘之，所忆者惟《福庵藏印》耳。（沙孟海《僧孚日录》）

1930 年，王福庵从印铸局隐退，举家迁往上海。从此心无旁骛，刻印为生。

岁月流转，当王福庵寓居海上时，同为印学大家的赵叔孺更是与其惺惺相惜，曾刻一方"福庵审定"相赠。在他们各自重要的著作中，也都诚邀对方题写书名，相互尊崇。两人印风、书风相似，以工稳、典雅的细朱文印并驾于印坛。自吴昌硕仙逝之后，赵叔孺与王福庵在上海渐成相望之势。

因手臂曾遭电击留下后遗症，王福庵在上海总以一种仰望姿态在刻印。

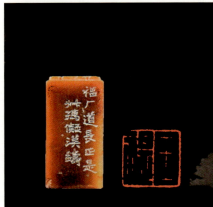

赵叔孺所刻"福庵审定""王褆"印

王乃康同期声 因为我的妈妈，带着我们兄弟姐妹一共六个人，都是住在我祖父的家里面。我的祖父呢，他刻图章喜欢躺在那里。专门有个躺椅，他就这么躺在那里，就是悬空着手在那刻。他刻图章向来就这么刻的。所以说，他穿的一件袍子，长袍前面，就是一块白颜色这个东西。刻这个金印的时候呢，也还是这么刻的，那么这个粉呢，就一直掉到这里，每一次刻呢，我的祖母和我的妈妈，两个人都非常非常仔细地，把这个金粉挑在一个盒子里面。这个盒子里面，也蛮厉害的啊。当时家里面的条件，那是很好，不管我们几个兄弟姐妹，念书啊，衣服啦，全都是靠我祖父。祖父也特别特别的喜欢我，我们家里面那时候客人也很多，当时客人来了，客人走了，我就会主动地送他们到大门口，就好像电影里面看到的，向他们深深地一鞠躬："下次再见。"我也很奇怪，我怎么从小会有这么一个好的礼貌，好的一个习惯。

王乃康追忆往事

1937 年 8 月，淞沪战事爆发。11 月，上海沦陷。

生逢乱世，王福庵终究还是不能躲进小楼成一统。租界之内的四明邨，看似表面平静，实则暗流涌动。在王乃康幼时的记忆中，那时常有一位英俊的男子来敲门，进屋后就与祖父躲进书房切磋字画，也轻声交谈一些他听不大懂的内容。这位举止优雅的客人，就是中国京剧第一名旦梅兰芳。

梅兰芳

王乃康同期声 梅兰芳那时候就留着胡子了，因为抗战的时候梅兰芳拒绝上台嘛，所以说留了个胡子。他到我祖父这里往往是带着自己画的梅花。画了梅花之后呢，就让我祖父看。在我印象当中我的祖父认为其中有两幅梅花画得比较好，结果呢我祖父在这个条幅上题了字了，盖了章了。所以他们两个人的关系还是非常非常密切的。

那时的梅兰芳蓄须明志，罢歌罢舞，绝不为日本人演出，只是潜心于书画抚慰心灵。王福庵与其境遇相似，同样满目社会阴霾，同样必须面对大是大非的决断。

梅兰芳创作书画

王乃康同期声 那时候上门的，什么汪精卫啊，汪精卫的老婆，当时呢叫我祖父来刻他的印，我祖父就拒绝，没有同意。就在上海那时候伪政府，有过不少人，要求刻图章，我祖父全部都拒绝了，没有刻。他后来跟我爸爸讲，其他的可以留，汪精卫的图章我怎么可以留。我印象当中有这么一句话。

丁丑冬日，杭城遭劫，避兵祸于沪上的他沉默寡言，自号"持默老人"。他终日刻印，恍惚间却不知手中的钝刀到底该指向何处。与先祖一样，王福庵也体验着"丧乱"的悲愤。

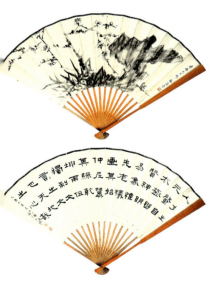

兰芳与王福庵合作扇面

西泠印社早期社员在研讨印学
右起：高时敏、高野侯、王福庵、
　　　丁辅之、葛昌楹、俞人萃

2019年　中国嘉德春季拍卖会

　　2019年嘉德春拍，一间独立的展柜里，有一部印谱郑重摆放于此，诸多金石学者、资深藏家都蜂拥而至，争相一睹其尊容。

　　八十年前上海的一个早晨，王福庵应四位西泠印社老友之邀，赶去一个重要的聚会。一间不大的屋子里，丁辅之、高时敷、俞人萃、葛昌楹相继拿出手中明清两代的名章印谱，四位同仁邀请王福庵、高野侯于书案中间作为监审，将各自在战火中抢救出的毕生珍藏拓制成谱，名为《丁丑劫余印存》，他们必须让这些劫后余生的石头说话。

　　王福庵在扉页题签后感慨万千，特制一方"历劫不磨"六面印钤盖于卷首。

　　这部浴火重生的印谱，价值难以估量。

王福庵所刻"历劫不磨"印

2019年6月　《丁丑劫余印存》以全球印谱拍卖最高价成交

　　如今，在孤山中国印学博物馆内，藏有文彭的"琴罢倚松玩鹤"，何震的"听鹂声处"两枚国家一级文物，这两方葛昌楹视若性命的珍品也在《丁丑劫余印存》里赫然在列。当年钤拓之时，葛昌楹特请王福庵来鉴定，并刻下边款，留下了传承有序的印记。

文彭所刻"琴罢倚松玩鹤"印

　　周建国同期声　你不是说到"福庵审定"吗，人家请王福庵先生，你来帮我看一看，看好以后他（王福庵）盖一个印，人家说，哦，他看过的。他认为这是对的所以他会盖上去，如果不对的他都不会盖印。当时有一个人，拿了一方吴让之的印，福庵先生说真的，这方开门（一眼真品）的，如果你看的真的，肯定是真的，就请福庵先生这样，"印章留在这里，你帮我旁边跋一个款"。就是在鉴赏方面，福庵先生是比较权威的。

高式熊指导学生

高式熊　原西泠印社名誉副社长

高式熊同期声　东西做好是你的，不能依赖，你不教我我就不做，这是最笨最笨的学生；最好的学生是，看了以后自己尽量的要求，你要想办法来找我，不能说你也没教过我，朱文没教过我我就不刻，朱文你自己刻不犯法的。你要有强烈的要求，看到印谱就做看到印谱就做，这样子进步快。所以现在你大胆地做，你仿王福庵的东西已经仿得这样好了，有这个程度，我说你应该再继续努力，不要放弃。这一刻刀法不是划的是切的，这种就是浙派的一个笔法，吴昌硕也是这样子的。

熟悉的石头与刻刀，熟悉的聆听与教诲，不知高老是否看到了七十年前的自己？是否看到了3号楼里那位领自己入门的谦谦师长？

高式熊同期声　我十六岁开始刻的，我刻的时候没有拜过老师，我自己玩玩的。1947年，二十七岁，福庵先生带我去加入西泠印社，一方面呢福庵先生带我的，还有一个赵叔孺先生，赵叔孺先生给我的指导，所以我心目中，当时上海的篆刻只有两个人最高的。

2019年，高式熊逝世，享年九十八岁。

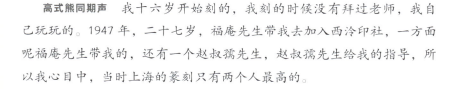

中华人民共和国中央人民政府之印

北京　新中国成立初期

大师的传奇色彩总能在造就别人的时候进发出非凡的光芒。王福庵所造就的第一位弟子，经历令人赞叹。他，原是一位车夫。

1949年，陈叔通邀请王福庵赴京主持"开国大印"的铸刻时，年过古稀的他已是疾病缠身，难以远行。一代宗师便力荐弟子顿立夫北上，参与"中华人民共和国中央人民政府之印"的铸刻。

王乃康同期声 我祖父还是在北京，印铸局工作的时候，顿立夫是我祖父的黄包车夫，专门呢（负责）我祖父进进出出，上班下班是坐这黄包车的。那么我的祖父写字，或者说不大好的字就是纸篓里面甩在那里了。后来呢，我祖父发现顿立夫专门在我祖父的纸篓里面捡字，捡我祖父甩下来的字。后来我祖父就问他："你捡字干什么？"那么顿立夫就看了我祖父甩下来的废纸，他就自己练字，练了几个字，让我祖父一看。呀，我祖父感觉到顿立夫是一个好学的人。好，黄包车夫不要做了，就收他为我祖父一生当中，第一个学生。1983年，我的爸爸妈妈，几个人到北京了，那天顿立夫带了他的妻子，来看我们，看到我爸爸，我妈妈，我叔叔，我姑妈，都是一个个，就是跟亲人一样的，非常非常的感动。立夫呢，还拉着我的手，叫我孙少爷，孙少爷。

顿立夫

韩登安

从北京到上海，顿立夫一直跟随恩师，照料起居，每日学艺，情同父子。

自王福庵成名沪上后，登门学艺者接踵而至。民国以来的百余年间，除吴昌硕、赵叔孺外，王福庵是声势最大者。麋研斋弟子遍布天下：北京有顿立夫，上海有吴朴堂、徐家植、江成之，杭州有韩登安，可谓集一门之盛。桃李不言，下自成蹊。时人评价："并时吴赵能相下，鼎足会分天下三。"

上海　上海博物馆

孙慰祖　西泠印社副秘书长，上海博物馆研究员

王乃康与夫人祭扫王福庵墓

孙慰祖同期声 对王福庵的历史地位的评价，我们今天恐怕要放在整个最近一百年来，整个海上篆刻的这样一个大的框架里面去看王福庵现象。就是这个一百年其实是中国篆刻艺术的高地，那么王福庵的风格呢很大程度上，他也具有很容易被社会一般群体和上层群体共同接受这样一个审美特征，两种审美上的理想融合在他身上，使得他的创作，展现出民国时代南方篆刻圈里面，风格和创作形式特别多样的这样一个，印坛的一个宗师。那么这样一种审美特征，使得他到现在为止一直拥有很多的追随者、继承者、爱好者。

上海博物馆藏王福庵创作精品原石

上海博物馆藏王福庵《麋砚斋印存》书影

如今的上海博物馆里，珍藏着王福庵毕生所刻的三百余方精品原石，以及《麋砚斋印存》等珍贵印谱。1959 年，在新中国成立十周年大庆之际，他将一辈子的创作精华全部捐赠。

周建国同期声 考虑到老先生解放以前一直是以刻印写字为生的，而且要养一大家子人，老老小小的对吧，所以国家呢作为奖励，给老先生一笔钱，那么就是算平均每一方是三块钱，就给了他大概奖励一千块钱。我记得就是当时二十年代的一个生活费，基本是在十二块左右每人平均的，所以他这笔奖励应该比较可观的。

第二年，大师与世长辞，遵其遗愿，家属将其收藏的八百八十七件珍品，捐赠给了他一手创立的西泠印社。人生无常，孤山不孤。"右军后人"的君子风范，给孤山增加着精神海拔，与那座"群贤毕至，少长贤集"的会稽山遥遥呼应。

他的一生，正是一场"漱清源以涤秽"的雅集。

王乃康同期声 现在爹爹（祖父）的墓里呢，基本上就是我爹爹平常用的，因为我爹爹喜欢抽烟的，抽旱斗，烟斗一个，还有刻字的刀，还有几支毛笔放在里面。

绍兴兰亭

王福庵就像一个赤子，坦然而来，了然而去。

将近千年以前，孤山上梅妻鹤子的林和靖先生也是如此，南宋灭亡之后，曾有盗墓贼挖开他的坟墓，发现那里惟有一砚一簪而已。

王福庵在孤山的时候，一定听了无数次这段故事。他的心中也有一羽鹤，被他刻写成"琴罢倚松玩鹤"那枚印章的观款。

孤山林和靖墓园

师父，是西泠印社的传承与根本。

《师父》讲述海上金石书画大师、西泠印社第一任社长吴昌硕的非凡生涯：命途多舛，报国无门。太平军之乱，家人离散，颠沛流离；考中秀才，却只能刻印卖字。虚度半生，饱读诗书，出征无功，入仕不成，幻灭后的吴昌硕只能投身于诗书画印之中。甲午海战之后，许多中国青年纷纷远渡东洋寻求救国之道；劫后余生的吴昌硕却秉持"不为良相便为良师"的古训，从此成为一代宗师。

终其一生，吴昌硕只收了河井仙郎一名日本弟子，河井仙郎则收了弟子西川宁、小林斗盫，再传弟子青山杉雨，再再传弟子高木圣雨，他们一直占据着日本书道界领袖地位。

吴昌硕与日本金石书画文化的关系，颇为耐人寻味：那个年代很多人都"以日为师"，而他却"与古为徒"不言而威，自有潘天寿先生所言之"苍茫古厚，不可一世"，那是另外一重意义上的"师父"。

1894 甲午年，11 月，日军占领辽东半岛，旅顺陷落。

而在飘着初雪的南方，两个不修边幅的中年男人正聚在一起吃老酒。乘着酒兴，两人联手绘制了一幅"梅竹图"：一人画老梅，枝干如铁、花瓣似血；另一人补了墨竹。梅竹相交有如刀戟，而天地一片肃杀，那株梅花仿佛正要从雪中突围。

画梅之人，就是吴昌硕。

1903 年初夏，一位日本书法家专程来到中国拜访吴昌硕，"以日本刀见赠，索画寒梅"，六十岁的吴昌硕，执笔挥戈，以梅对刀。

一代宗师吴昌硕，终生以"梅知己"自居，"诗、书、画、印"四绝，被誉为"中国文人画最后的高峰"，他也是西泠印社的首任社长。

这是 2018 年秋天，纪录片《西泠印社》的拍摄现场。创作者试图还原 1913 年的一个历史场景。"声气相投，聚集同道，重振金石"，这十二字，正是西泠创社四君子当年的理想。那一年，吴昌硕受邀成为西泠印社第一任社长，时年七十岁。

西泠印社虚位十年，终于迎来了众望所归的灵魂人物。

浙江安吉，吴昌硕故居

1844 年，吴昌硕出生在浙江孝丰（今安吉县）鄣吴村的一户读书人家。明朝嘉靖年间，吴氏一门曾有父子、兄弟四人相继进士及第，大门前这座带栏杆的石桥名为"状元桥"，二十世纪五十年代被填埋，1997 年考古发掘时按原样修复。

吴昌硕、蒲华合作《岁寒交图轴》

安吉鄣吴　吴昌硕故居

任伯年作《酸寒尉像》

吴昌硕所刻"明月前身"印

吴民先　吴昌硕曾孙

吴民先同期声　南宋南渡的时候，（吴氏）从淮安辗转迁到鄣吴，我们吴家到我是第二十五世。

吴民先的祖父，正是吴昌硕先生的儿子吴藏龛，也是西泠印社早期社员。吴藏龛和父亲吴昌硕在同一年去世。吴民先 1940 年出生在浙江丽水，也曾回到鄣吴住过几年，这一处坐东朝西的老屋就是吴昌硕出生的地方。

吴民先同期声　（吴昌硕）从小就好学，他四书五经这些古典的东西在他父亲身边已经学了不少，他后来是经过太平天国的战乱，出去五年逃亡，十六岁出去，到回来已是二十一岁了。不想做官这是假的，他也想做官，也想通过这条路来实现他的人生理想。

从苦于生计的乡村秀才、一官如虱的"酸寒尉"到海上的艺坛领袖，吴昌硕亲历的是一个动荡却众星云集的时代。比吴昌硕年长四岁的任伯年，原本只是一位民间画师，却在清末名震大江南北，求画者纷至沓来。二人初相识，吴昌硕的作品还乏人问津，不过任伯年却从他的画作中看到长年书法、篆刻磨练出来的功力，从此与吴昌硕成为至交。

1888 年，任伯年用简练别致的笔法给吴昌硕画过一幅《酸寒尉像》，画中的他身着清代官服，动作拘谨、神情局促，仿佛正要向上级禀报事宜。人们都只记得吴昌硕在官场郁郁不得志，却很少有人知道，吴昌硕曾出征过甲午海战。

吴大澂（1835—1902） 清代官员，金石学家，收藏家

吴民先

1894年，中日甲午战争爆发，吴昌硕作为湖南巡抚吴大澂的幕僚，跟随其率领的湘军一同出山海关御敌。吴昌硕主要撰写对敌劝降的露布，草拟吴大澂的战报文稿等。最终的结果，吴大澂所领湘军全军覆没，清廷以"徒托空言，疏于调度"的罪名对吴大澂予以革职，永不叙用。吴昌硕的济世之梦渐渐幻灭，直到1899年，五十六岁的他在江苏安东县令任上只一个多月，感到实在无力周全于官场，留下"一月安东令"的印文，挂印而去。

"书生报国无他物，唯有手中笔如刀。"这把刀，从此转向金石书画。

吴民先同期声 所以（吴昌硕）他就是把自己的感情，把自己的学养，全部寄托在诗书画印当中。他自己曾经写一首诗给他老婆，（我的）曾祖母施季仙。其中有一句话，哎呀，我看了感动死了，"平居无长物，夫婿是诗人。"所以我同人家的看法都不一样，他的诗书画印，我把他分析一下，吴昌硕的诗是他的灵魂，书法是他的整个艺术的基础，篆刻金石是他的风格特征，最后画是他艺术的综合，诗书画印都在里面。

这是吴昌硕那颗著名的朱文方印，"一月安东令"，右上格把"一月"二字合文处理，吴昌硕还特地在边款中说明："一月两字合文，见残瓦券。"可见他正从那些秦砖汉瓦、鼎彝陶文中获取创作灵感，他的心在回归源头。

青铜甲骨、陶瓦碑石；洋火电灯、坚船利炮。在一个旧时代崩塌与新时代开启的转折点，吴昌硕最终选择了"与古为徒"的坚守姿态。

甲午海战之后，一群年轻人纷纷"以日为师"，寻求救国之道。吴昌硕没有留过洋，他只是一个身材矮小的"无须老人"，但他欣然应许成为西泠印社的第一任社长，广结艺友，使西泠印社奠定了"天下第一名社"的百年基业，成为海内外印人共同向往的精神家园。

吴昌硕所刻"一月安东令"印

本东京都台东区　书道博物馆

东京国立博物馆　东洋馆

身居东亚最边缘的岛屿日本，受中华文化影响极深，汉字和书法从古代开始就在中日文化交流中发挥着重要的作用。

绍兴兰亭

公元353年，浙江绍兴，书法家王羲之的三百二十八个字，成就了"天下第一行书"。到了隋唐时期，日本大量收购以王羲之为代表的中国名家书法，朝野上下书风极盛，宫内厅收藏的《丧乱帖》，就是日本天皇家世代珍藏的宝物。

鹤溪携天溪会成员在兰亭留影（1992年）

南鹤溪　日本书道鸣鹤流第四代传人，书法团体天溪会会长

南鹤溪同期声 一直以来，学习《兰亭序》在书法界立身，这是日本书道鸣鹤流已定的方针。所以，我们尊崇王羲之是当然的。但是，文字学的研究，包括我们说的从金石文到篆书，则以吴昌硕先生为源泉。

昌硕为日下部鸣鹤所刻印章

日下部鸣鹤（1838—1922）　日本书道鸣鹤流创始人

鸣鹤流创始人日下部鸣鹤是日本明治时代著名的书法家之一。

早在甲午海战前的1891年，日下部鸣鹤为了追寻王羲之的足迹来到浙江，此时日本的书法审美正在发生变化，当他看到吴昌硕那别具一格、大气雄浑的创作时，内心十分震撼。日下部鸣鹤本名东作，字子旸，号野鹤，吴昌硕亲自为他刻了许多枚印章。

南鹤溪同期声 这就是从吴昌硕先生那里学来的篆书，鸣鹤流一直在学

維車馬石潛天
葉君品三修啟
太約招寧同光
人社者曰益興
于侯于无沙開
連社維集盛美

世家尺大乙夢齒金于央也臣
社流尺辭意乳隸國德君業灌
業流愛芳舉戶元家于保見家
太盛錢乃之暗犀宜于臣殷盛
鑒北巾而帕貢韶康盛于筮礼

羊寧夕傘吾不得乙君備維謁原一少尸毀而學
壽吉二耳是僅乙員守道爱乃淵曰省尸寺尺書畫
集十甲則乙進昭維昌爱業正離者向可尚社固相
昌寅寅之德修向殷之鸞狩尸知社書也畫
頤二夔五礼止人絲君譜戍同人貴少業輔
斬日

吴昌硕篆书《西泠印社记》（1914年）

习，并且经过一百二十五年，延续了二代、三代，一直传到我们手里的篆书字体。我们认为，不学习吴昌硕的篆书这样的学问，就无法成为文字学家，因此，我们有一个严格的约定：不做文字学问，只游戏笔墨的，就不是鸣鹤流。

吴昌硕篆文"日下部鸣鹤之墓"

2019年深秋，鸣鹤流第四代传人南鹤溪女士来到位于东京都世田谷区的豪德寺，祭扫先师墓地。

寂静的墓园里红叶正盛，1922年，日下部鸣鹤逝世，一直和他书信往来、隔海酬唱的吴昌硕，用篆文为日下部鸣鹤题写了墓碑。1989年，在吴昌硕与日下部鸣鹤结交百年之际，鸣鹤流的传人们专程来到杭州西泠印社，立下了一块"吴昌硕、日下部鸣鹤结友百年铭志"碑。

梁章凯　西泠印社理事，旅日鉴赏家

梁章凯同期声 从近代和当代来说，日本的书法家，包括篆刻家，包括一些藏家，对吴昌硕都很重视。当时有一个日下部（鸣鹤）的学生，就是河井仙郎，他就跟老师讲，我能不能拜吴昌硕（为师）作为学生，日下部鸣鹤先生就给他一个苏州的地址，这时候河井仙郎先生就是把自己的印稿就给吴昌硕寄过来。

孤山"吴昌硕、日下部鸣鹤结友百年铭志"

杭州　西泠印社

在日本师父的引荐下，这个来自京都的无名印人又有了一个中国师父，河井仙郎也最终成长为日本近代篆刻的发起人。他的中国时光大多在杭州度过，1906年，他就加入了西泠印社，"刻印专宗秦汉，浑厚高古"。这是我们今天可以看到的，最早的《西泠印社同志录》，十三位社员中的最后一位，就是河井仙郎，西泠印社最早的八篇《西泠印社记》，开篇也是河井仙郎所作。

高木圣雨　书法家，日本谦慎书道会理事长，西泠印社名誉社员

高木圣雨同期声　河井仙郎赴中国留学，成为吴昌硕的弟子，学到了很多东西并带回日本。他因为掌握了高超的篆刻技术，河井仙郎给日本篆刻界带来了深远影响。

《昌硕画存》书影

《书斋管见》书影

西岛慎一与启功先生（1988 年）

1912 年，在河井仙郎的推介下，日本文求堂编辑出版了吴昌硕在日本的第一本画册《昌硕画存》，吴昌硕渐渐在东瀛树立起无可替代的宗师地位。而此时的吴昌硕，正式移居上海。近代金融业的繁荣、商业消费的兴盛，上海在全国率先建立了成熟的书画市场机制，中国的绘画也进入了一个艺术的市民消费时代。

1912 年，也就是所谓的民国元年，缶老正式用名"吴昌硕"。

据记载，1914 年吴昌硕的润格是：堂匾二十两，斋匾八两，楹联三尺三两、六尺八两，横直整幅四尺八两；七年之后价格大涨：堂匾三十两，斋匾二十两，楹联三尺六两、六尺十四两，横直整幅四尺三十两。

当时一幅四尺作品要价三十两，相当于大洋四十二块。对比二十世纪二十年代的物价水平，一块大洋可以买十八斤上等大米，也就是说，当年吴昌硕一幅四尺作品约值七百五十六斤上等大米。一代宗师吴昌硕的这些"生意经"也被日本人收录书中，这本看似不起眼的《书斋管见》出版于 1935 年，是西岛慎一先生的私人收藏。作为日本书画评论界的权威，八十四岁的西岛先生是西泠印社的名誉社员，他偶然在旧书店买到的这本书中真实地记录了当年日本人去上海拜访吴昌硕的经历。

西岛慎一　日本书画评论家，西泠印社名誉社员

　　西岛慎一同期声　很多人都会去读这些书，由此可知当时（吴昌硕）的名气是有多大。吴昌硕的家在上海的山西北路，当时出了上海火车站后左转，有一条小路（通向吴昌硕的家）。这个叫楠濑日年的人曾经到上海访问过吴昌硕的家，回来后制作了这个"立体画"，通过"立体画"展现出（吴昌硕家的）结构。不仅仅是平面图，这样立起来就能看到整个（吴昌硕家的）立体构造。

上海吴昌硕旧居

　　1914年秋，吴昌硕艺术人生中的第一次个人书画篆刻展，在上海江湾路六三园开幕，之后，上海商务印书馆也出版了《吴昌硕先生花卉画册》。吴昌硕在吉庆里的石库门，于右任、张大千、梅兰芳都是座上常客，王一亭、潘天寿、沙孟海、王个簃、陈半丁、诸乐三等人也都受到吴昌硕的影响，被后世称为他的"十三门徒"。

上海六三园旧影

　　"道所在而缘亦随之"，一代宗师吴昌硕的朋友圈，也勾勒出一个大家辈出的时代，这是一个完整的晚清至民国期间艺术思潮的传承与变化。

吴昌硕、王一亭在六三园

　　王一亭，二十世纪初年上海滩三大洋行买办之一，同时也是一位书画家，在他的自述中，曾经这样写道："四十后与安吉吴先生论画敲诗无虚日……"他更是担负起了吴昌硕艺术作品的经营、策划工作，而吴昌硕也一直称"一亭，予友也"。

　　而这幅藏于浙江省博物馆的《吴昌硕八十寿像轴》也是一幅有趣的作品。画中，吴昌硕被他的中国弟子诸闻韵、潘天寿描绘成禅宗祖师达摩的样子，头像是诸闻韵用了炭画技巧，采用西方写实手法所绘；潘天寿则用传统写意笔法画了袈裟和蒲团，八十岁的吴昌硕欣然接受了这样一幅中西结合的寿礼。那一年，潘天寿才二十六岁，正在上海美专和新华艺专任中国画教授，初出茅庐的小伙子却得到了吴昌硕的青睐，吴昌硕曾说："阿寿学我最像，跳开去又离我最远。大器也。"

诸闻韵、潘天寿绘《吴昌硕八十寿像轴》

吴昌硕在缶龛（1926年）

西泠印社缶龛

日本东京朝仓雕塑馆

长尾甲　字子生。日本著名汉学家，西泠印社早期社员

　　日本人长尾甲，曾在上海担任商务印书馆编译，也是西泠印社的早期社员。鸿雪径下的"印泉"二字，就是长尾甲题写的，被行家称赞"颇具汉碑神韵"。长尾甲与吴昌硕交游数年，一直想拜吴昌硕为师，却是有道无缘。

　　吴昌硕的这组照片拍摄于1920年代，多角度的肖像看上去意味深长。

　　拍摄这组照片的目的，是为了提供给日本雕塑家朝仓文夫作为素材，创作吴昌硕的铜像。

日本东京　朝仓雕塑馆

　　这是坐落在东京都台东区的朝仓雕塑馆，曾经是朝仓文夫的住所。这位艺术家和吴昌硕未曾见面，最终完成的作品经海路寄往上海。吴昌硕收到后给朝仓文夫回信："沪寓逼仄，无可容其抱膝之所，同人好事者现拟位置于杭之西泠印社石壁之间，上覆以亭……"于是，西泠印社的同仁就在小龙泓洞一侧石壁上，"筑龛藏像"，后来又在铜像的下半部分配上了石雕坐姿，使得吴昌硕的形象愈加生动。

　　吴昌硕曾经在缶龛前跟自己的石像合影，他戏书："龙泓石像莞尔笑曰：印不藏锋书退笔，老而不死是为贼……"

　　在吴昌硕担任西泠印社社长期间，他组织社员抢救《三老讳字忌日碑》，建山川雨露图书室、题襟馆、剔藓亭，以一种孤高自傲、独立不迁的做派，塑造了一个无可取代的中国文化典范。

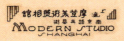

吴昌硕晚年上海留影

直到吴昌硕去世的 1927 年，日本已经出版了他的相关画集十余册。在传统日本人眼中，吴昌硕的画有唐人的豪放，也有文人画的清雅，更有金石写意风格，几乎就是中国文化的浓缩版。日本著名书画评论家西岛慎一先生就认为："吴昌硕的画很对日本人的胃口。"

西岛慎一　日本书画评论家，西泠印社名誉社员

西岛慎一同期声　在日本，各地有不同的喜好，在东京大家喜欢篆刻、书法作品；在京都、大阪等关西地区，人们喜欢吴昌硕的画。大阪有一家大型百货商店叫高岛屋，曾经举行了三次吴昌硕的作品展。

河井仙郎　号荃庐，西泠印社社员

河井仙郎

金石为续，诗书唱和。尽管在日本大受欢迎，吴昌硕却只收了河井仙郎一名日本弟子，其余人的拜师请求都婉言谢绝了。而在日本，河井仙郎的弟子西川宁、小林斗盦，再传弟子青山杉雨，再再传弟子高木圣雨，一直占据着日本书道界的领袖地位，直到今天，都是吴昌硕艺术的研究者和推广者。

高木圣雨　书法家，日本谦慎书道会理事长，西泠印社名誉理事

高木圣雨同期声　这些作品并不是为了今天的拍摄而挂在这里的，平时就这样放在这里，我把这些代代传承的作品放在自己的房间里，自己也想继续传承下去，虽然很难……

这里有吴昌硕老师从大约三十七岁到八十四岁的书信手稿，你看这里还写着"日中（甲午）战争"，书信里的字体被称为"率意之书"，虽然我们生活的时代不同，但是通过这些作品，（书法传统被）不断传承下来。这是吴昌硕老师的自用印（"且饮墨沈一升"），有"写字时多蘸墨"的意思，我也把这个印用在自己的很多作品上，有"多用墨，多学习"的意思。

吴昌硕、吴藏龛父子与河井仙郎（左一）合影（1909 年）

在高木圣雨先生的书房里，也摆放着小林斗盦的作品。小林都盦，1941年起师从河井仙郎。在小林都盦的"怀玉印室"中，就挂着师父河井仙郎与吴昌硕的合影。

小林斗盦（1916—2007）　原西泠印社名誉副社长
（二十世纪九十年代采访影像）

小林斗盦同期声　如果缺乏扎实的知识和技法，是不可能创作出好的作品的，这个道理自古就有，不仅仅在书法、绘画等方面，任何一个领域都是如此。小小的印面集学习成果之大成，是难度很大但是很值得去做的一件事。

吴昌硕所刻"道在瓦甓"印

吴昌硕所刻"强其骨"印

"道在瓦甓"——这是吴昌硕给予河井仙郎的指点，意思是多取法秦砖汉瓦上的刻画文字，多学、多临秦汉古印及鼎彝石鼓文字，还特别嘱咐他多读明清印谱及印人传，以"强其骨"。

"九一八"事变之后，河井仙郎再也没有到过中国。

1945年3月10日的清晨，美军对东京进行空袭，河井仙郎死于这场轰炸。据河井仙郎的夫人回忆，家中房屋已烧成灰烬，河井仙郎手握水桶，躺在地上一动不动。

（二十世纪九十年代采访影像）

小林斗盦同期声　我们几次在废墟里寻找河井老师的遗物，第二次的时候西川宁老师也来了，当时河井老师的作品、收藏等所有东西都被烧毁，最早发现了他的一些印章等，也就是石质印章。

这就是当年从废墟中找到的一枚印章，吴昌硕所刻"园丁墨戏"。

吴昌硕所刻"园丁墨戏"印

梁章凯　西泠印社理事，旅日鉴赏家

梁章凯同期声　东京大轰炸，河井仙郎先生收藏的中国的文物都毁于一旦，这方印损失得比较厉害，本来这上面有"老缶刻"印章的边款，后来只剩下了"老"和"刻"一半，小林斗盦先生还进行了一个维修，就是他用那个石膏把这上面全部垫上，跟印钮平行，所以今天才有呈现在大家面前，这是一个比较完整的（印章），但是这个边款上面的字损了一半。

小林斗盦怀玉印室现貌

日本东京　天德寺

师父河井仙郎去世之后，为继续金石学习，小林斗盦再拜师兄西川宁为师，这场由吴昌硕开始的师徒传承，以一种奇异的方式延续着。小林斗盦终身未娶，他刻了一方"梅妻鹤子"的印明志，将自己比作西湖孤山上的那位宋代隐士，在东京狭小的书斋里期待着一元更始，万象更新。

小林斗盦怀玉印室原貌

杭州孤山　放鹤亭

1981 年的夏天，时任西泠印社社长的沙孟海亲自签发了入社聘书寄往日本，吸收小林斗盦为名誉社员。2003 年，西泠印社百年社庆之际，小林斗盦又将一枚珍贵的印章送回了创始之地。

这是吴昌硕所刻的"西泠印社中人"，堪称百年传奇之印。

这枚印在二十世纪九十年代，突然现身上海的一场拍卖会，最终被一受托人以志在必得的高价购去。人们事后方知，委托人就是日本印人小林斗盦。

梁章凯同期声　我是 1988 年去了日本留学，在工作过程当中很有幸认识了小林斗盦先生。2003 年 5 月份的时候，他就给我写了一封信："吴缶庐先生所刻'西泠印社中人'一印，余丁丑正月购得于沪上……际遇西泠印社创社一百周年嘉会……持此印捐给西泠印社。" 8 月份的时候我受他的委托，把这个印捐给了西泠印社。

吴昌硕所刻"西泠印社中人"印

葛昌枌、吴隐、吴昌硕、葛昌楹合影（1918 年）

杭州超山　吴昌硕墓园

那是 1917 年，印社创始人丁仁与吴隐，为好友葛昌楹向吴昌硕求的一方印章。吴昌硕为此刻下"西泠印社中人"字样，还在边款上将葛昌楹敬称为"金石家"。而从拍得"西泠印社中人"印章的那一刻起，小林斗盦就已经决定在适当的时间，以适当的方式，让这枚印章回家，回到西泠印社创始之地——杭州孤山。

何谓西泠印社中人？雅集天下，传承美意，复兴文化，就是印社中人。

1927 年 11 月 29 日，西泠印社首任社长吴昌硕在上海告别人世。

遵照吴昌硕的遗愿，王一亭发起筹办了昌明艺术专科学校。1930 年 2 月 19 日的《申报》上，刊登了昌明艺术学校的招生广告，王个簃、潘天寿、诸闻韵、诸乐三这些吴昌硕的门徒，也都在昌明艺校担任教职。

余杭超山　吴昌硕墓

而吴昌硕位于余杭超山的墓园，在他去世五年后才彻底竣工。他生前去过许多地方赏梅，犹爱超山梅花，自称"苦铁道人梅知己"，也曾作诗："十年不到香雪海，梅花忆我我忆梅；何时买棹冒雪去，便向花前倾一杯。"

余杭超山　宋梅亭

2017 年，吴昌硕逝世九十周年，在中国和日本的十几座城市，都举行了规模盛大的活动，纪念这位曾经的"西泠印社中人"。这一年的冬天，杭州很难得地下了一场好雪，超山那株一千多年前的宋梅，在雪中更显奇崛豪放，正是潘天寿先生说的那种"苍茫古厚，不可一世"。

吴昌硕作《墨梅》

用

陈扬峰书

衣冠，是西泠印社的形相与规仪。

《衣冠》以西泠印社第二任社长马衡的故事为主线，讲述了一种"不学礼，无以立"的生活方式乃至人生态度。1933年，日寇来犯，国宝"周秦石鼓"被迫装运西迁，将石鼓装运西迁的负责人，是故宫博物院院长马衡。十五年后，马衡受邀担任西泠印社的第二任社长。

法国人龙乐恒从十五岁开始，就对东方文化产生了浓厚兴趣，在巴黎完成语言学习后，龙乐恒曾远赴中国学习书法篆刻。十五年前，他成了西泠印社第一位欧洲籍社员，他立志于成为一名像高罗佩那样可以精通中华文化的欧洲人。

衣冠就是规定好的角色，角色就是不可更改的命运。

衣冠，从出故宫上孤山的故事讲起，有关于秩序。

北京 孔庙

北京孔庙 乾隆石鼓

1790年的夏天，乾隆皇帝弘历在自己八十岁的时候，完成了一件大事。

其实，从文史记载来看，这一年皇帝参与的大事不少，当时已经在位五十五年的弘历，六次巡游江南，留下无数御赐墨宝引后世围观品评；而浩大的《四库全书》编撰也已完成，正分七路送往大江南北的书阁珍藏。此外，为了给乾隆贺寿，"徽班"在这一年被召进京，皮黄、梆子拉开了京剧萌芽生长的序幕。

故宫 石鼓馆

但是，1790年的孔庙里，有一件更重要的事需要皇帝关心——弘历亲自督造的十面石鼓正被内务府小心地放置于北京孔庙的大成门东侧。这石鼓是仿造的，仿造的对象，是出土于唐代的周秦时代的石鼓。

当时，在孔庙大成门的西侧，元代就被安置于此的周秦石鼓，一字排开与仿品面对面。由此，乾隆石鼓与周秦石鼓并存的景象，成为北京孔庙的标志。

周秦石鼓文

公元627年 周秦石鼓出土于陕西陈仓山

早在唐代出土之初，周秦石鼓就因其"古妙"被历代文人推崇为"中国第一古物"，列为"最高一等神品"第二名，与中国古典文学的开山之祖《诗经》相提并论。周秦石鼓上的文字，记载了国君游猎的场景，是中国最早的石刻文字，上面的石鼓文历来被公认为"书家第一法则"。石鼓诞生于周秦，正是中国文明礼制完善的时代，故此，其文化价值也远超金石书法层面。

"礼"是儒家文明的典章制度与道德规范，用一生的时间来实践"重道崇文"的弘历要让天下人都知道他是一个既懂"礼"又懂石鼓的皇帝，于是八十岁的他用仿刻的方式，向儒家文化献上了自己的虔诚与敬意。乾隆石鼓旁，这块清代御碑碑文中，以诗歌的方式记录了乾隆皇帝文治武功的十全形象。

其实，"十全老人"身穿儒生衣冠的这样一个形象，是老年弘历的一个梦想，精力充沛的他，为此付出了一生的努力。

世宁作《乾隆皇帝大阅图》

乾隆身边的宫廷画师郎世宁，深知皇帝的心声，于是在郎世宁的画笔下，汉儒衣冠穿在了清秀的皇帝身上，妥帖得仿佛他本来就是一个儒家书生。

事实证明，用心良苦的皇帝最终并未被后世认可，无论是他的文采还是审美趣味，当然也包括这十个仿品石鼓。原本刻在周秦石鼓两侧的文字，在乾隆石鼓上，被刻在了鼓面上，而造型过于清晰的鼓钉，和浑圆一致的石鼓外观，让乾隆的这次仿制更像是一次花费昂贵的工匠行为。

故宫　石鼓馆

多年之后的 1933 年，因日寇来犯，国宝周秦石鼓被迫装运西迁，后辗转进入故宫珍藏，从此离开了孔庙，离开了仿制的乾隆石鼓。留在孔庙的乾隆石鼓，被分为两列守着大成门，弘历的心血之作终成一处景观，供后人游客围观品评。

宫文物南迁旧影

1933 年，战争的烽火中，将石鼓装运西迁的负责人，是一个名叫马衡的浙江人。

那一年，马衡的身份是故宫博物院院长。十五年后，马衡受邀担任西泠印社的第二任社长。

前日本帝国主义发动大规模侵华战争期间，马先生担任故宫博物院院长之职，故宫所藏文物，即蒙多方维护，运往西南地区保存。即以秦刻石鼓十具而论，其装运之艰难是可以想见的。但马先生从不曾以此自矜功伐。（郭沫若《凡将斋金石丛稿·序》）

马思猛　马衡之孙，《马衡日记》整理者

马思猛

马思猛同期声　自从民国二十年日本人占领我东北以后，故宫博物院装箱准备南迁，经过一年多的筹备，挑选了一万九千箱分五批装火车，经平汉、陇海、津浦、京沪等路，到上海。因古物之值钱，结果闹得举国上下人心惶惶，束手无策，这种现象想起来实在有点好笑。我们国难一来的时候，不是大家都众口一词地说"宁为玉碎，勿为瓦全吗"？现在为了一点古物便这样手忙脚乱，还说什么牺牲一切，决心抗战。要抵抗嘛，先从具有牺牲古物的决心做起。（马衡　1947 年 9 月 3 日记）

北京孔庙

五十六岁的马衡内心悲壮，面对山河的破碎，有了牺牲一切的准备。

但是，所有了解马衡的人都知道，这位从少年时就痴迷古物的江南人，会以最大的努力拯救故宫内的文物。多年之后，马衡组织的文物万里大迁徙，成为中国文人在抗战中守护国宝的经典记忆。

马衡眼中，最重要的文物就是孔庙大成门下那十个周秦石鼓。

故宫　石鼓馆

马思猛同期声　保护石皮（石鼓）为当务之急。乃先就存字之处，糊之以纸，纵使石皮脱落，犹可粘合，次乃裹以絮被，缠以枲绳（麻绳），其外，复以木箱函之。（马衡《跋北宋石鼓文》）

故宫博物院　石鼓馆

石鼓是中国文字发展史上的一个过程，而且这种文字只留下了这十面石鼓，石鼓深深地埋藏于马衡先生的内心，他亲自押送。故宫博物院，当时是四个部门，古物馆、文献馆、图书馆、秘书处，他用了四个字，叫"沪上寓公"，古物馆叫沪，所有的古物馆的藏品装箱，它就是沪一、沪二、沪三、沪四分类；文献馆的档案上一、上二、上三、上四，以此类推，"沪上寓公"是故宫博物院四个部门的文物。

装运文物的木箱上，"沪上寓公"的字样，是马衡的一段青年岁月，在马衡一生的著述与日记中，这段岁月从未被提及。

马思猛同期声 "沪上寓公"的含义就影射了，他自己在叶家（岳父家）十五年的生活，他认为是在叶家做寓公的。马衡三十六岁到北京之前，他的历史是一片空白，因为马衡的父亲当时在今天的上海浦东开发区，在那任县令，岳父当时在上海是最富有的富商，官商联姻。十四岁的时候定的娃娃亲，十九岁的时候考取了南洋公学，念了一年多以后，因为叶家催促完婚，所以他就终止学习的过程。结婚以后，在叶家做了十五年的寓公。

衡罕有的中式装束留影

上海　叶家花园

从上海的居所远眺未来，马衡没有看见他将在三十多年后接任吴昌硕成为西泠印社的第二任社长，也不曾盼望可以入主故宫成为中国最重要的文物守护者，他的眼中，只有古人留下的文化碎片与印记。

马思猛同期声 马衡先生把所有的精力，投入金石学的研究和搜集大量的金石碑拓，没有叶家雄厚的财力是不可能实现的。

1922年，马衡应北京大学之邀出任国学考古导师。到了北京之后的马衡，在北京大学、清华大学、北京师范大学、北京女子师范大学同时授课。

马思猛同期声 马衡先生当时在北大的月薪是每月一百二十块大洋，我的奶奶到北京来看望我爷爷，就看不起这些穷教授。周作人先生曾经有文章回忆这段经历，说我奶奶到了北京以后，就公开的场合说我爷爷是个"破教授"。

海叶家花园

徐悲鸿素描作品《马衡》

在 1925 年故宫博物院成立的第一年，马衡出任古物馆副馆长一职，1934 年 4 月，接任故宫博物院院长。

马衡先生是中国近代考古学前驱，他继承了清代乾嘉学派的朴学传统，而又锐意采用科学的方法，使中国金石博古之学趋于近代化。（郭沫若《凡将斋金石丛稿·序》）

四十岁后的马衡，在北京开启了另一段人生，彻底告别了十五年的"沪上寓公"生涯，也远离了叶家花园里的花草与闲适。

马思猛同期声 没有叶家雄厚财力的支撑，他不可能这么衣食无忧，专心致志放在金石学上。这是他的前半生，就是既享受了叶家的恩惠，他又不认可，按今天的话说，上门女婿这种身份。所以他北上北京大学任教以后，他就基本上不回上海的叶家了。

1940 年夏天，马衡守护着故宫文物西迁，来到了重庆，此时，遥远的上海传来消息，妻子叶薇卿离世。

马思猛同期声 他的内心是相当复杂的，但是他在他的卧室里头，悬挂着唯一的两张照片，就是上海江湾跑马厅和我奶奶的遗照。

1938 年的夏天，三十七岁的徐悲鸿为五十一岁的马衡画了一张像，画像上的马衡西装革履，左手还拿着一支雪茄。在马衡留存的所有照片里，他极少像当时其他文人一样作中式装束，即便在风沙凛冽的北方考古现场，马衡始终以西服领带的形象示人。

十里洋场的上海，其实一直以衣冠的方式留在马衡的身上，正如这西迁文物上的四字岁月密语——沪上寓公。

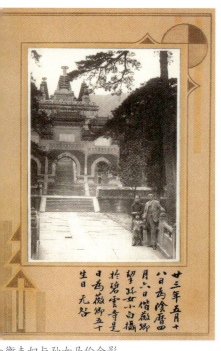

廿三年五月十八日为阴历四月六日偕薇卿望孙女小白摄于碧云寺生日为薇卿五十生日无咎

马衡夫妇与孙女马伦合影

马衡与友人

1948年，马衡受邀出任西泠印社第二任社长。

孤山　石交亭

　　陈振濂同期声　马衡先生当时和吴昌硕，他们两个其实代表了是印社的两座高峰，一个是艺术创作诗书画印，一个是学术，金石学。西泠印社不缺艺术家，但是缺学者，金石学是西泠印社的立身之本，别人说你西泠印社保存金石，光是买个三老石碑回来，当然是，但是你要在学术界要为金石学奠基。郭沫若就说马衡是第一个奠基人，他开创了一个学术的一个领域。

石交亭旧影

　　身为中国最重要的金石大家之一，马衡在西泠印社最长的一次逗留，要回溯到1928年，震惊中外的"清东陵盗墓案"。

　　那一年夏天，军阀孙殿英盗取清皇朝陵墓的文物，马衡是最早的举报人并出庭作证，因此招来孙殿英的通缉追杀。

　　马思猛同期声　孙殿英呢对马衡先生恨之入骨，就扬言故宫的马某人如何，他要什么（报复马衡），结果，马衡先生就在胡适的陪同下，从北平到上海，马衡先生就到了杭州，在西泠印社避难，住了三个月。

陈振濂　西泠印社副社长

　　陈振濂同期声　最早的时候他（马衡）就参加西泠印社的活动了，而且现在孤山上有一个石交亭，还有他当时捐献的凳子、桌子，（西泠印社）账目上都有记载。

孤山石交亭　马衡捐赠的石凳、石桌
《西泠印社志稿》载："岁壬子（1912）建。余杭王毓岱撰记。"位于山川雨露图书室之前，叶为铭倡议建成，取名寓意"结交金石"之意。王毓岱《石交亭记》云："宇宙间万物惟石最古，自有天地以来便有此石……所谓印人者，皆石交也。"社友者，"交石如交人""交人如交石"。

浩瀚璀璨的中国金石学，伴随着历史变革而浮沉，马衡先生的后人中，无人继续从事金石研究。1955 年 3 月 26 日，马衡离世。

马衡离世前，将所有的收藏捐给故宫，后人手里一件金石书画珍品也没有留下。

北京　故宫

1943 年出生在重庆的马思猛，曾经在爷爷身边陪伴了十二年，他退休前的身份，是北京郊区一家家具厂的干部。

2005 年，在马衡去世整整半个世纪后，马思猛开始以一个普通人的视角，寻访爷爷马衡的资料，当时，他的手上只有几张家里留存的旧照片。

高罗佩与友人

在马衡留下的这张文人合影中，一个外国人的形象非常显眼。

高罗佩，时任荷兰流亡政府驻华使馆的秘书，这名后来身居大使公职的外交官，流芳后世的是他的业余汉学成就。痴迷中华古典文化和生活方式的高罗佩，成功地在他的侦探小说《大唐狄公案》中，塑造了"中国福尔摩斯"狄仁杰这样一个形象。

高罗佩的毕生愿望，是成为一名中国人。

高罗佩

龙乐恒在法国巴黎郊外

龙乐恒捐献个人印谱

龙乐恒　西泠印社法国籍社员

龙乐恒同期声　吟月庵主人高罗佩大使阁下尊鉴，人事三长两短，一时如百年，如今阁下身处民国，距今七十余载。久仰阁下融入华夏文明，精通汉、韩、日语，能梵、蒙、满文，并可谓西洋首位篆刻家，且治学严谨，英文古雅。愚久慕阁下才知，呜呼哀哉，生之晚矣。（龙乐恒致高罗佩信函）我觉得高罗佩不光是汉学家和东方学家，他已经变成中国文人了，能写古文，又会弹古琴，《书画鉴赏汇编》（高罗佩著）应该是最早所谓系统地讲印章篆刻的西方资料。

法国人龙乐恒从十五岁开始，就对东方文化产生了浓厚兴趣，在巴黎完成语言学习后，龙乐恒曾远赴中国学习书法篆刻。在巴黎这间并不大的书房里，龙乐恒完成了昆曲《十五贯》的法文翻译、汉法词典的篆刻类目编撰。

近年来，年近六十的龙乐恒，痴迷于中国的礼仪与服饰。

龙乐恒同期声　冠，不是所有人戴的这种帽子，就是上朝或者祭祀、接待贵客，《今古奇观》当中的弹琴的一些道理，其中"不焚香不弹，衣冠不整不弹"，衣冠就指的是礼数。

龙乐恒的汉服来自中国。他的上一份中国工作，是苏州大学的客座教授。

从巴黎东方语言学院汉学博士，到北京历史文献研究会唯一外籍会员；从二十世纪八十年代开始学习书法篆刻，到1998年拜在西泠印社名师刘江门下，龙乐恒的东方文化研习之路最终将他带到了中国杭州的孤山脚下。十五年前，他如愿加入中国西泠印社，成为西泠印社第一位欧洲籍的社员。

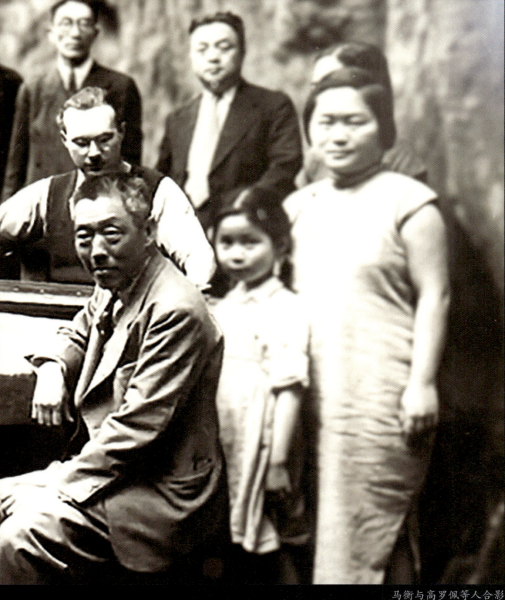

马衡与高罗佩等人合影

西方世界从来不缺少对中国文化感兴趣的人，但是龙乐恒却试图彻底改变自己，成为一名像高罗佩那样，可以精通中华文化的欧洲人。龙乐恒的中国情结，从少年时开始。

龙乐恒同期声　我最早对东方感兴趣的缘分，就是我第一次参观（巴黎）吉美博物馆。我还是小孩时，印象最深全部是象牙做的那种亭台楼榭，还有一些小人物，当时也没有什么体会，后来想我是不是早就需要一种与自己的文化不同的一种世界观。

大门玉泉　日本书法家，莲叶书道会会长

当少年龙乐恒还在博物馆和语言学校里寻找神秘的东方国度时，比中国更东边的日本北海道，一名女书法家开始了她的朝圣之旅。20 多年前，书画家大门玉泉在自己七十岁的时候，出版了一本自传。作为当地极具威望的文化名人，大门玉泉的自传只有薄薄数页，这位经历丰富的日本老人并没有记载太多的人生故事，但是独有一个章节，名为"换季更衣"。

在大门玉泉笔下，魏晋时代从中国传入日本的书法，演绎出了独特的韵味。在对书法艺术根源本溯的多年探求中，这位书法家产生了一个强烈的心愿。

大门玉泉与丁如霞在日本

大门玉泉同期声　日本文字的更早的来源便是中国甲骨文，所以我很向往中国。我从丁如霞老师那里开始了解西泠印社。

作为北海道书画领袖的大门玉泉，却始终保持着对中国金石书法的敬仰与向往。与丁如霞的相识，无疑为大门玉泉打开了一扇大门。

丁如霞的祖父丁辅之，正是西泠印社的四位创始人之一。

龙乐恒第一次上孤山（1992 年）

大门玉泉上孤山（2018 年）

马思猛与爷爷合影（1950 年）

龙乐恒同期声 日本汉学著作跟欧洲的一样早，日本更丰富。早期中文等于欧洲的拉丁文，都是文人的共同语言。

巴黎卢浮宫附近，是传统的文物古玩聚散地，世界各地的文物因为各种原因汇聚于此。龙乐恒在巴黎的工作并不多，给东方文物做鉴定，是其中一项。这条街上的文物店主，基本都认识龙乐恒。在卢浮宫附近，收集中国古玩的商店不少，但是，真正有能力鉴别的本地人，几乎没有。

龙乐恒同期声 有一次越南人请我鉴定他们家藏的一幅画，说是赵孟頫，其实明显是赝品。（市面上）有名的艺术家（作品），大多都是赝品，说实话，一般（这边）搞中国古董，不懂中文的。一般什么拍卖行，拍卖印章的时候不是买印章，是买印章上的小雕塑，对印文一窍不通。刻印要有三多：多看，多看印谱也；多听，多听印人之语；多刻。最全的印谱，世界上只有一个地方，就在西泠印社。

当年逾九十的大门玉泉，终于完成了拜谒孤山的心愿后，不到半个月，西泠印社的法国社员龙乐恒也再次登临孤山。从巴黎到杭州的金石求学之路，龙乐恒求索了将近三十年，湖山草木似乎还记得，他第一次上孤山时的模样。

孤山 石交亭

孤山草木间，这些看似普通的石凳石桌，终于在等待了百年后，第一次迎来了捐赠者马衡的后人。

2019 年秋，在"西泠印社"纪录片摄制组的邀请下，七十六岁的马思猛首次登上孤山。七十二年前，也是在这样的一个秋天，他的爷爷马衡，经全体社员公推，出任西泠印社第二任社长。

马思猛与爷爷的唯一合影，摄于 1950 年。

陈挺峰书

兄弟，是西泠印社的承诺与支撑。

《兄弟》以李叔同作为贯穿性人物，以无数记忆串连起他与西泠印社中人的交往。他在虎跑断食，便是经由丁辅之介绍，他当时的身份是浙江省立第一师范学校教师李息。他一生共用过两百多个名字，其中最著名的两个名字，红尘里为"李叔同"，空门中是"弘一法师"。

1918年，社员李息将所藏九十四方印章如数捧出，全部捐赠给西泠印社。刚至不惑，却看尽人间悲欢，他决定在虎跑出家。所谓大时代，不过就是一个选择：不进则退，来去自如。

四海之内，皆兄弟也。敬而无失，恭而有礼，让天下人都能如同兄弟一样和睦相处，才是儒家的根本理想。最后呈现出来的，就是"华枝春满，天心月圆"般的生命圆满。

徐元白回到琴舍，天色已经有些变化了。从雷峰塔下的半角山房里望见对面的孤山，云烟翻滚，阴霾骤起，看来午后又是一场豪雨。

孤山旧影

徐元白　浙派古琴音乐家，西泠印社早期社员

徐元白与由重庆来杭的徐悲鸿、张大千一起在湖上泛舟半日，又吃了些老酒，和老友聊着过往，眼角便有点湿润了起来。1913年，他在不到二十岁的年纪只身去了广州，追随孙中山先生参加北伐。再次回到杭州时，刚刚经历了抗战的杭州城满目凋零。孤山上也是杂草丛生。往日西泠印社的那些才华横溢的好友，或客居他乡，或抱恙病榻……

雨雾中的孤山，笼罩在一片迷蒙里。但是，往昔山泉之间的花鸟虫鱼、亭阁涵洞，却豁然变得清晰而若在眼前。

五十二岁的古琴大师徐元白轻抚琴弦，仿佛十五年前孤山的一场雨，再次不期而至……

后山石坊

杭州孤山　中山纪念亭

孤山北麓，下了西泠桥，沿着湖湾走到尽头，便可见一座西式小亭，这就是"中山纪念亭"。

中山纪念亭（1927年建）

民国五年（1916）8月16日，孙中山第三次来到杭州时，袁世凯已在全国声讨中忧惧身亡。

孙中山在杭州

1916年，孙中山、宋庆龄等人三潭印月留影

杭州虎跑，"天下第三泉"，中山先生掬泉水而饮之，赞道："味真甘美，天之待浙何其厚也！"

虎跑寺旧影

这年年底，虎跑来了一个奇怪的客人。

与中山先生只掬一捧泉水而饮不同，他在虎跑一连住了十八天，每日早晚都要饮虎跑冷泉。

李莉娟与祖父李叔同

李莉娟　李叔同孙女

李莉娟同期声　十二月一日，晴，微风，五十（华氏）度。断食前期第一日。疾稍愈，七时半起床。是日午十一时食粥二盂，紫苏叶二片，豆腐三小方。晚五时食粥二盂，紫苏叶二片，梅一枚。饮冷水三杯，有时混杏仁露，食小桔五枚。午后到寺外运动。（李叔同《断食日志》节选）

四年前（1912年），中山先生领导的辛亥革命胜利后，他曾填下一阙《满江红·民国肇造》与其呼应，其中亦有豪言壮语："看从今，一担好山河，英雄造。"

李叔同《断食日志》书影

虎跑梦泉，不论盛世浊世全都清冽如初。不同的人饮下却有不同感受，入世者以为"革命尚未成功，同志仍须努力"，出世者则发现"天之涯，地之角，知交半零落"。

所谓大时代，不过就是一个选择，不进则退。

杭州高级中学校史馆

浙江一师旧址（现杭州高级中学）

那位断食者，是浙江省立第一师范学校的教师，名叫李息。

他一生共用过两百多个名字，每个名字都活出了不一样的人生，每段人生都过得精彩至极。其中最著名的两个名字，一为李叔同，一为弘一法师。

从日本留学回国后的第三年（1912年）秋天，他应浙江省立第一师范学校校长经亨颐聘请，赴杭州任教。

那么，他又是如何来到虎跑寺断食的呢？

文采风流，精通音乐、绘画的李息，书法、篆刻皆工，还是西泠印社社员。

1914年春天，三十五岁的他申请加入成立刚刚十年的"西泠印社"，成为印社早期社员。

今天的杭州高级中学，前身就是李叔同执教的浙江省立第一师范学校。每周五下午，是学校学生篆刻社团的固定活动日。

杭高学生爱好篆刻的传统源自当年李叔同与夏丏尊、经亨颐等好友一起发起组织的课余篆刻团体"乐石社"。李息亲自主编《乐石》社刊，身为教师，他也经常带着乐石社师生参加西泠印社的各种活动，当作课外教学。他给当时主管西泠印社日常事务的叶为铭写信，给学生们寻求更多开阔眼界的机会。

李叔同《乐石社社友小传》书影

李叔同《哀公传》书影

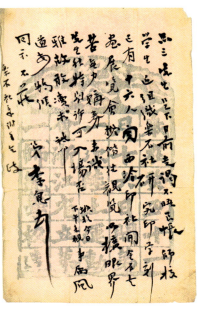

李叔同致叶为铭函

杭州博物馆

品三先生足下：日前走谒，不晤，至怅。师校学生近组织乐石社，研究印学，刻已有十六人。闻西泠印社开金石书画展览会，拟偕往观览，以扩眼界……弟李息顿首。（杭州博物馆藏《李叔同致叶为铭函》）

之后的日子，从李叔同到弘一，他始终保持与创社四君子之一的叶为铭通信。如今共存有九通书信被珍藏在杭州博物馆。

声气相投，引为知音，这是李息加入西泠印社的理由。

而落脚杭州两年之后的那个冬天，正是因了一段西泠印社诸君的兄弟情义，他来到虎跑断食，也因此开启了他生命中的另一段传奇。

李莉娟同期声 到了民国五年的夏天，我因为看到日本杂志中，有说及关于断食可以治疗各种疾病，当时我就起了一种好奇心，想来断食一下。因为我那时患有神经衰弱症，若实行断食后，或者可以痊愈亦未可知……当时我就和西泠印社的叶品三君来商量，结果他说在西湖附近的虎跑寺可作为断食的地点。我就问他，既要到虎跑寺去，总要有人来介绍才对。究竟要请谁呢？他说，有一位丁辅之是虎跑的大护法，可以请他去说一说。于是他便写信请丁辅之代为介绍了。（李叔同《我在西湖出家的经过》）

1916年，李叔同开始在虎跑寺断食

杭州孤山

葛昌楹在上海（1947年春）

　　孤山不孤，这座只有38米高的小山极具人气，它的精神海拔很高。

　　与李叔同虎跑断食同年，另有一位年轻人也拜上孤山，经西泠印社创始人中的吴隐、丁仁和王禔三人引荐入社。此人名叫葛昌楹，来自藏书与范氏天一阁、刘氏嘉业堂齐名的平湖传朴堂。

嘉兴平湖　葛家旧址鸣喜桥

　　浙江平湖南河头鸣喜桥，一桥连接了南葛与北葛厚重的往昔。北葛传朴堂藏书四十余万册，藏印也多达两千多方。葛氏在印学上的贡献，主要是对明清名家刻印的集藏和印谱的编印。传朴堂藏印曾被篆刻界誉为"一时之最"，这一极致般集藏的主人便是葛昌楹。

吴昌硕所刻"传朴堂"印

　　余弱冠好印，辛壬以来，居家多暇，乃广为搜购，所得多乡先哲遗物。（葛昌楹《宋元明犀象玺印留真》自序）

　　传朴堂所藏诸多印章中，葛昌楹尤爱两方明代印章——"琴罢倚松玩鹤"与"听鹂深处"。与这两方印章相关的至情至性的故事，其实讲的都是一个主题：懂得。

　　一为明代文徵明之子文彭为挚友唐顺之治印，讲其人退可闲云野鹤，进则杀敌必尽；二为明代金石大家何震治印，述马湘兰对王稚登的一往情深。因这两方名印，葛昌楹还特地将自己的书斋命名为"玩鹤听鹂之楼"。他希望自己能"读懂"方寸金石之中所藏的大千世界。

昌楣与家人

〇年葛昌楣与友人

昌楣与夫人在西湖小瀛洲

福州　三坊七巷

　　对于远离故乡平湖，出生在福州的葛昌楣之孙葛贤镳来说，自己的后半生或许就是一段努力懂得祖父的心路历程。

　　葛贤镳同期声　我并没见过我祖父，以前我父辈都不讲我祖父的一些事情。包括我们葛家的一些事，他都只字不提的。唯独在我填履历表的时候，我一定要了解我祖父的一些简介，等等，所以这个加起来不到五十个字。解放前葛家名下的田地将近两万亩，另外葛家当时在上海十六铺码头有一个开泰木号，另外还有办钱庄。当时就是我祖父和意大利人合办了叫华意银行。我祖父也过继过他的一个堂叔，所以他名下有两份的财产，南北葛他都有份，他还是很富裕的，所以他才有经济实力收藏。

　　拜入西泠印社的前一年，时年二十三岁的江南富家子弟葛昌楣就辑录有《晏庐印集》八卷，汇集了吴昌硕、吴隐、叶舟、胡钁、钟以敬、童大年、徐新周、王大炘八家刻印。此谱共装三十部，不入书肆销售，只分赠同好。

福州　梁章凯工作室

梁章凯　金石收藏家，西泠印社理事

梁章凯同期声　"传朴堂"，也就是你爷爷的斋号，也是吴昌硕刻的最大的一方印。吴昌硕七十多岁，这一年份，大部分跟葛家刻的印比较多，七十岁以后刻得好像比较多。像"传朴堂"这个七十五岁刻的，"西泠印社中人"那个是七十四岁。

入社之后，葛昌楹的豪爽大气和任侠为人，很快让他收获了一众金石兄弟。转年，吴隐与丁仁又特别为这个年轻的新社员向社长吴昌硕索刻印章。

梁章凯、葛贤镔与"传朴堂"印

葛贤镔同期声　包括我祖父大概也总觉得，包括他们介绍人也总觉得，葛昌楹不刻印，怎么是西泠印社社员。那当时就请吴昌硕刻了一方"西泠印社中人"赠给我祖父，也是作为他身份的象征。

葛昌楹自制印谱

"西泠印社中人"印

也许从吴昌硕落刀的那一刻开始，这枚印章便注定成为传奇。

除了那掷地有声的六个字之外，他还在那块青田石上记下了这样的边款："石潜／辅之两兄属刻，持赠书徵三兄社友金石家。丁巳春仲安吉吴昌硕。"

社长为社员治印，又是这般的确凿文字，本身就是一种极大肯定。古稀之年的吴昌硕不但以投一石而还三人之馈，更在边款上将比自己年少近半百的小兄弟葛昌楹称为"金石家"。

如今，每位西泠印社社员的社员证书上，都钤着一方"西泠印社中人"。这方印章，不唯对他，更是对所有社员的一份灵魂试卷。

它相当于一张上山入社的通关文牒。

杭州孤山鸿雪径"印藏"

山鸿雪径 印藏

鸟雪径旧影

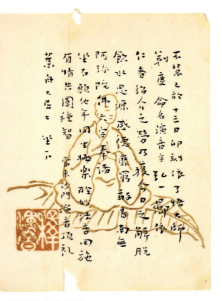

李叔同致叶为铭信

有人上山，就有人下山。

1918年，孤山脚下的鸿雪径，山壁上被凿出一个石洞，一方石盒放入其中。有人将自己的九十四方印章以这种方式全部捐赠给了西泠印社。

这个捐赠者，就是两年前在虎跑寺断食的社员李息，也就是曾经"二十文章惊海内"的李叔同。这一年，他三十九岁，看尽人间悲欢，决定在虎跑寺出家。

叶舟大居士坐下：不慧已于十三日卯刻依了悟大师剃度。命名演音，字弘一。向依仁者绍介之劳，乃获今日之解脱。饮水思源，感德靡穷……当来沙门演音顶礼。（杭州博物馆藏，李叔同致叶为铭信）

青苔掩映之下的孤山鸿雪径崖壁，叶为铭特为李叔同藏印处书写阴文小篆"印藏"两字。旁边的跋文这样写道："同社李君叔同将祝发入山，出其印章移储印社，同人仿昔人诗冢书藏遗意，凿壁庋藏，庶与湖山并永云尔。"

温州　江心屿

人生到处知何似，应似飞鸿踏雪泥。

在李叔同成为弘一法师的同一年，温州少年方介堪开始在五马街翰墨轩设摊刻印。熙熙攘攘的五马街上，这个少年老成的刻字匠很快显露出头角。

"印藏"九十四方印

温州　江心屿

二十世纪二三十年代，弘一法师也曾在温州先后驻锡过十余年。当时他居住最久的寺庙是温州大南门外的庆福寺，又名城下寮。

刚来温州不久，弘一法师和方介堪就在那里有过一面之缘。

弘一法师与友人在温州

方广强　方介堪之子

方广强同期声　张宗祥他到温州当官，站在店门口看到我父亲在写字，在刻章。后来他就跟他交朋友，他把他带到弘一法师那里去。后来弘一法师看见我父亲刻的印，写的字，他认为这孩子以后会有出息，当时为了鼓励他，就送了他一支大斗笔。当时这么大的笔很少的，红木做的。

方广强

杭州　西泠印社

这样的人间奇缘，对少年方介堪而言才刚刚开始。凭借一身技艺，他不断将自己的才华释放，希望能得遇更多知音。方介堪一生治印四万余方。在二十世纪三十年代后精研汉印，以典雅整饬汉玉印和细圆朱文印饮誉印坛，他还在复兴古时的鸟虫篆印上独树一帜。

半个多世纪以后，方介堪和堂弟方去疾先后出任西泠印社副社长。而在永嘉方氏一门中，亲戚兄弟共五人同为西泠印社社员，一时传为佳话。

方介堪与马一浮等人在西泠印社

方广强同期声　在 1928 年，上海一次画家聚会。事实上，当时他们都知道我父亲篆刻比较难求。所以他们聚会每个人在那里画画，都不带印章，石头都带。后来他们说我们印章没带怎么办，我父亲说我刀也没带，那他说找把剪刀吧。后来当时就把四位画家的印章半个小时之内全部都刻出来。

钱君匋、方去疾、朱醉竹、方介堪在创作中

方介堪与张大千等人合影（二十世纪三十年代）

台北故宫博物院　张大千一百二十岁大展

2019 年春，适逢著名国画大师张大千诞生一百二十周年，台北故宫博物院遴选书画精品、印章与珍贵照片，举办纪念大展。此次大展，共展出大千自用印八十余方供观众饱览鉴赏，其中以方介堪作品数量最多。

时光回溯到近一百年前仲夏的一天，方介堪去拜访书坛前辈曾熙，第一次见到了曾熙的弟子张大千。就是这一天，开启了他们长达半个多世纪的友谊。

丹文

方丹文　方介堪之女

方丹文同期声　他（张大千）还抱过我，我还知道的。因为他的特点满脸胡子，所以我还记得，但是我很小。两个人都是对艺术追求得很深的，所以不多久两个人就要好了。张大千所有画上的图章都要我爸爸刻，别人他不要。

张之先　张大千侄孙

张之先同期声　就方介堪老师来讲，跟我们家的渊源很深。我曾经在，我父亲留下来有两方印，都是用象牙刻的，非常的精致，旁边写着"介堪作"。

惺惺相惜，张大千早期的书画用印大多由方介堪奏刀。

1930 年，张大千举办个人画展，请方介堪为他配刻印章五十余方。画展大获成功，"张画方印"，相得益彰，被人称为"金石书画双绝"。

介堪所刻"大风堂""大风堂长物""大居士"印

"能婴儿摹"原章及叶为铭补款

方介堪与张大千等人在温州雁荡山（1937年）

方介堪与马衡等在河南黑河口（1936年）

弘一法师与弟子在厦门"太原轮"留影（1937年）

温州　雁荡山

　　1937年春,方介堪应邀赴南京参加第二届全国美术展览的评审工作。评审结束后，他与同为评委的张大千、谢稚柳、于非闇、黄君璧等人同游雁荡山。众人兴致高昂，即兴联袂创作了《雁荡山色图》。方介堪当场操刀刻下"东西南北人"一印钤盖在画作上。

方广强家客厅

　　方广强同期声　当中这个是张大千，这个是方介堪我父亲。这个年纪最大的于非闇，于非闇画工笔花鸟很有名的，这个是黄君璧，岭南派的鼻祖；这个是谢稚柳，当时谢稚柳才二十多岁。因为正好四个人，东南西北，张大千在西边的，于非闇是在北京的，谢稚柳是在江苏的，黄君璧是广东的，正好是东南西北。

台北　张大千故居"摩耶精舍"

　　晚年的张大千在台北还时常忆及此游，称为"一时乐事"。
的确，那样的乐事仅仅维持了一时，也因此显得更为珍贵。

　　在与兄弟们畅游雁荡的同一年，张大千受聘于北平故宫博物院，赴任国画研究班导师。
　　7月，受马衡院长之邀，方介堪也来到故宫博物院古物馆担任科员，与老友相聚北京。岂料，他上班的第二天，"七七事变"爆发，整个中国生灵涂炭。

山东青岛　湛山寺

　　8月，五十七岁的弘一法师在山东青岛湛山寺，书横幅"殉教"张于室内，并作题记："今居东齐湛山，复值倭寇之警。为护佛门而舍身命，大义所在，何可辞焉？"
　　是年年底，浙江平湖葛家传朴堂亦毁于战火，楼内藏书数十万卷、名画千百帧，顷刻之间灰飞烟灭，灰烬中仅抢出印章数百钮。

方广强同期声　卢沟桥事变，后来他们两个都从故宫博物院出不来了，后来我爸就自己先逃出来。后来到上海，我爸就动了个脑筋，说张大千先生被日本鬼子软禁，遇害了。后来就在上海《申报》上登了。

张大千心领神会，马上和日方交涉，声称必须到上海辟谣，乘机脱离虎口。

弘一法师手书"殉教"

浙江平湖传朴堂旧影

1942年，中秋过后，弘一法师自感病势已重，手书二偈与诸友告别。

偈云："君子之交，其淡如水。执象而求，咫尺千里。问余何适，廓尔忘言。花枝春满，天心月圆。"

10月13日，弘一法师圆寂于泉州晚晴室。弥留之际，书写"悲欣交集"四字绝笔。

命若琴弦。而他的那根弦就此弹断。

杭州半角山房

杭州　半角山房

"曙色犹笼柳色新，十年又见六桥春。而今最忆苏堤畔，紫燕黄鹂似故人。"1945年之后，浙派古琴大师徐元白的三弟徐文镜辞去了国民政府铸印局的高薪工作，来到了大哥的半角山房。门牌号为"雷峰塔一号"的"山地别墅"半角山房，是当时杭州的文化地标。在这里，徐文镜完成了《古籀汇编》一书。

徐君跃抚琴

徐君跃　徐元白之孙，古琴家

徐君跃同期声　我祖父他的弟弟徐文镜，也就是我的叔公，兄弟两个人经常是弹琴、吟诗、作画。往往是兄长上联、弟弟下联。两人也经常结伴轻舟到西泠印社，他们两人本身也都是西泠印社的社员。这本就是我叔公徐文镜编撰的《古籀汇编》，初版是1933年，里面遍搜了一些金文篆体，是一本篆刻体系的字典。

《古籀汇编》书影

孤山印泉

《西泠印社志稿》载："旧为社之界墙。清宣统三年辛亥（1911），久雨墙圮，掘地得泉。岁癸丑（1913）浚之，因以印名。社亦拓地至巅。日本长尾甲书'印泉'二字勒于石。余杭王毓岱为文记之。"

抗战胜利之后,半角山房恢复了往昔的热闹。徐元白和马一浮、张宗祥等人组建了西湖月会。西湖月会,也叫壶碟会。参加的人每人带一壶酒、一碟菜。月会的内容涉及琴棋书画、金石篆刻等文人雅好。

西湖月会雅集

不管世事如何浮沉不定,琴棋书画与金石篆刻还是安顿内心的最好方式。

当年西湖月会的座上宾,曾经举荐少年方介堪给弘一法师的张宗祥,在做一件继往开来的大事。

1956年5月26日,浙江省第一届人民代表大会第四次会议召开。时任浙江图书馆馆长的张宗祥就在会上提交了主张恢复西泠印社的议案。

杭州　张宗祥纪念馆

张宗祥原名思曾,十七岁时读《宋史》,因敬慕文天祥,遂改名"宗祥"。学识渊博,于文学、史学、考古、金石、书画、医学、音乐、戏曲等方面无所不通。

郑绍昌　张宗祥弟子
徐洁　张宗祥外孙女

张宗祥旧照

徐洁、郑绍昌同期声　我有时候去,他坐在那里,他那个时候住在余打枝巷。前面一个很大的写字台,一个藤椅,他就坐在藤椅上,然后咬着烟斗。有时候他正好在抄书。鲁迅先生讲他像"打字机"一样。

一般抄书的话就是一天一卷,像影抄的话可能就三天一卷。这样的速度一般按照我们今天的算法就是一万五六千字一天。一边写一边跟你讲话。他有一个特点,他抄书不是从头抄到尾。就从中间开始抄,比如说中间先写几个字,然后再抄,抄完整一页就没有任何的差异。所有见过的人都非常钦佩。

张宗祥影抄本

各级媒体报道西泠印社六十周年活动（1963年10月）

浙江图书馆

　　整整七年时间，张宗祥与潘天寿、沙孟海、诸乐三、阮性山、邵裴子、韩登安等印社诸友奔走筹措。终于在浙江省委的推动下，于1963年10月25日，召开了西泠印社成立六十周年大会。

　　会议上确定，西泠印社的创社宗旨由保存金石、研究印学延伸到兼及书画。

　　会上，非社员张宗祥被推选为西泠印社第三任社长，他也是新中国成立后西泠印社的首任社长。此时，西泠印社已经因战乱等原因停止活动近十四年之久。张宗祥与同仁诸君的非凡努力，无异于给了西泠印社一次"重生"。

西泠印社

西泠印社建社六十周年纪念社员合影（1963年）

　　整整一个甲子，历经风雨，久别重逢的兄弟们终于欢聚西泠。此时，"创社四君子"皆已作古，当年的翩翩佳公子已成古稀老人。

　　欣闻西泠印社复社，葛昌楹倾囊而出，向社里捐出仅存的明清名人印章四十三方。那是他最后的珍藏，其中就有文彭的"琴罢倚松玩鹤"、何震的"听鹂深处"、邓石如的"江流有声断岸千尺"等名印。

　　捧出这些珍贵印章时，葛昌楹老人动情地说："这是小女儿出嫁了。"

　　人世七十年，舍却一生收藏，他只是觉得惟有西泠印社懂他罢了。

　　微斯人，吾谁与归。

西泠印社早期社员合影（1923年）

刀法，是西泠印社的守正与出新。

《刀法》以浙派篆刻鼻祖、"西泠八家"领袖丁敬为贯穿性线索。丁敬以切刀法开创了浙派篆刻古朴雄健之风，借鉴古人而不泥古不化，融会贯通又锐意求变。百余年来，西泠印社中人更以各自的刀法向湖山致敬。无论计白守黑，还是碎切徐进，甚或方圆互异，都是每个人想刻写在人世间的"撇捺"。每个人的第一刀或许不同，却都想开辟一方新天地。

高式熊、刘江、陈振濂、韩天衡、李刚田、童衍方，这些当代大家们讲述各自的"第一刀"与"上孤山"，正是一个多维度的"刀法"展现。自沙孟海出任西泠印社第四任社长后，他又提出金石学要进入新阶段，应该体现在打造"国际印学研究中心"的目标上。而第七任社长饶宗颐先生的视点，还是"播芳六合"，仍然聚焦在西泠印社的未来。

刀法就是活法，刀法就是道法。

杭州 候潮门

1755 年的冬天，江风很大。

钱塘江边的候潮门外，突然起了一场大火。起火的丁记酒坊，木质结构的老屋里一坛坛美酒，让这场火越烧越大，势无可救。火烧了不到一个时辰，三间木屋已顷刻间变为焦土。比邻而居的好友们赶到时，房主毕生收藏的那些古籍和书画全都"尽化黑蝶"。

在街坊们看来，酒坊主人是个怪脾气的老人，金石刀法了得，却从不轻易为人治印。《杭州府志》说："非性命之契，不能得其一字也。"

端坐在废墟之上的花甲老人，就是浙派篆刻第一人，西泠八家领袖，丁敬。

一百多年后，孤山上的帝王行宫亦毁于一场大火，却立起了一尊布衣丁敬的石像。

丁敬像拓片

孤山仰贤亭

上孤山，在有的人的行走里，已成了一种特别的仪式。

2019 年冬至，西泠印社社员柳晓康带了他的弟子，一起来到西泠印社。

柳晓康同期声 一般全国所有搞篆刻的，到了杭州，西泠印社必须会来，他们是来"朝圣"的。

金石家们总有很多自己的方式来表达敬意。今天他们要来摹拓画像，在仰贤亭的石雕上，他们相信可以摹写下先贤的形相，还能记录时间的刀痕和岁月的灵魂。

柳晓康拓丁敬像

渚陶罐刻符

杭南湖黑陶罐

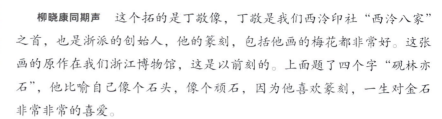

柳晓康同期声 这个拓的是丁敬像，丁敬是我们西泠印社"西泠八家"之首，也是浙派的创始人，他的篆刻，包括他画的梅花都非常好。这张画的原作在我们浙江博物馆，这是以前刻的。上面题了四个字"砚林亦石"，他比喻自己像个石头，像个顽石，因为他喜欢篆刻，一生对金石非常非常的喜爱。

杭州　良渚博物院

仓颉造字，有鬼夜哭。中国文化的全部秘密，其实都与文字有关，

今天的良渚博物院内，珍藏着一件国宝级文物——刻符黑陶罐，罐身上刻有五千年前良渚先民留下的"天书"——十二个神秘刻画符号。不知道记录的是一次狩猎的完整过程，还是为了纪念一场盛大的庆典，但是无疑，它告诉我们的是先民们的一种活法。

那个场景真的令我们无限遐想：是谁刻下了那穿越五千年的第一刀？

西湖

古人以刀为笔，刻下了与天地万物的对话。

今人以笔为刀，记录着今天与过去未来的连接。

人生天地间，均以各自刀法向湖山致敬。无论计白守黑，还是碎切徐进，甚或方圆互异，都是为了开辟自己的一方新天地。

孤山

山丁敬石像

时间，才是最伟大的篆刻家。

1921年，距丁敬所葬九里松不远，有人在九曜山上发现了一块人形巨石。

西泠印社创始人之一丁辅之亲往踏勘，见其石果然俱有人形且石质上佳，当即购下，不辞辛劳移上孤山，命石工刻造丁敬石像，安置于汉三老石室旁。

大火难毁，光阴亦不灭的，也许就是石头肌理深处那些记忆。

海拔38米的孤山，从来就代表着一种非凡的精神高度。

杭州　孤山

　　许多年后，高式熊始终记得他初上孤山，在一幅画像前行礼的场面。

　　1947年重阳节，他随王福庵从上海乘火车到杭州。在孤山上的四照阁，露天摆开了好几桌，大家坐在那里喝茶、谈艺、吃饭。王福庵介绍他加入了西泠印社，新社员面朝丁敬画像行三鞠躬礼，以此作为入社仪式。

高式熊和父亲高振霄

　　那幅画像，是丁敬生前所留下的唯一形相，由"扬州八怪"之一罗聘所绘，袁枚在画上题诗，称其为"世外隐君子，人间大布衣"。

　　二十七岁的高式熊，就这样在先贤注视下成为当时最年轻的社员。

西泠印社补行四十周年纪念社员合影（前排右四为高式熊　1947年）

高式熊（1921—2019）　　原西泠印社名誉副社长

　　高式熊同期声　当时我进去之前，也是发起人之一（西泠印社创始人），四个发起人之一的王福庵先生，他带我走的。他带我走的时候也没有讲清楚究竟西泠（怎么回事），因为这个大致资料都看了，所以没有解释，就这样到杭州去。到了西泠以后，第二天，就挂了一幅丁敬身的像，丁敬身就是浙派的头，篆刻的头（浙派篆刻开山鼻祖），他（王福庵）挂了他（丁敬）的像，我们对像三鞠躬，就这样子我入社了。

高式熊与秦康祥

上海四明邨　高式熊故居

　　高定珠同期声　我叫高定珠，我出生在上海，我是1949年生的。我的父亲高式熊，他是西泠印社的名誉副社长，他当年很年轻的时候，就是由我祖父（高振霄）教他读书的。他没有外面去上过学，那个时候，我爷爷写字，他就负责把印盖上去，在这个过程中，他就是慢慢地觉得很有意思，要刻这个印。

高定珠

式熊在创作中

从《说文解字》开始，高式熊无师自通刻下了他的第一刀。

他是"怀揣文房四宝来到人世"的，其父高振霄人称"高太史"，历任翰林院编修、国史馆协修、赏加侍讲衔。九岁时，高式熊就跟着父亲学习儒家经典、古典文学和书法。每天黎明即开始早课，必须写好两张楷书、两张隶书方能早餐。

高定珠同期声　后来呢，因为我爷爷呢，跟赵叔孺是有交往的，那么我爷爷呢，就有的事情就让我父亲去。我父亲，就带着他学刻的东西，给赵叔孺看了。看了，赵叔孺觉得他还是刻得，尽管是自学的，还是可以的。就问他，你这些章呢，因为我们这条件差，他（高式熊）是刻一方，刻完了盖出来，然后这方印就磨掉了，那么再刻。那么赵叔孺就说，你这样做是很可惜的，就觉得，他还是有这个方面可以培养的。

十五岁开始刻印章，二十一岁即向浙派篆刻大师赵叔孺请教，由此结识收藏家张鲁庵，得以饱览其所藏全部印谱古印。每周两到三天，还能拜访同住四明邨的西泠印社创始人王福庵，请他当面点评作品。这样的学习资源，堪称"绝无仅有"。

初上孤山的高式熊是幸运的，无形之中他竟接续了浙派篆刻师古而不泥古的传统，由赵叔孺、王福庵这样的金石大师而开启了"刀法"的觉悟。

他的第一刀由《说文解字》始，又终生体味着丁敬的反思精神："《说文》篆刻自分驰，鬼琐纷纶眩所知。解得汉人成印处，当知吾语了无私。"

其书风印风，从来不拘执不纠结，正是浙派风骨。

2019年1月25日，风流洒脱的高式熊以九十八岁高龄离世。

高定珠同期声　这就是四明邨。

这就是我的家，我爸一直住在这里。

定珠在四明邨旧居门口

中国国家博物馆

韩天衡

书法篆刻虽然古老，却始终与万物共生。

在韩天衡看来，循矩而又不囿于矩，才敢于在艺术上越陈规、创新貌。

缘于此，年届八十岁的韩天衡又做了一次别开生面的尝试：2019年10月，中国国家博物馆，通过 AI 书法的人机互动最新技术，他想让大家直观体验书法如何运笔如刀，身临其境般感悟创作者视角的笔法轨迹。

脱略形迹，从来都是艺术拓荒者的风范。

上海 韩天衡美术馆

韩天衡 西泠印社副社长

韩天衡同期声 我呢，叫韩天衡，祖籍是苏州，我爸爸就一直生活在上海，是很老很老的新上海人。

上海韩天衡美术馆

自创社之初，上海就是西泠印社的重镇。

和高式熊一样，韩天衡也生活在上海。他的第一刀，与六岁时的一桩事故有关。

韩天衡同期声 我这个人小时候非常调皮，爸爸不在的时候，家里那种锋利的钢刀，我就拿来刻印了。也不知道钢刀的厉害，刻印的时候，一刀，走刀了，那个锋利的刀就在我的手上，你看，这里有一个痕迹的，地上一摊血。我妈妈是佛教徒，她就抓了一把香灰（敷上）。因为那时候家里也穷，什么上医院缝针这种概念都是没有的，抓了一把香灰，然后就拿我们小时候，民国时期大家都是穿蓝颜色的，我们叫士林布，弄了一个边角料，拿我的手，香灰一放，包扎起来。

所以因为六岁刻印的时候，曾经付出过血的代价，所以我感到血债是要用血来还的，一定要拿这门艺术搞好，那么才对得起我那一次的大出血。

天衡创作中

或许，正是这种执念，才让他数十年金石砥砺，日日精进，终于参透了一种刻画在冷兵器上古老而神奇的文字。

2019年6月，"越王时代·吴越楚文物精粹"特展上，一柄两千多年前的越王勾践剑夺人心魄，剑身上两列鸟虫篆铭文令人叹为观止。

这种文字极有特点，笔画屈曲如虫，画首饰以鸟状。传统印章入印文字中，鸟虫篆是唯一需经花饰的古代美术字。韩天衡及冠之年就成为方介堪弟子，得师父真传，被誉为"当代鸟虫篆第一人"。

在鸟虫篆印创作中，前贤多以秦汉印为宗，章法平整，篆法规矩。韩天衡的过人之处，却在于常变常新。

杭州　孤山

在韩天衡心中，孤山镇得住世间的万般浮华，他将之视作印学的喜马拉雅山。

四岁习字，六岁刻印，三十五岁学画，三十九岁加入西泠印社，从方介堪、方去疾治金石及印学，从马公愚习书法，从谢稚柳攻国画及美术理论，最终贯通书画印文，自称"为人一世，学不去身"。2013年，韩天衡美术馆在上海落成，这是他五十年艺术人生的缩影。

韩天衡的信条是"不逾矩不"，不仅要"墨守汉家文"，更要看到"六朝唐宋妙"。唯其如此，方能得道。这种为革新而不自缚、不信邪的精神源头，他认为来自孤山。

韩天衡同期声　孤山是我们西泠印社的发祥地，我所以也对它有一种非常特殊的感情。我想对篆刻家来讲，世界上最高的山，那就不是喜马拉雅山，它是一个印学的圣地，所以孤山应该是我们篆刻界印人心目当中的"喜马拉雅山"。

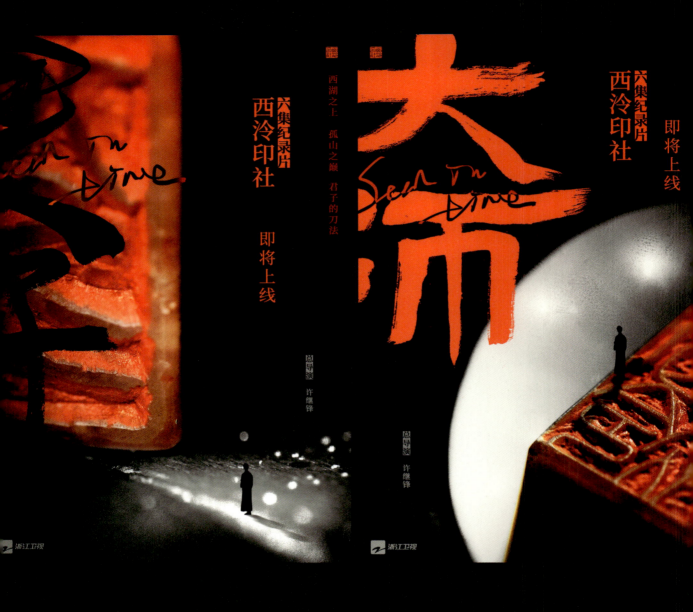

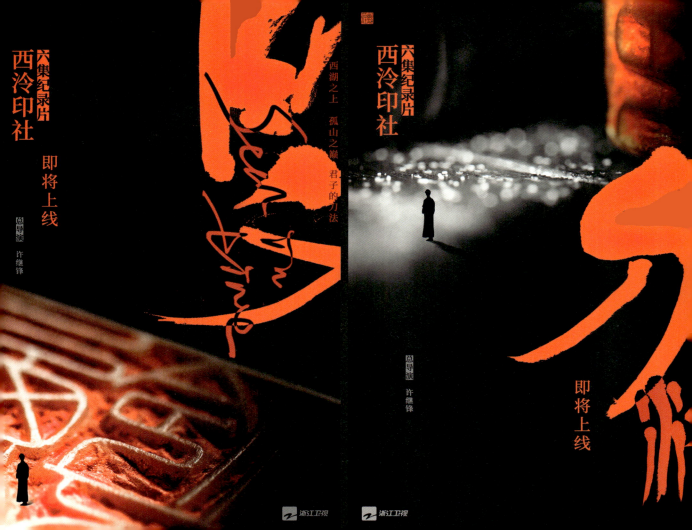

六集纪录片
西泠印社

即将上线

总导演
许继锋

西湖之上　孤山之巅　君子的力法

六集纪录片
西泠印社

总导演
许继锋

即将上线

浙江卫视

浙江卫视

李刚田　西泠印社副社长

李刚田在孤山

李刚田同期声　我是李刚田，出生在河南，从小就喜欢篆刻。

李刚田的第一刀，很昂贵，很刻骨铭心。

李刚田同期声　我上学很早，小学五年级的时候，我就在新发的课桌上（刻字），当时上的课是生理卫生还是珠算，好像是珠算课，我最不喜欢珠算课，我就拿着一个锯条磨的小刀，在桌上开始刻。刻上一个"李刚田印"，这样一方印，刻在课桌上。结果女同学举报我了，老师把家长叫来了，训了一顿，罚了五块钱。我第一次参加展览是交了五块钱参展费，这是我发表作品的第一次。新的黑漆得锃亮的桌子让我刻上了"李刚田印"，我忘掉了自己，忘掉了课堂，忘掉这个桌子是不能刻的，我就痴迷，那么痴迷。

李刚田所刻"畅神""老子"印

孤山不高，却能成为印学高峰，或许正源于每一个人不计代价的"以刀涉险"。

在丁敬的时代，这位卖酒为生的布衣就胆大妄为，一举颠覆当时流行的徽派冲刀法，独创浙派切刀法。短切涩进，刀棱俱见，细碎波磔。一刀是一刀，每一刀仿佛快意恩仇。

生在中原大地的李刚田，自幼学习家藏的秦玺汉印，少年时正逢齐白石风靡天下，于是放手用齐氏刀法摹刻汉印，将浑穆金石气和凌厉刀法融为一体。他钟情于最普通的青田石，刻刀也以车工用的白钢自制。他最喜欢那种石头崩落的爽利古意，其作品既有秦汉的稳重厚朴，又有单刀激情和书法意味。

李刚田于书道浸淫颇深，篆、隶、真、行四体兼备。其金文小篆沉静古雅又美而不妍，其隶书看似平淡稳重又宕逸飞动，其魏碑圆浑宽博又笔断意连，其行楷爽峻自然又敦厚大气，其行草取法颇广又独具风格。

西泠印社创社一百一十五周年之际，年过七十的李刚田郑重捐出了自己的三十四件作品。

一生从艺，古稀敢捐，是他对孤山最谦卑的敬意。

李刚田篆书《游戏》

李刚田同期声 敢捐这句话，我到了七十多岁才敢说我敢捐。这个时候我敢于捐，我就是这样水平，我的水平拿出来让同道们评论，让历史作评价。就是我这个时候我敢于捐出我的作品，这是一种对自己的肯定，也是一种自信。还有一点我应该捐，作为西泠印社，我们前贤给我们做出了榜样，我跟着捐，还有比我年轻的人也接下来也在捐献，形成一种风气。西泠印社就靠这样一代一代传承的西泠精神，把这文脉延续下来的。

杭州　孤山观乐楼

观乐楼上，童衍方正襟危坐，奏刀治印，前尘往事历历在目。

半个世纪之前，由杭州净慈寺若瓢禅师引荐，童衍方先后叩启唐云、来楚生两位篆刻大师家门，自此与金石结下不解之缘。时至今日，童衍方每天晨起都要向若瓢画像行礼，也算是尽弟子的本分。

童衍方　西泠印社副社长

童衍方同期声 我叫童衍方，我是1946年2月16日出生的，我的祖籍是浙江宁海，我呢，是出生在上海。我从小喜欢书画篆刻，我的第一位恩师叫若瓢和尚，他是杭州净慈寺的知客僧，后来就到上海来了。他比唐云先生大八岁，他原来是唐云先生爸爸的朋友，后来他跟唐云先生最投缘，他自己能画竹，画兰，也会写文章，品位很高。

那是他人生中所受的第一刀，被两位大师共同雕刻。

来先生教他书画篆刻，命其刻印"门庭畏客频"并题边款，嘱他要耐得住寂寞；唐先生教他收藏鉴赏，并执意赠他一副吴昌硕八十一岁时所书对联作为新婚之礼。

童衍方在上海家中

童衍方在西泠印社建社八十五周年纪念大会入社

把作品捐给孤山，在西泠印社是种至高无上的荣耀。

2018 年，七十二岁的童衍方再上孤山，在遁庵举办"孤山仰贤——童衍方捐赠作品展"。

此时，距他初上孤山已是三十五年光阴。以孤山为圆点，以收藏为半径，童衍方亦在以无形刀法勾勒出一个浙派形相，将"个中见全，乱中见整，熟中见生，寓巧于拙"的浙派特点尽显无遗。

既有先贤同道，登孤山之路，童衍方从未觉得孤独。

杭州 西泠桥

孤山不孤，因为有西泠为桥，连接着古今中外和五湖四海。

就在这座小小的西泠桥上，曾经走过丁敬、蒋仁、黄易、奚冈、陈豫钟、陈鸿寿、赵之琛、钱松"西泠八家"，也走来丁辅之、王福庵、叶为铭、吴石潜创社四君子，更走来吴昌硕、马衡、张宗祥、沙孟海、赵朴初、启功、饶宗颐和众多近现代金石书画名家。在印人眼中，此桥即朝圣之路，孤山即是金石圣山。

所谓"西湖十景"，全都是决定性的相遇瞬间：霞至、风吹、钟鸣、花开、莺啼、月映、雪融、鱼跃、云起、影动。

西泠印社百年不衰的精神根源，恰恰来自这些君子之间电光火石般的相遇。

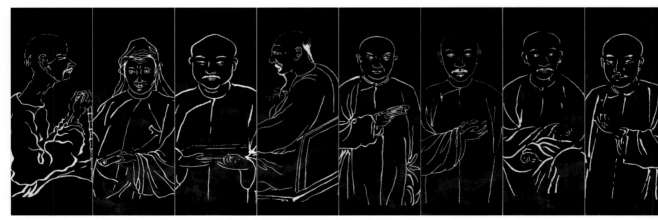

吴隐石刻"西泠八家"像（左起：丁敬、蒋仁、黄易、奚冈、陈豫钟、陈鸿寿、赵之琛、钱松 1905 年）

刀法即活法，活法即道法。

"朝闻道，夕死可矣。"或许，这就是"君子"精神的本意。

丁敬沽酒候潮门与守望孤山，极具象征意味：见信而寂，就是君子在崎岖人世的命定选择；孤山不孤，才是君子在求道途中的圆满自足。

孤山不孤，西泠不冷。

每天都有很多人守候在孤山山门之外，我们也经常会看到这样一个场面，他们用不同的姿态仰望。今天的考试，题目只有一个——"刻一方印"。内容自撰，书体不限。但是，每一方印，都可以看见你的一切，每一个刀痕，都代表一种执着与追随。

杭州 刘江艺术馆

又有一批新社员入社，他们的社员证上印有"西泠印社中人"的印。

2018 年 11 月 5 日，坐落于杭州中山中路 16 号的刘江艺术馆开馆。艺术馆全方位保存展示并研究刘江先生的艺术风格，传承传播中国书法篆刻文化艺术。

九十三岁高龄的刘江先生，依然没有封刀。在刘江看来，印石与人世，道理其实一样。刻印如修身，就是一刀一刀切下，将无价值的东西剔除掉，给石头赋予人格，为人格增添石性。

方寸之间，降服其心；初心不负，方得始终。

孤山　中国印学博物馆

知白守黑，手起刀落间，大师们的每一次选择都是布局。

1999年9月26日，孤山脚下落成史上首家中国印学博物馆，展示了印学发展概貌和中国印文化精髓。

中国印学博物馆，是沙孟海建成国际印学研究中心的出发点。

自沙孟海出任西泠印社第四任社长后，他提出金石学要进入新阶段，西泠印社创社初期宗旨"研究印学"，应该体现在今天打造"国际印学研究中心"的目标上。

世界各地的古代文明中，都存在镌刻着符号、鸟兽、神怪的刻符或印章。如此一来，篆刻作为一种全球文化形态就进入了人类文明传承、保护和发展的视野。

顺理成章，中国印学博物馆落成十年，西泠印社领衔申报的"中国篆刻"入选联合国《人类非物质文化遗产代表作名录》，实现了杭州市世界级文化遗产零的突破。

2012年，接任第七任社长的饶宗颐拜谒孤山，时年已经九十六岁高龄。当日，他在柏堂写下"播芳六合"四个大字：希望西泠文化的声誉，能播撒在天地六合之间。

饶宗颐在西泠印社

饶宗颐手书《播芳六合》

如果说西泠印社的过去在孤山路31号，那么西泠印社的未来应该在全世界。

百余年前，孤山以一种守望姿态伫立，从"创社四君子"到"七位社长"，从"保存金石"到"重振金石"，这是西泠印社的底气，也是孤山明月千里的基因注定。

百余年后，孤山以一种拥抱姿态跃出，从"图形印"到"非汉字系统印章"，从"国际印学研究中心"到"东学西渐"，正是当下西泠印社中人扎实践行的西泠精神。

中国印学博物馆

陈振濂同期声 笔和道，或者说刀和笔和道之间的关系，它其实是这个概念，就是说我这个技我这个艺，是要为一个时代的，这个从国家到老百姓一直到文化的发展，它是要有责任要有担当的。这个才是士大夫（的担当）。所以古代经典的话叫"士不可以不弘毅"。"弘"是弘大，"毅"是坚韧不拔。我说如果把我们西泠印社的发展看作是一种道，那么世界各地，既然你是国际的印学研究中心，世界各地的（印学文化）要素、各种内容，你都要能够囊括。这个时候百年名社西泠印社的精英荟萃，它的能量就出来了。然后它又是一个文化自信，中国文化走出去，你有文化自信，你就应该不断地拓展我们的生存空间。

君子问道，砚林亦石。

时至今日，西泠印社已成为海内外研究金石篆刻历史最悠久、成效最显著、影响最深远的专业学术团体，影响遍及全球。

在孤山上，用祖先们几千年来未变的书写方式，每一个人都可以刻下自己人生的第一刀。

五千年前的风，还吹拂着这块土地，良渚古城遗址，每天都有人来寻求答案。

答案也许在玉琮、玉璧、玉钺之上，也许在陶罐之上。每一个刻画，每一个符号，都饱含了时光的分量与吸引的力量。

刀下千钧，石上万象，每一刀都会留下痕迹。

杭州　良渚

2019年，甲骨文发现一百二十周年，良渚古城遗址申遗成功，"中国篆刻艺术"入选"世界非物质文化遗产项目"十周年。

五千年前，那些原始刻画符号究竟想要告诉我们什么信息？五千年后，我们又将在天地六合之间刻画什么样的符号？

我们从哪里来？我们是谁？我们到哪里去？

每一刀，都镌刻着我们的形相与灵魂。

孤山不孤　君子有邻

——总导演手记　　　　　　　　　　　　　　　　　　　　许继锋

　　我大概可以说是用了四年时间给一百一十六年的西泠印社做了两部影像志，一部叫《孤山路31号》，一部是《西泠印社》。

　　四年，正好是一个学生大学本科的学习时间。四年来，从用脚步阅读孤山到用心体悟西泠印社，是一个渐入佳境的旅程。今日再上孤山，已仿佛听得见那山上的花鸟虫鱼与清泉老树在一起呼吸、一起歌唱，那场景那心境，像极了少年鲁迅在自家后院的百草园，与蟋蟀们，与覆盆子、木莲们道晚安的欢喜。

　　写西泠，要从孤山写起。

　　孤山路31号，是杭州的一个文化地标，也是中国读书人的一个人格地标。

　　杭州，三面云山一面城，自古以来被称为天堂之城。

　　城的中央，是最具天堂模样的一湖碧水。湖水之上，海拔38米的孤山，写满了唐诗宋词与人间烟火，千百年间先行者们叩问天地寻道山水的种种痕迹层层叠叠。

　　今天，穿过孤山路31号这座月亮门，你看到了什么？你有没有看见白居易、苏东坡的竹阁，你会不会看到林和靖的梅花及雪夜独往湖心亭的张岱……

　　也许我们什么都看不见。

　　1904年，清光绪三十年，西泠"四君子"丁辅之、王福庵、叶为铭和吴石潜于孤山结社，历一百一十六个春秋。今日我们一遍遍重访海拔38米的孤山之巅，寻得了什么？又失去了什么？ 2009年，"篆刻"列入联合国教科文组织"人类非物质文化遗产代表作名录"。金石精神，对于我们意味着什么？对西泠印社，又意味着什么？

　　与时间相比，金石不朽，但是，与金石相比，什么才有可能永恒呢？

　　2019年，良渚古城遗址正式成为世界遗产，五千年中华文明得到实证，同时被确证的是，中华文明，是由众多源头共同哺育起来的。

　　2019年，也是甲骨文发现一百二十周年。当年，光绪六年（1880）进士王懿荣先生在一味被称为"龙骨"的中药上，是不是真的发现了秘藏其间的古老中国艰难进化的特殊源代码。

　　仓颉造字，有鬼夜哭，中国文化的全部秘密，其实都与文字有关。

　　今天的良渚博物院内，珍藏着一件国宝级的文物：刻符黑陶罐，罐身刻有五千年

孤山听雪（作品入选"2022 北京青年美术双年展"，唐本达制、陈峰题）

前良渚先民留下的"天书"——十二个神秘刻画符号。不知道它记录的是一次狩猎的完整过程，还是为了纪念一场盛大的庆典，但是无疑，它告诉我们的是先民们的一种活法，以及与之相关的一次精神狂欢。

那个场景真的令我们无限遐想：是谁刻下了五千年前的第一刀？

我的两部纪录片，要致敬西泠印社创社的君子们，致敬"西泠印社中人"的文化坚守和信仰尊严。从 1904 年以来跨越百年的传奇历史里，在清末民初"西学东渐"的氛围下，于中国面临"三千年未有之大变局"，"西泠印社中人"逆流而上，在金石甲骨间寻找中华文化源头，在世事纷繁中恪守君子风骨。《西泠印社》要致敬的就是这种孤岛守望的卓绝精神和文化自信。

孤山的有名，是因为一只鸟。这只很仙的鸟，就是鹤，林和靖先生"梅妻鹤子"的那只鹤。

孤山的气质，也是因为一棵树，这棵树，叫作梅花。

其实，孤山的气韵悠长，完全是因为一个人，这位宋朝人，他叫林和靖。

你一定看过宋徽宗的《瑞鹤图》，我们可以相信，这是一个文人皇帝内心的真实影像，应该也是大宋朝的一幅标准留影。我们也会相信，那时的孤山，是一个有鹤栖居的秘境。因此，我们偶尔也会想起，为什么梅花依旧一树一树地开遍了山上，什么时候开始，鹤，却不再飞过西湖的天际。

西湖文化的成型，最初在唐宋两朝。

很长一段时间，孤山是西湖上一个骄傲而孤独的存在。更久以前，西泠，也只是一个荒凉的古渡。今天的西泠，有很多人提到，这是一座精美的中国式园林，是的，它一直活在当下。我要做的，是寻找到它绵延不绝的特殊的生命信息，我会还原一个生机盎然、有故事有剧情的影像版的"三味书屋和百草园"。当然，主角会是一只鸟，

也会是一尾锦鲤，抑或是一片苔藓和一树梅花，和丁辅之、王福庵、叶为铭、吴石潜四君子一样，与吴昌硕、马衡、李叔同、沙孟海、潘天寿们一样，它们也是西泠印社真正的主人，一千年，也许都没有变。

我们还要做的，是证明一个荒野古渡如何变成中国文人精神的象征，就像一块石头，怎么变成了中国士大夫精神的一个孤傲的坚持。一百多年里，世事经历了很多变化，但是，一介布衣士者担当的君子风范，依旧清晰。

我想告诉大家，孤山，何以不孤。

所以，纪录片《西泠印社》完成的第一部作品叫《孤山路31号》，分为《湖山记》《草木记》和《石头记》三个篇章，我们从三个维度，解读孤山，解读西泠印社。我们向往天人合一与逍遥游，它从来就是中国艺术的至美境界。所以，我希望《孤山路31号》可以有这种美学的高度。

《孤山路31号》要完成三重的叙述：关于湖的、关于人的、关于金石的。

我希望有一只鸟抑或是一尾锦鲤，它可以看见西湖一百多年的风景，看见西泠印社一百多年的成长。它们和梅花一起构成孤山气质的象征，也是中国文人风骨的一种特别的标识。

关于人，这是全部叙述的核心，我要写人，而不简单写景写物写事。

群星丽天，他们被称为"西泠印社中人"。

吾道不孤，这究竟又是怎样的一群人？

这些人，正是源于司马迁《史记》的我们曾经熟悉的那群人：言必行、行比果、诺比诚；对兄弟、对社团、对家国一诺千金；为承诺、为信仰、为尊严一意孤行。他们，有泰山崩于前而面不改色的优雅，有"士不可以不弘毅"的担当，更是"虽千万人吾往矣"的并肩而立。

我期待大家从影像中看见，孤山，何以不孤。

作为一部纪录片，作为百年西泠的影像志，终极的问题是影像问题。

影视作品所有的问题最后都应该由影像解决，导演、导演的合作团队、导演作品及所有的阅读者，也会在影像中获得答案。实验色彩更为强烈的《孤山路31号》，以"诗性的文字，魔性的影像"构建了美学标签。《西泠印社》则会选择更平静更流畅的叙述策略：所有事件的叙述者既是追忆者也是亲历者，我要建立一个"后人忆故人"的镜像式的影像体系。所有的叙述者，在凝视过往时，会遇见自己的祖先，也会遇见年轻的自己。就像我们相信自己的血脉来自远古的原乡，也会抵达更令人神往的未来。

这个策略的选择来自篆刻家观察方式的启发，他们的视像总是超乎常人，他们的镜像体系里，包括黑白、正反与阴阳，甚至过去、现在和未来。

所以我们相信，时空是可以折叠的。

纪录片当然是要有美学观的，纪录片，更是要表达价值观的。

《孤山路31号》与《西泠印社》，是一个完整的叙事体系，是一百二十年由西学东渐而东学西渐的叙事闭环，也是一个完整的纪录片的美学和价值观的体系。我希望，我的作品，有机会表达一个中国导演的纪录片学术的和实验的完整主张，并以此向孤山致敬，向孤山可以代表的中国文化的尊严和自信致敬。

孤山不高，海拔38米，它代表的却是一种非凡的文化与人格的高度。

所以，完成了《孤山路31号》之后，我们的第二部作品，不仅要写君子的表情，还要致敬君子的活法和君子的刀法。《君子》《大师》《师父》《衣冠》《兄弟》《刀法》六集，也许并不是西泠印社的全部，不是孤山金石传奇的全部，但是我们希望与大家一起看见西泠文化的特殊基因以及百余年的传承流变。近代金石学的开山祖师顾炎武说："君子为学，以明道也，以救世也。徒以诗文而已，所谓雕虫篆刻，亦何益哉？"朝闻道，夕死可矣。篆刻之生命底色，不止于刀法与活法，还有中国金石家、中国文人的道法。

所以，四年两部作品，只能是一个作业。孤山的阅读，无法毕业。

孤山不孤，流水有痕。孤山望见了西湖的沧海桑田，也阅尽了无数的世事芳华。

山不在高，有人则名。孤山记录的千百年的君子风范，山高水长。

金石有道，西泠不冷。

孤山不孤，君子有邻。

苏子云："孤山孤绝谁肯庐？道人有道山不孤。"

孤山，是西湖边最小的一座山，也是西湖上最大的一块石头。西泠印社创社历经116年，而孤山，却已沧海桑田了千万载。云散云聚，潮落潮涨，万物谢了又生长。

孤山的故事，说不完。

走向文化时空的原点

——《君子》手记   张　拓

第一次拿到《君子》的剧本，有点不知如何下手。

《君子》有两条线，明线是西泠印社的创社、护社故事及其与大时代的遭遇，在叙事上构成一个完整闭合的故事时空；暗线是"创社四君子"在大时代的风云际会中所展现出的"活法"，呈现出一种士人的风范。讲述的时空非常复杂，构成一个立体多维的叙事体系。对我而言，这个复杂的体系犹如一个迷宫，去解读它需要时间的沉淀。

何为《君子》。总导演说："《西泠印社》的核心逻辑就是君子的活法和刀法。与《孤山路 31 号》不同，这一季，我拼命克制，特意隐藏了一些试验性冲动，让实验的冲动往后退一点，老老实实讲故事。"《君子》作为《西泠印社》的开篇，向上承接《孤山路 31 号》余韵，向下开启《西泠印社》的叙事体系，还要体现《西泠印社》的叙事风格和美学追求，分量很重。

从 2002 年的《风雅钱塘》开始，导演团队的这种美学体系是从传统文学意境中发展而来，在《孤山路 31 号》走向一种极致。《西泠印社》把这个美学追求带入另一个境界，回归中国叙事体系的内核，以一种内在的精神指向（价值观）和文化底色来把控整体，更注重基于影像时空的叙事表达。

我曾跟总导演说，《君子》就是士人的"活着"。这让我找到了一种感觉，中国文化心理以苦难为底色，进而形成一种力量和对生命的感动，并由此超越，再反照现实，抵达感悟。

提到《西泠印社》，大家必然要谈到《孤山路 31 号》，围绕同一主题的两种叙事风格，构成有机统一的文化表达。《西泠印社》故事体系里的人生是现实的，但当生命终结，君子的世界却是烂漫与自由的，那里有锦鲤和仙鹤的视角。《孤山路 31 号》的诗意与浪漫，《西泠印社》的历史与现实，在此交融，亦如印之两面，文之阴阳，奇正相生。

我处理《君子》的叙事节奏是电影式的，刻意留白，让画面和叙事内容构成丰富的对话关系，情感在影像的缝隙中生发、聚集，借助观众的阅读心理以实现发酵。与《孤山路 31 号》的诗意影像不同，总导演在《西泠印社》进行了大量"镜像式"的影像时空设计。这种表达方式，是受金石家的日常生活所启发。"我们到很多金石家的工作现场寻访拍摄过，他们的家里几乎都有同一个物件，就是一个印床、一面镜子。因为刻印是要对着镜子刻的，在金石家的眼中，他看到的是阴阳两面。我们就想，纪录片中是不是也能体现时空、自我的镜像两面。"

摄制组搭了一个摄影棚，美术设计了很多观察和拍摄的角度，其基点是一些珍贵的旧照片、影像素材，以及面对它们的那些金石篆刻家的后人。当这些后人摩挲着老物件、凝视着投影中的老照片时，神奇的效果产生了。"镜像式"影像体系构建了一种奇特的时空关系，在其中，过去与现实、历史与个人情感交融、对话，创造出一个独特的对历史、情感和生命的影像体验。

《西泠印社》是一个关涉原型的故事，指向了文化的原点，探讨了文字与人的存在。文字是文化的源代码之一，包含了一个民族最深层的逻辑、感受和审美。在时代的洪流中，四君子从金石的世界中发现了这个原点，他们不是逆行，只是走向了这个原点。

一念入痴在"冷宫"

——《大师》手记

徐祝辉

　　纪录片《西泠印社》首播过去八个多月后，许多往事开始慢慢沉淀，而有些创作调研中的情形却在时光里凸显，一直不曾忘却，每每想起甚至有些许遗憾。

　　2019 年 4 月 25 日一大早，我与故宫博物院图书馆研究员张小李先生相约在神武门碰面，张先生推着一辆"二八大杠"来门口接我。故宫很大，这是他工作时的代步工具。办完手续，我就坐在这辆老式车子的后边随他进宫了。

　　和张先生相识跟他撰写的《民国时期清宫旧藏"金薤留珍"古铜印的钤拓及衍生出版》一文有关，文中详细考证了 1926 年金石学家马衡邀请王福庵钤拓"金薤留珍"一事的来龙去脉。作为西泠印社的早期社员，马衡对当时供职于北京印铸局的王福庵再熟悉不过，他力荐王福庵出任古物陈列所鉴定委员，同时受邀的还有唐醉石。《金薤留珍》是乾隆皇帝下令搜集整理的一千二百九十一方秦汉古铜印，能亲手参与如此规模和级别的印谱钤拓之事，对王福庵艺术造诣的精进意义非凡。

　　张先生领着我走进一座宫门，红墙外游客熙熙攘攘，跨进门里就到了百年前的"大清"。时值阳春三月，春禧殿前花红鸟鸣，飞檐斗拱上树影斑驳，草木沧桑，"故宫事往凭谁问，无恙是朱颜"。寿安宫以前是皇太后、太妃的住所，如今是故宫博物院图书馆，工作场所不对游客开放，所以初来乍到颇有穿越感。

　　工作人员的办公室在一间不大的"值房"里，四部《金薤留珍古铜印谱》安静地躺在不远处的主殿里。张先生做研究工作，朴素而亲切，说话直奔主题，简单介绍后，领着我一路参观——坤宁宫冬暖阁上着锁，"金薤留珍"古铜印自乾隆年间就一直封存在这儿；保和殿西侧有几间不起眼的平房，是大名鼎鼎的军机处；对面三十米有一处供游客使用的母婴室，清代是军机章京办事值房，正是 1995 年前马衡、王福庵等人钤拓《金薤留珍古铜印谱》的地方，据参与钤拓的庄严先生在《清宫文物与其目录》一文中回忆："新拓印谱廿六部，以廿部公开出售，每部定价银洋百元，在四十年前，可谓奇昂，其余六部则分赠主持钤拓与襄助之六人以示酬劳。"我第一次以非游客的身份逛故宫，由衷感慨发生在这宫闱里的故事，与远在江南的孤山有着如此精微的联系。就这样边走边听，脑子里也飞快地构建着一个个鲜活人物的画面，多年的拍摄直觉告诉我，本集中若能在故宫情景再现福庵先生的这段经历，一定会锦上添花。

然而，由于故宫博物院对馆藏文物拍摄的严格管制，我们最终还是没能如愿，也是由于篇幅原因，这段有关"金薤留珍"的往事也没能在片子里讲述。像这样在调研时发掘的，最终没能纳入成片的素材还有许多。现在想来，有遗憾也是件美好的事情，那些被我们一点一点发现的故事和秘密，在这百年名社里慢慢酝酿，不断生长，终将会以不同的形式细水长流地呈现。从这一点来说，作为记录者和传播者，我深感荣幸！

几天前张小李先生告诉我，在故宫博物院图书馆又找到一部《金薤留珍古铜印谱》，书上盖有马衡"凡将斋"印，应是当年马衡获赠的那部，张先生正在撰写相关的文章。数年前我偶得一方民国青田石闲章，刻"醉石轩"，细朱文劲挺，可惜无边款，自从做了《西泠印社》之后，老是觉得它可能跟唐醉石或王福庵有关，一念入痴！

孤山路31号的门钥匙

——《师父》手记

王　欣

"孤山路 31 号"是西泠印社的正经门牌号码。

《孤山路 31 号》是 2018 年秋天，《西泠印社》项目组先期推出的三集纪录片片名，从传播学的角度看，这个名字略显冷僻，我们还常常开玩笑说像个恐怖片，但细细琢磨，会觉得这个名字有一种说不清道不明的意味，仿佛一个文化密码，等待着我们去破解。

这一破解过程最终成就了三集纪录片《孤山路 31 号》和六集纪录片《西泠印社》，而海拔 38 米的孤山就是这两部纪录片的"第一外景地"，自 2017 年项目正式启动，导演组就在孤山上上下下，一次又一次地穿越那个面朝西湖、看似静默的月亮门，以各自不同的方式寻找着"金石王国"的入口。

面对博大精深的金石文化，我在很长一段时间里都没有找到真正的入口。拿到《师父》这一集的创作任务时，我也还陷在纷繁芜杂的日常琐事里，静不下心。于是就先"看图说话"，从旧照片里找故事，图像表面的信息看似波澜不惊，但细节的力量往往比文字更强大，那些看似静态的画面都成了最后成片中非常有趣的素材：比如那一组吴昌硕的多角度照片，当时拍摄这组照片的目的，是为了给日本雕塑家朝仓文夫创作吴昌硕的铜像提供素材，而在今天看来，一代宗师的背影被定格在某个瞬间，像极了电影《一一》的海报，从此间延伸出的故事也意蕴悠长；还有一张拍摄于 1913 年的社员合影，你会发现一百多年过去了，依然可以在孤山路 31 号找到同样的风景。湖山依旧，园林未改，只有旧照片中的小树已成华盖荫荫；时间改变了一切，我们的纪录片又巧妙地利用了时间：片中那些拍摄于各个历史时期的影像素材，无论构图和画质好坏，都会让人感到文化的传承、记录的力量，那些逝去的人，可以在纪录片的影像里复活，而我们记录的当下，也就有了指向未来的意义。

创作这样一部纪录片的过程中，会面对很多琐事，也有煎熬、争执和一遍一遍地推倒重来，但总有某些瞬间会让你觉得幸福，甚至有些嘚瑟。

凌晨四五点的西湖边，带着拍摄团队进入那个隐秘无人的王国，我们是一群可以"独家尊享"西泠印社的普通人。来得多了，跟西泠印社的保安大哥混得很熟，有一次他急着去巡逻，便把后山山门的钥匙交给了我，嘱咐我们进入后及时锁门。那一刻，我手里攥着孤山路31号的门钥匙，有些恍惚，仿佛我已经拥有了这个神秘的地方。

一百多年间，无数人到过西泠印社，有些人还在孤山的石壁上留下了真正的印记，然而"鸿飞那复计东西"，我们这群生活在杭州的电视人，因为这样一个选题，有幸记录了西泠印社的点滴故事，留下了两部颇为高冷的纪录片。在《孤山路31号》播出的那段日子里，遇到了一位楼外楼的朋友，他笑说楼外楼的门牌是"孤山路30号"，是不是也可以拿这个名字做部纪录片呢？

嗯，也不是不可以，收视率说不定还挺高。

在另一座孤山上

——《衣冠》手记

杨　铭

　　西湖边孤山上的每一缕纹理，都被后世学人反复观察揣摩过了，不论这纹理是自然斧凿还是人为雕琢，都因篆刻之名入了金石史册。比孤山著名的山，也有，但是大多是用来瞻仰的，而孤山注定是如一枚章料般，在历代文人的精神臆想中得到反复摩挲，终于将造化与人工的痕迹糅合在了一起，拾级而上时，经常会获得这样的恍惚，究竟是神给人的作品做了不经意的注脚，还是人在神的伟力下用刻刀偷偷修改了细节。

　　我们在谈论"衣冠"的时候，到底在谈论什么？

　　当然，由此衍生的讨论可以很宏大，事实上，这样的讨论确实曾经因参与讨论者丰富的知识储备与想象而一再扩大得漫无边际，但是，"衣冠"这一分集，皆因一个法国中年人而起。

　　坐在龙乐恒巴黎的家中，面前的欧洲第一位西泠印社社员，不断地扇动手中的折扇，因为胖，怕热，也因为，折扇是他衣冠的一部分。如果说，在中国期间，在西泠印社其他的社员面前保持汉服装束是一种态度的话，那么在法国自己家里扇扇子的龙乐恒，做回了自己——他的傲娇，他的不入世以及他不稳定的收入，其实不需要汉服来说明。

　　竹林，龙乐恒说，拍摄的时候，需要有竹林环境。然后，龙乐恒就真的带领我们找到了竹林，开机的瞬间，我再次恍惚了，香榭丽舍大街在哪？卢浮宫和铁塔怎么了？一袭麻布长衫入镜后，我清醒了，也对，莫奈可以把日系花园搬到巴黎，龙乐恒当然也可以在法国的竹林里摆弄古琴。

　　中午，龙乐恒的友人作陪用餐，这是一位来自苏州的中国人，精通法、英、中三国语言，痴迷戏曲。喝了酒之后，龙乐恒的汉服略显敞怀，微风徐徐，竹林沙沙，龙乐恒高谈阔论纵横中西，但是毕竟是个老外，用词艰涩而又发音含混，我有点上头。既然交流不顺畅，那就放开话题，金石规矩与文化逻辑，统统消失，聊酒、聊宿醉、聊不被理解的生活与定期体检的自律。微醺之下，龙乐恒被眼前的竹林迷惑，喃喃自语，友人唱和不断，所谓东西文化的交融，绝无惺惺相惜之仪，倒是有散发弄扁舟之态。席间，龙乐恒大汗淋漓，衣冠不整，唯有折扇摇动不间断。

这是我做过最好的采访，可惜没有被影像记录。

竹林下的那个时刻，恍惚中，我登上了另一座孤山。这座恍恍惚惚的孤山，比那座规规矩矩的金石圣地有趣很多。

回国做完片子，不成功地交了差，在片子里，龙乐恒的影像部分只有不到十分钟。宽袍大袖的龙乐恒在镜头前展示了一些金石技巧与知识，就像会唱中国歌曲的外国人，讨喜而温驯，是大多数观众能接受的范围。

我给龙乐恒寄去了节目小样，他没有反馈，这个爱穿汉服的法国男子消失了。

前几日收拾房间，发现一样龙乐恒赠送的礼物——一个用来放折扇的布套。

但是，我没有折扇。

少年之心
——《兄弟》手记

葛临镫

　　"西泠八家"之一、清代篆刻家黄易曾篆"金石癖"白文印两方。之后，"金石癖"这个主题为众多篆刻名家所用，表达着他们笃嗜金石，视其为第二生命。据说齐白石刻的第一方印章就是"金石癖"。

　　张岱说："人无癖不可与交，以其无深情也；人无疵不可与交，以其无真气也。"《兄弟》正是围绕着印人之间的兄弟之情、朋友之义讲述他们金石之交的故事。这些故事里，有他们互为知音的心意相契，有他们各自经历的精彩跌宕，也有与家国命运紧密相连的硝烟烽火。艺术与生命在历史的浪潮中淬火成金。最后，他们故事里最初的热爱与深情如同不朽的金石，留下璀璨与永恒。

　　接手《兄弟》前，我用了将近一年时间负责"西泠不冷"公众号短视频的编导工作。一年中，通过阅读大量书籍，深入了解了西泠印社主要社员的生平履历。策划《兄弟》一集时，我注重选择人物的个性，希望不拘泥于少数几个主要人物的叙述，努力使全片呈现出一种印社中人的群像。我很快梳理了分集的主题及相应的几对知交挚友：他们中有年龄相差近半个世纪的忘年交吴昌硕与葛昌楹，有情同手足、被称为"张画方印"的张大千与方介堪，有精通琴棋书画印的亲兄弟徐元白与徐文镜。这其中，还有一对尤为特别的友人，那就是西泠印社"创社四君子"之一叶为铭与民国传奇人物李叔同。

　　李叔同与叶为铭的交往是有实物佐证的。十帧李叔同致叶为铭信札被珍藏在杭州博物馆。我们有幸拍摄到了这批珍贵信件，还在杭州虎跑李叔同弘一法师纪念馆的帮助下，将弘一法师的《断食日志》真迹也收入我们的镜头。超逸散淡、明静平易的书法自带强大的气场，可以一下子把人击中。初出家的弘一法师写给叶为铭的信笺是自制的，上面用朱笔画着一个在芭蕉叶上打坐的小和尚。这些细腻的心思让我记忆尤深。

　　有赖天津松江山房刘文胜先生的积极联络，我们有幸邀请到李叔同嫡孙女李莉娟老师作为我们的拍摄嘉宾。李莉娟皈依多年，疏于名利，常年深居简出。但是为了让更多的人了解祖父与西泠印社的渊源，欣然应允。转场西泠印社、虎跑与纪录片摄影棚，与李莉娟老师的合作堪称完美。

　　2019年，纪录片《西泠印社》的文本创作和拍摄几乎是同步进行的。我碰到的最大困难是如何在一个片子里同时讲好这四组故事，能将这些人物用一个主线脉络串联，使叙事在一个逻辑点上实现共振。在反复讨论推演之后，我们决定用李叔同出家前后与西泠印社的因缘际会串联故事。但是，片子的后半段，弘一法师圆寂之后，似乎又少了点什么。

碰巧，我们在温州采访西泠印社副社长方介堪之子方广强老师，了解到一条重要信息：少年时代的方介堪曾和住锡温州庆福寺的弘一法师有过一面之缘，并深得其赏识，获赠红木大斗笔一支。而把方介堪举荐给弘一法师的介绍人就是曾任西泠印社第三任社长的张宗祥。

我突然灵光一闪。我曾跟随浙派琴家徐君跃老师学习古琴，多次听徐老师聊起祖父浙派古琴大师徐元白与挚友张宗祥、马一浮等人创建西湖月会的故事。而在新中国成立之后，西泠印社因战乱等原因停止活动近十四年之久，正是张宗祥牵头召集诸友筹措奔走，使得西泠印社复社。这样一来，张宗祥这个人物可以先在方介堪与张大千、徐元白与徐文镜这两组故事中不时出现，又如果在片子的结束用张宗祥与诸友促成印社复社，形成一个阶段性高潮，重新关联起本集的几个重要人物，使这些主人公再一次在片子里重逢，使人物塑造有年龄与时间跨度，全片的历史厚重感在不同人生的叠加中更显得意味深长。

很快，我找到了张宗祥、方介堪参加西泠印社六十周年社庆的老照片。也在葛昌楹之孙葛贤镔老师的帮助下，拿到了葛昌楹七十寿辰的纪念照。《兄弟》一集落笔在家道中落的葛昌楹欣闻复社，捐出自己仅存的明清名人印章四十三方。颇遗憾的是，因为篇幅原因，有一桩轶闻未能展现在影片中。葛昌楹曾被一个叫作汤安的药店学徒所骗，花费巨资购入汤安的"传家之宝"——一批假古印。葛昌楹还把这批印章带到上海，辑成《宋元明犀象玺印留真》印谱，并请吴昌硕在扉页题词。孰料这批假古印都是制假高手汤安用积古的犀牛角料所制。事情败露，葛昌楹也大病一场。购藏这批假古印到底花了多少银元，葛昌楹到死也没吐露实情。

从2018年毛遂自荐加入摄制组，我很感恩这几年的工作与拍摄带给我的点滴：从对金石知识几乎一无所知的"小白"到能够静下心来欣赏印谱并发现其中妙趣；解开民国传奇人物的历史密码，与古迹和文物的现场对视中获得心灵冲击与深刻启迪……

著名作曲家陈其钢担纲纪录片的音乐监制。极具江南韵味与文人气质的音乐基调，让人入耳难忘。其中第一曲名为《少年之心》。跳跃、轻灵的音符，仿佛孤山之巅升起的第一缕曙光，闪烁在西泠繁茂的枝叶缝隙间，华严经塔塔铃叮当，不远处是西子湖的粼粼波光。

一切都是如此新鲜，我似乎看到了年轻的他们与他们的毕生热爱。

流年似水，情深如斯。

相约下一个一百年

——《刀法》手记   孙宇铭

2016 年冬天，我是第一个加入这个项目的导演，历时五年，这应该是我导演生涯中参与时间最长的一个项目。

五年，经历了西湖、孤山、西泠印社的四季变化，春夏秋冬，严寒酷暑，最热的时候在孤山，最冷的时候也在孤山。我用五年的时间走遍了西湖，走遍了孤山，走遍了西泠印社的园林方寸。五年来参加了西泠印社上百场活动，也结识了西泠印社诸多海内外社员。

五年，历历在目。

2018 年 9 月 26 日，我去上海采访西泠印社名誉副社长高式熊先生。当时，高老是唯一一位在 1949 年前加入西泠印社且健在的西泠印社社员，他见证了百年西泠一个多世纪的风云变幻。这是一次特殊的采访，高老在医院的住院病房里接受了采访。谁料想这却是高老生前最后一次接受媒体的访谈，我们无意间记录下了一段宝贵的影像资料。

2019 年 9 月 21 日，我去上海采访西泠印社副社长童衍方先生，一天的拍摄结束的时候，童老师对我们说："你们工作很认真，真的很认真，看来我以后要更加的认真。"正是童老师和所有艺术家对我们工作的认可和鼓励，才使得我们的作品有了一种与过往不同的品质。

《刀法》，可能是有别于前五集最不同的一集。它讲的是西泠印社的精神：刀法就是活法，刀法就是道法。

《刀法》以浙派篆刻鼻祖、西泠八家领袖丁敬为贯穿性线索。丁敬的切刀法开创了浙派篆刻古朴雄健之风，借鉴古人而推陈出新，融会贯通又锐意求变。百余年来，西泠泠社中人更以各自刀法向湖山致敬。无论计白守黑，还是碎切徐进，甚或方圆互异，都是每个人想刻写在人世间的"撇捺"。每个人的第一刀或许不同，却都想开辟一方新天地。这些当代大家们讲述各自的"第一刀"与"上孤山"，正是一个多维度的"刀法"展现。

《刀法》这一集开创了两个之最，第一是人物谱系之最，本集介绍了"西泠八家"、西泠印社"创社四君子"、西泠印社七任社长、西泠印社现任五位副社长及这五位副社长的师长们，共计四十一位大师，百年名社群星璀璨。第二是该集文本的打磨，是历时最长的一集。我记得，2019 年 10 月 5 日，在上海采访西泠印社副社长韩天衡先生，韩老师介绍，他构思一枚印章的印稿，有时候会布局三四十稿，反复推敲，以求更好。正是因为先生们身体力行的鞭策，也是我们精益求精的态度，让我们砥砺前行，日日精进，《刀法》这一集，历时两年，修改五六十稿，终于形成了最后的成片。

同时，《刀法》这一集，也是百年西泠印社的一个缩影：西泠印社是我国现存历史最悠久的文人社团，也是海内外成立最早的金石篆刻专业学术团体。创社以来，西泠印社始终以一种现代意义的社团组织形式从事经典艺术的探索，以宽松的运作理念主张艺术的多元性，延续立社以来每年春秋两季雅集，逢五、逢十周年庆典和社员不定期聚会的社团运行模式。每年以孤山社址为中心，公祭印学先贤、举办社员作品和藏品展览、开展学术研讨和交流等活动，诗词吟咏、笔墨酬唱、赏鉴珍藏、品茗清谈均无不可，在传统文化土壤日渐衰微的当代文化环境下，依然生动完好地保存着具有传统文人气质的文化形态。

除金石篆刻与书画艺术的创作研习之外，西泠印社在文物收藏与研究、编辑出版、对外文化交流等领域均有重要建树，借海内外社员与各界贤达之力，对各类文物遗存博采旁搜，藉资考古，位于孤山西泠桥畔的中国印学博物馆为我国唯一的印学专业博物馆。西泠印社印学图书馆则专收一切考论金石、古器、书画等书籍，供同人鉴赏研究之。西泠印社搜辑、考订、出版了大量印谱、碑帖与印学研究著作，刊行海内外。西泠印社还着力于篆刻艺术的传承、普及与推扬，自二十世纪八十年代以来，连续举办篆刻作品评展、国际篆刻书法作品展等大型专业赛事，近年来还举办了西泠印社国际艺术节、"百年西泠·中国印"大型海选、"孤山证印"西泠印社国际印学峰会等大型国际性艺术选拔和创作、展览、研讨活动，在海内外印学界产生广泛影响。

2006 年，"金石篆刻（西泠印社）"成为首批国家级非物质文化遗产代表作。2009 年，由西泠印社领衔申报的"中国篆刻艺术"成功入选联合国教科文组织"人类非物质文化遗产代表作"，进一步确立了西泠印社作为篆刻传承代表组织和国际印学中心的地位。时至今日，西泠印社秉承"保存金石、研究印学，兼及书画"之宗旨，融诗书画印于一体，已成为海内外研究金石篆刻历史最悠久、成就最高、影响最广的艺术团体，在国际印学界享有崇高地位，有"天下第一名社"之盛誉。

孤山不孤、断桥不断、长桥不长，西泠不冷，让我们共同创造杭州的第四大文化风景奇观，相约下一个百年。

0到38米

——《西泠印社》总导演助理手记　　　　　　　　　　　谢凯一

38米有多高？具象地量化这个数字，我好像用了三年，缘起于2018年入职的迟到。

迟到真的好吗？这个问题的答案应该是肯定的，不好，迟到真的是一件必须克服的坏习惯。但我却想好好感谢自己在那一天的迟到，竟意外地加入了纪录片《西泠印社》团队，这对于刚毕业的从未接触过纪录片创作的我来说，像一只飞错了笼子的家鸽。

什么是纪录片？如何创作纪录片？西泠印社究竟有什么样的故事……毫无疑问，我是一个"零分选手"，一切都要从头学起。记得加入团队的最初两个月，为了之后更好地与情景再现团队进行沟通配合，每天早起在杭州的各处踩点调研，跟着总导演探寻更有可操作性的取景地。西湖、虎跑、九溪、超山……以及无数次踏遍的孤山，成了团队的根据地。记得有一次，刚下过雨，我们带着情景再现团队来到孤山勘景，再现执行团队导演汪哲看着布满青苔的石阶问我，

"小谢，这孤山有多高？"

"38米，心疼给乾隆建行宫的人。"

从2018年到2020年，从《孤山路31号》到《西泠印社》，渐渐的，我对"38米"有了概念。

这块西湖上最大的石头，承载了无数块小石头，小石头上又承载了无数家国情怀，情深义重。人们渴望自己的表达得以亘古不变，渴望自己的情绪被发现和了解，那么不可否认，石头便是最好的寄托物。

这情感是"明月前身"的深沉如海，也是"琴罢倚松玩鹤"的快活自在，是"不为五斗米折腰"的孤注一掷，是鸿雪径上"印藏"的退无可退。

现在，我好像明白了，38米有多高，也明白了为什么他们来来往往，还舍得把所有留下。

记得2020年底《西泠印社》开播前的一次宣发会议，总导演说："小谢呀，我怎么记得孤山之巅是35米啊，到底是35米还是38米，这个数据还是要再查一查。"会后我仔细查阅核对了很多数据信息，报告给了细心的巨蟹座总导演：是38米。

事后，我在想，不应该啊，总导演为什么会记错呢，他好像从来不会记错任何事情的，也许是他自己默默地在孤山之巅种了一棵3米的树吧。

其实，孤山究竟多高对于我们纪录片团队来说已经不重要了，只是希望被我们片子吸引的观众多来爬爬、多来用脚步丈量这不可言说的38米。

相信，要有光！

—— "西泠不冷" 编辑手记 汪莹瑕

2017 年 6 月 28 日，公众号 "西泠不冷" 正式营业。

总导演说，"西泠不冷" 要做成纪录片 "西泠印社" 的 "一千零一页"。

接下来的三年半中，纪录片《西泠印社》的镜头不断叠加，"西泠不冷" 公众号的内容随之丰满。

"冷小弟" 不止一位。我们曾经有心照不宣的暗号，每天晚上九点半，一张图一首诗，不知道哪一句曾与你的那天有共鸣，让你觉得此时此刻恰如诗中的彼时彼刻？

比起导演组或三不五时地攀登 38 米的孤山高峰只为拍一个延时，或远赴千山万里之外寻找可访可录的只字片语，"西泠不冷" 的小编们显然惬意多了，只在春夏秋冬四季找一些好日子，午后或夕阳之时，随性记录。比起专业的镜头，写意的画面，我们更像游客，抽离出深沉的主观情绪，静静欣赏一切发生。

记得 2018 年的秋天，两位小编觉着正是上孤山的好日子，便徒步去了。气温二十摄氏度，有太阳有云，游客三三两两，西湖波光粼粼，站在四照阁之外，远眺湖山，此刻的杭州似乎现了摩登都市之外的模样——不再为高昂的物价而烦恼，不再为了生活的琐事而抱怨——在那一时半会儿，竟体会到了 "秋景引闲步，山游不知疲" 的意趣。

对，一切都是快乐的，一千多天的时间里，这样的片段还有不少。流绪微梦，时常翻涌至脑海中，我觉得这样沉浸于美景的快乐并不浅薄。希望来过孤山或者还无缘来到孤山的每一位，都能在那里找到属于自己的冬日与夏云。

在参与《西泠印社》之前，我对于篆刻知之甚少，三年后对于百余年前的事也能说几句了，丁辅之、王福庵、叶为铭、吴石潜，西泠四君子、阳文与阴文……在纪录片中，这些跃然纸上的人物与化作影像的知识并不枯燥。对于局中人，这部纪录片书写的是他们的专属历史；对于局外人，这部纪录片是引人渐入佳境的指路灯。

"西泠不冷" 的故事告一段落，浮生如此，别多会少，纸短情长。你要相信，前方有光！

西泠六章

水調歌頭　君子

解珮治朱韻起社續斯文鶴亭瀾閣相望萬物

自羣分海內兵戈迭至石工鳥蟲不死門外雨紛二禹

匋存高士煉石補天皴

甘藜藿耕令古具形神百卉雕鑿陵然狐嶼一崐

嶒發刃風雲際會振玉江河吐納龍翼卷朝暾地

老天荒後九土更懷仁

西泠印社（一九〇四—二〇二三）

大師

臨江仙　大師

應劫坑灰猶未冷湖山楊柳依三　山陰一脈到蘇

隄倚松琴鶴在觀樂海山齋

莫道京師曾鑄璽高賢本是希衣惠風大呂玉

音稀擇隣居雨巷桃李下成蹊

師文

滿江紅 師文

天貺鄣吳書香第生来國手對亂世歲寒交雪竹蹤梅瘦一自龍泓浮大觚從此柏堂懸北斗聚同道以心印羣心雲横岫

觀氏璽凝而久叅彝典從而後得源流正變蒼茫古摩鳴鶴東瀛知道在苦鐵西泠成象構隋梅側雨露濟山川齊天壽

西泠印社（一九〇四——二〇二三）

青玉案　衣冠

舟車漫漫西行路日與月霜和暑漢脉衣冠皮之語一時兵燹一時刀斧但得誰人護登觀如對周秦舞雲際龍翔鳳軒翥一拜前賢揮墨處遠来弟子重来知故亭外高低樹

衣冠

鷓鴣天　兄弟

夜雪孤山獨自聽　奏刀漫作鳥蟲形　百年風

雨幾方寸　萬里山川一鶺鴒

西子水員葉　經浮舟欲繫己無憑　弦聲奮入

秋聲裏　依舊長亭接短亭

兄弟

西泠印社（一九〇四——二〇二三）

風入松　刀法

冲冰切玉兩宜然鶴去已千季推門一拜少温
雲煙
法把鋒芒度入方圓刀過幾痕朱白書留一款
雷霆奔噬若鳴弦八馬幷馳寬風開萬籟渾無
覺共晨昏計簡當繁湖上三方碧印排成天上
人間

樓炳文詞

西泠印社吳新如書

丁利年

西泠印社社员，丁辅之嫡孙
采访人：许继锋　朱清清
采访时间：2019年9月2日
采访地点：上海丁利年家

许：丁老师您好！您和祖父丁辅之先生一起生活了多少时间呢？在您的印象中，丁辅之先生是怎样的一个人？

丁：我是1937年阴历八月份出生的，是在杭州出生的。我出生不到一个半月，日本人就已经打到杭州边上了。杭州城的老百姓开始四处逃难，逃难的时候，母亲和姑妈带了我，几个人一起逃。开始的时候，是乘船逃到绍兴。绍兴是我母亲家（吴隐的女儿）的祖居地。后来由绍兴再转到宁波，从海路最后逃到了上海。到了上海后，因为父亲不在身边，我就一直跟着祖父。那个时候我自己只是个小毛头，很小的，不懂事。

祖父如果回杭州，会带我去的。那时候会住在观乐楼啊，我小的时候经常在那边玩，印象就比较深。有时候也会住鹤庐，不过鹤庐地方很小，大概只有十一二个平方，所以我们经常住在观乐楼里面。我祖父在杭州那边的话，如果去孤山的话，必定要买点楼外楼的面吃的。在那个楼上吊（篮子）下去："今天我要什么面……"最主要就是虾爆鳝。

在餐桌上，我祖父是不苟求的。实际上，他属于比较清苦的一类。祖父1904年前后创办西泠印社，热天吧，他就住在孤山上面，整理文物，研究金石拓片之类的东西。天冷的时候，就回我们自己家待的，头发巷的里面，就是我们头发巷祖居的大房子。年轻的时候在生活方面他根本不去管的，不过吃住方面还是可以的，起码衣食无忧吧。我有一本《先人老屋记》，里面就讲头发巷丁家的一些往事。二十年代开始到上海搞聚珍仿宋体之后，也是以书局的食堂为主，就是吃食堂里的饭。聚珍仿宋体最开始是我祖父的弟弟老三，丁三在发明的，原来是为了出版我曾祖父丁立诚的遗稿《小槐簃吟稿》，他也很有才华，可惜去世得比较早。他去世后我祖父创办了聚珍仿宋书局，1920年民国政府内务部通过了聚珍仿宋的注册商标，后来又和中华书局合并，1921年开始用聚

丁辅之作品

吴昌硕为丁辅之作品题款

珍仿宋排印《四部备要》。

我们到了上海就跟我祖父住在江苏路中一村。我祖父住在5号，我家住8号。我小时候身体非常不好，因为逃难过程中吃的是奶妈的奶，她的肠胃可能不好，吃了荤腥容易拉肚子。所以我从小的印象，基本上就是以吃素为主的，荤腥只能稍微吃一点点。

等我大一点，会走路了，会经常到8号去。因为我想回去和妈妈住。但是平常大多时间还是住在5号里面。5号，我祖父那边。到了1942年，我大妹妹出生，1944年，我弟弟出生。我就一直和祖父住。小时候看祖父写书法，也有画画。没事情的时候，他就指点我。

我觉得在书画方面比较特别的是，我祖父的书画和别人不一样，他就是喜欢独创一格的。他最主要是画果品。书法上，就是甲骨文入书法。甲骨文1889年发现，他很早就开始研究甲骨文了，他和罗振玉关系也很好。

我外祖父去世得早，叶为铭先生主要在杭州，所以不管是最初在上海铁路局还是三十年代之后，我祖父与王福庵先生交往更多一些。三十年代我祖父也是天南海北地走，他的游历也体现在他的《观水游山记》里，四十年代的一些照片里，也可以看到有王福庵先生，他们在上海也经常搞一些活动的。

许：丁辅之先生是在上海解放以前去世的，您还记得当时的情况吗？

丁：那一年我家出了好几件事情，我大哥去世了，我手受伤了，祖父也去世了。祖父去世的时候，我年纪也不大，当时家里裕年和大年哥哥他们大一点，所以他们照顾祖父的时间多一些。

许：祖父和外祖父去世，有没有给你们留下什么东西呢？

丁：这是我妈妈用过的家具，大钟，五斗橱，还有吃饭用的方桌，小时候我们几个小孩还跪在桌子边上画画做作业呢。这个红木桌子，配套有八张凳子，很好的，是我妈出嫁的时候，吴家给的嫁妆。其他可能还有些东西，外祖父和祖父他们也在孤山盖了一些房子呢，孤山鹤庐上也有一些家具啊什么的，这些全部都捐给西泠印社了。

丁裕年

丁辅之嫡孙

采访人：许继锋　朱清清

采访时间：2019年9月2日

采访地点：上海丁裕年家／杭州孤山题襟馆

许：丁老师，您还记得小时候在杭州生活的情况吗？听说丁家住的是一个大宅子啊？

丁：杭州有个头发巷，里面还有个马所巷，我们家就在马所巷过来一点点，南边到直大方伯的地方，就是头发巷5号。我们祖上的藏书和经营在杭州是很有名的。我记得我们家还是挺大的。从一个大门进去，先是有一个停车子的地方，那个时候家里的车不是汽车，就是车夫拉的人力车子，车子上有装饰，很好看的。我爸爸喜欢坐车，我妈妈不坐的。再进去是管门的住的房子，他是管我们整个大院的。一个老矮门房，晚上关门，早上开门。要是有客人来，不知道进了院门该怎么走，他会领一领。过了

丁祖年（左）和丁裕年（右）在丁家花园

门房，走过去两三米是一个很大的玄关照壁，进去以后，就是一个大院子，中间有个井。听说现在浙江省第一医院的旁边，大概还有口井，这个井原来就是我们家里边的老井，祖上就有的，几百年了。这个井水用来洗洗衣服、洗洗菜，夏天家里会在井里冰西瓜的，那个时候没有冰箱，都是在井里面放西瓜的。这是我小时候印象最深刻的。

天井过去进二道门拐弯的地方，就是丁如霞爸爸妈妈住的那间房子。我们的房子，在他们家对角的地方。我们家是一共五个人，再加两个保姆，七个人。在我们的对面，是五叔的家。我小时候我太祖母和祖母还在，还有两个姑母。全家好几十口人，四五十个人吧。

从我祖父住的房间那边走进去的话，有一个花园。那里面蛮漂亮的，这个花园的假山前面我跟弟弟祖年还拍了

丁辅之和夫人

丁阆平与任儿裕年、大年、祖年和利年

一张照片。当时我七岁，祖年四岁。花园很大，就好像大观园一样，红楼梦的大观园。我们祖孙七个人也有一张照片，就是在这个花园里拍的。在花园的最顶上，靠着墙边有两棵很大的桂花树，这个地方我们把它叫作桂花厅，那是我们祭祖的地方，平时很少有人过去的。我觉得那个地方很好玩，人也不多，我就和我哥哥在里面玩。桂花树很大，我们人小，好像两个小孩还抱不过来的。到了秋天桂花开的时候，人来得就多了，我们家里要做桂花糖、桂花糕、桂花饼啊，很好吃哎。

我还记得冬天我们一定要吃冬腌菜，杭州有名的冬腌菜。把大白菜买来，在太阳底下晒几个日头，太阳还不好猛，慢慢要给它晒软了，把菜菩头切了，再把菜拿到大缸里，一层盐一层菜铺起来，用脚轻轻踩，等到菜汁出来，再一层盐一层菜，压上石头装满一缸。我们一个冬天要吃两大缸嘞。我就是最喜欢吃这个东西了。

许：您是什么时候离开杭州的？印象中祖父是怎样的一个人？

丁：大概是七岁的样子，应该是不到八岁就逃难了，日本鬼子打过来了。那个时候，祖父祖母都在上海，我父亲也已经是在上海，住的地方离中华书局比较近。我们全家，我妈妈带了我们三个孩子过来，和祖父住在一起，一家子比较亲密的。

祖父在上海做什么我不是特别清楚，有的事情也是听姑妈讲的。他那时候用聚珍仿宋体印《四库备要》，经常要到中华书局去自己做装订。这个书要一本一本地叠起来再装订起来。有的在书局里做不完，他就带一部分在家里面弄。他很勤奋的，生活也很简单，很节约，人也是很好的。

大家都到了上海，就有机会和祖父在一起了，他有空就带我们出去玩。我很调皮的，不愿意跟在他身边，经常一个人远远地走在后面东看西看的。祖父会告诉我妈妈，说我不跟着他走。我记得有一次他带了我们去公园玩，是去法国公园玩。他带了我们五个孙子，我，我哥哥，还有两个弟弟，祖年和大年，利年还小，他是抱在手里的。我们是从前门进去的。玩了一圈，祖父带了我们往后门走。我不肯，要从前门走。祖父拉了我还是从后门出去了。出了门才知道为什么。因为后门雁荡街有一家汤圆店，他家卖的宁波汤圆很有名，原来是祖父要带了我们去吃汤圆。

许：你们后来回到杭州了吗？有没有去过孤山？

丁：抗战胜利了，我们回杭州了，回到杭州没有地方住。因为头发巷的老宅被日本人烧了。父亲就跟祖父讲，是不是能够在西泠印社暂时住一段时间，祖父同意了。我们在西泠印社大概住了一年多。我和父亲是从福建回来的，那时候我读六年级，还差半年毕业。我就寄读在杭州的一家小学。学校在里西湖，是叫第四中心小学吧，办在秋瑾的祠堂里面，在跨虹桥的那个边上，从孤山走过去，蛮近的。

在孤山我们住在观乐楼。我们叫它观乐（yuè）楼，不叫它观乐（lè）楼。我父母加上我们小孩，五个人都住在那。吃的，我们自己烧，菜呢，是秋生的兄弟去买的。我们要用水，也都是他给我们送上来的。秋生的儿子也住在山上。他大儿子叫松柏，比我大一点，他的二儿子呢，我是经常跟他玩闹在一起的，他叫松全，年纪和我差不多。

叶氏兄弟，就是秋生和德生，人很好的。他们很早就和他爸爸叶六九到山上了，山上的一切都是他们在打理的。他们在山上会卖些东西，就是杭州的特产，什么藕粉啊，茶叶啊，橘红糕啊这些东西。他开了两个店，一个就是卖书的，卖的就是我祖父他们印刷的东西，还有印泥，西泠印社的印泥很有名的，阿公（吴隐）的那个印泥是很有名的。

秋生的老婆跟他的小儿子在开茶点店。有游客来玩，想吃一点什么东西，瓜子、花生，还有藕粉和茶水，那么都算是他们的收入。他们主要就是靠这些收入养家，我祖父还有西泠印社的一些朋友也都会有一些资助。

叶氏兄弟对西泠印社是有功之臣。西泠印社在抗战的时候能够保证没有被破坏，他们是有功劳的。西泠印社这么大，日本就驻军在边上，谁能保证山上的一切没有损坏。

小学毕业之后，我去了上海的东光中学，在静安寺的边上，胶州路的拐角。祖父的身体一直不太好，他有高血压的，经常会晕倒。祖父这个病我是知道的，在杭州在孤山，他住在凉堂，有时候也会发高烧。他去世的时候，上海刚刚解放。我那时候在上海念书，到处兵荒马乱的，没地方好去了。我家在四川路，边上就是苏州河，苏州河的桥全部都不通了。我祖父在北边，我读书的那个学校是在西面，我就不回去了。有一天听说解放军要进来了，第二天一起床我们就看到了，他们就睡在路边走道上面，天上还下着毛毛雨。解放军给人家的印象很好的。

我祖父临终之前思路还是蛮清楚的。有时候感觉好一点了，他就会坐起来，叫我，还有祖年，让我们把他的皮箱拿出来。他的床边，靠近墙边有几只箱子。老箱子很漂亮的，最下面的一个，比较大一点，里面都放着他的收藏，有很多好看的画。他叫我们把画拿出来，一张一张地拿给他看，他就和我们讲，这是谁的画，怎么怎么的好。

就是解放军进城的那几天，祖父身体不行了，起不来了。那段时间我们几个人轮流伺候祖父，大家分三批，我们是最后一批。我，祖年弟弟还有他的两个哥哥，一起照顾他。听说解放军要正式进城了，有进城仪式。我祖父实际上也很好奇，但他行动不方便。

我看他对解放军进城很感兴趣，我说我给你拿个镜子照一下看看好吧，他说好啊。我就去找我三婶，就是大年弟弟他妈妈，她有一块用来梳头照脸的大镜子，一块比较大的玻璃镜子。我找了三嫂，说："借我用用吧？"她说："可以的，没问题。"我拿来以后，在临街的窗子上面一挂，试了一下看看，咦，还可以，可以看得到四川路。我们这边从虬江路到四川路很近，正好是解放军进城的路线。我把镜子挂好，慢慢扶了祖父起来，看到了四川路上老百姓迎接解放军进城的情况。他很高兴。

丁如霞

丁辅之孙女，吴隐外孙女

采访人：许继锋　余源伟　孙宇铭　朱清清
采访时间：2017年9月2日 / 2019年3月4日
采访地点：杭州孤山题襟馆 / 遁庵

　　许：丁老师，对于西泠印社而言，您的身世真的太特别了！

　　丁：我爸爸是西泠印社创始人丁辅之的第四个儿子，丁广平，我妈妈是西泠印社创始人吴隐的独生女儿，吴华英。

　　许：丁老师，您还记得小时候与祖辈和父母生活的情况吗？对您父母的生活细节还有记忆么？

　　丁：我没有见过外祖父吴隐先生，他1922年就去世了。我1946年出生，我祖父丁仁先生是1949年去世的，当时我只有三岁，印象也不深刻。

　　我的父母，我们在一起生活的时间也不是很长，我妈妈给我的印象，是很漂亮的，穿着也很讲究。那时候我去外婆家，就是吴隐家，外公家。那里还有一个老用人，就叫我妈妈"华小姐"。她的名字叫吴华英。"噢，华小姐来了。"我们去的时候呢就住在我舅舅吴振平家里。因为外祖父吴隐原来的太太王氏去世得早，1905年就走了，她生了两个儿子，大儿子幼年就没了，所以我们叫她的小儿子吴熊（吴幼潜）大舅。1906年吴隐又娶了一个太太，叫孙锦，孙织云，也是西泠印社的社员。她和外公感情很好，会刻章、会拓片、会做印泥。她生了两个儿子一个女儿。儿子吴振平自小身体不好，还有一个小舅舅也没有活下来，女儿就是我妈，吴华英。我外公1922年去世。十几年之后吧，1934年，大舅吴幼潜提议分家。在我祖父丁辅之的主持下，两兄弟分家，家里的生意两个儿子分开做。我的大舅吴幼潜，又名吴熊，也叫吴熊生，年轻时候也是很有才华的。安吉吴昌硕先生的墓碑就是他题写的。他还给鲁迅先生刻过章，那是他很喜欢的一枚白文名章。鲁迅先生在1933年给郑振铎的信里提到过这方印。大舅家在宁波路2号渭水坊，那里是吴隐外公留下的，老的上海西泠印社的产业。大舅妈要做贤妻良母，一个人带六个孩子。二舅吴振平，二舅妈呢很能干，祖籍宁波，很会做事，

吴振平和夫人（丁如霞的小舅妈）

她觉得外公留下来的印泥特别好，做得也很用心。她也正好姓丁，叫丁卓英，但不是我们丁家的。两个舅舅分家了，外公留下的生意也分开一人一半，大舅做印刷，二舅做印泥。二舅家搬到了广东路，大概是广东路239号。大舅主要搞上海西泠印社的碑帖拓本印谱的印刷。当年西泠印社的很多善本都是大舅这边做的。我妈妈被外公托付给了丁仁。十年后，妈妈长大后，丁仁让自己四个儿子里面最帅的一个，而且还是两个大学毕业的洋学生（东吴大学、复旦大学毕业），长得也最好看，娶了我妈妈。我妈妈到丁家的时候只有九岁，我外祖父去世前，把她托付给祖父，他说："请你一定把我两个孩子带好。"那时候，我的二舅，吴振平也只有十六岁。吴振平原来名字叫吴锦生，丁辅之把他认作自己的义子，改了名字的。论平字辈，叫吴振平，又名吴珑。我爸爸老四，叫广平，还有三个伯伯，丁机平、丁政平和丁洁平，一位叔叔叫丁治平，我姑妈阆平。丁仁很关爱吴振平，所以你可以看到西泠印社珍藏的老照片里面，往往坐在我祖父旁边的是吴振平。而他自己的儿子，丁政平、丁机平，都坐在远远的地方。他把自己的义子一直领在身边。然后吴隐的女儿呢，就是我妈妈，虽然是吴家的孩子，但小时候经常在丁家，和我姑妈从小一起长大。两个人都爱漂亮，都是家境不错的女孩。我听姑妈讲，那时候南京路有永安公司、大兴公司，都是很热闹的地方。两位小姐，一个是吴华英，我妈妈，人都称"华小姐"；我姑妈丁阆平，是丁辅之家的老八，人家叫"八小姐"。这两个人去永安公司，店员们都说："哎哟，八小姐、华小姐来了，要买什么呀。"我后来还看到她们买回来的手绢，还留下一点（从前都是一打一打地买，十二块一包拿的）。也不付钱，都是赊账的。她们要做衣服，就要去福州路啊，广东路啊，那里有专门做旗袍的，她们的生活蛮讲究。

我觉得老一辈，特别在我们祖辈这种家庭出来的，有过讲究的生活，不过，她也能忍受，也可以适应社会的变迁，也能够尽自己的努力适应这种变化。我妈妈养了四个孩子。爸爸在1950年春天，祖父去世之后去了台湾，当时是和章太炎的堂弟章逸庵一起走的。我们两家，是亲戚。妈妈一个人把四个孩子带大，很辛苦。自己做衣服啊，给人家做裁缝啊这些都可以。我还记得那时候，妈妈给人家做衣服，也不知道她自己怎么学会的做衣服，她每天围着一个缝纫台子给人家做衣服。我就是在这样的生活熏陶下成长的，从小能够适应各种环境，什么都会做。

我妈妈很会做菜，绍兴人么，她特别爱做菜，也爱喝酒。她爱喝黄酒，喝得很厉害，可能是外婆家的传统吧。她做醉鸡，也做白斩鸡。把鸡做好之后，放在黄酒里面泡三天，哎呀这个味道不得了。她做熏鱼，我记得她会买鲢鱼或是草鱼，切成一块一块，用生姜黄酒酱油泡了做熏鱼。还有四鲜烤麸啊，红烧肉烧笋干啊，很好吃。有时候用梅干菜，梅干菜烧肉，也会用笋干，笋干红烧肉。我现在一到杭州来，就会点这些菜。我还有一个爱吃的，是酱鸭。人家都说北京烤鸭多么好吃，但是我只要看到杭州酱鸭，立马就会点。

丁阆平

家境好的时候，她会做，哪怕后来生活困难的时候，逢年过节，她也会做，因为有四个孩子。我在家里最小，哥哥姐姐都去读书了，我还没有上学。我很乖，每天早晨跟妈妈去喂鸡，我们自己家里还养鸡。一家人除了四个孩子还有两个姑妈。大姑妈呢就是丁辅之的大女儿，原来和杭州有名的戴家联姻。这个戴家的姑丈呢去法国留学，回来后带来了一个法国老婆。我大姑妈肯定很难受，但是以前的家庭不兴离婚。她也就不声不响，回到了娘家。所以我们就一起住在我祖父的老房子里。

丁辅之的小女儿就是我姑妈丁阆平，1915 年出生，是他最宝贝的。大概是我姑妈十五岁的时候，我祖父在上海沪杭铁路局工作。作为铁路局的员工，有优待，就是家属可以免费坐车。那时候，听姑妈讲，这是件很阔气很开心的事情。那次，姑妈坐火车去上海看爸爸。那时候火车开得很慢，一路上她很激动，早早地等在车厢的门口等着下车。谁知道呢，这个车厢门，不像现在这种自动的门，门没关好还是怎么了，火车进站停车的时候，姑妈掉下去了，从车站月台掉在了轨道上。我祖父在上海，他急死了，马上叫了车，接了姑妈去一位留德的医生那边。他叫沈树宝，是家里常年用的医生，就去了那边治疗。那时候的医疗条件不太好，等到打开石膏之后发现膝盖的骨头没有接好。原来沈医生说是不是可以重新手术重新做一个接骨手术，但是我祖父舍不得，我姑妈自己也怕痛，只好这么放弃了。所以，她的两只腿就有了高低，年纪大了更明显。

为什么她后来不结婚，实际上也就是这个原因。从这样的家庭出来，心气很高。高不成，低不就的，很要强。照她的说法，其实那时候她和一些年轻的艺术家来往很密切的，但是她不想谈婚论嫁。我妈妈1962年经香港去了台湾，找我爸爸去了。她走的时候，把姐姐如云带走了。姐姐身体不好，又不能考大学，和妈妈一起走了。我和

丁阆平米寿日诗作抒怀

哥哥留在上海，所以这个家庭呢就靠我姑妈。我们对她的感情和生母一样。后来她去世时，裕年哥哥说："如霞你就尽女儿的名分吧。"所以我是以女儿名分送姑妈入土的。

她的变化很大，她父亲去世了，我妈妈也走了。新中国成立后，人人都要劳动，姑妈成了顶梁柱。当时里弄加工组报名，她第一批就报了名。把家里剩下的一些钱买了个缝纫机，加入里弄加工组。她做缝纫，踩那个手帕的花边，现在家里还有一些当时留下来的手帕。她的生活很简朴，烟、酒什么都不染，麻将偶尔会打一下。那时候差不多一个月十块人民币。社会变了，她也就变了。

许：您姑妈是不是也会书法啊？

丁：我姑妈也是蛮奇怪的。照她自己的说法，她没读过书，也不会写什么东西。实际上在她脚受伤之前，她是念过几年书的。而且在这样的家庭里，她看的比较多，接触的也多。她有个口头禅说"好记性不如烂笔头"，日常蛮喜欢写一写的。她八十岁生日的时候，台湾的姐姐、香港的哥哥，都回来给她做生日，她还写了诗。哦，写得真好。看到那些诗，我们都流泪了。八十年代，我去了日本，她一直帮我带女儿，带到十四岁。后来女儿也去了日本，她一声不吭。女儿大了一点后，和我说："把阿婆接来我们一起住吧。"我们也想过接姑妈到日本一起生活，她说不要，其实她内心还是想我们。最后呢，虽然我们情同母女，但是公证没法办下来，日本政府没有批下来。后来我看到她写的一首诗，很长的，看出来她其实很想和我们在一起，可惜没能成行。至今我们也感到深深的内疚和遗憾。我说感到内疚呢，就是最后几年没能好好爱护她，只管我自己的工作没法照料她。后来有一次，利年他们去看她，敲了半天没有声音。隔壁说前面还听到电视有声音的。然后他们就马上打电话到日本来，我说那就把门打开啊。打开门之后发现她是半坐在床上，想起来开门，但是起不来了。我马上赶到了上海，陪了她两个星期。2000年的4月，她在医院去世了。她去世以后，我和裕年这些堂哥啊从殡仪馆把骨灰盒取出来，送到了杭州的杨家牌楼，葬在我们丁家的墓园里，让她回到了爸爸身边，家属们的身边。

丁家的墓地最早在余杭闲林金筑山，那是丁丙、丁申的墓地，丁家还有十几处墓地。

丁辅之原来葬在杭州杨家牌楼的张家园，后来因为那边盖军营，迁移到姜家坞了。丁家墓地的几次搬迁，杭州留下人吴元春一家费了不少精力。到1994年，西泠印社通知我们，政府给批了一块地，要对丁家的墓地进行修缮。后来我们才知道，这是在赵朴初老的关心过问下特批的。墓园修好之后，我们在国内和海外的兄弟姐妹几十个人都赶过来了。社里也很重视，副社长郭仲选、刘江和秘书长吕国璋、副秘书长黄镇中也都来了，省市政协和文联也有领导来。杨家牌楼丁家墓碑和墓室上的碑是郭仲选和刘江两位先生题写的。

我爸爸妈妈是在台湾去世的。妈妈在1969年离世，爸爸在1984年离世。为了让他们叶落归根，杨家牌楼丁家墓园修好后，朋年哥哥专程从香港赴台湾，和如云姐姐捧回两位老人家的骨灰盒，让他们和家人聚在一起。

应该这么讲，姑妈在自己父亲在世的时候，她最亲的人是父亲。祖父去世后，最亲的亲人就是我。我差不多是和姑妈相依为命几十年过来的。我妈妈去了台湾，姑妈带着我，逢人就说"这是我女儿"。我也是，把她视作自己的亲妈妈。当然，那时候情况特殊，她怕如果别人知道我亲妈去了台湾，我会受欺负。

许：在您祖父去世之后，您姑妈有没有再来过西泠印社呢？

丁：没有。我记得有一次王福庵的女儿从香港过来，因为西泠印社的邀请，想和她一起去孤山。我姑妈说不去，她就没有再去过。我舅舅吴振平1979年2月去世的时候，吕国璋来上海参加葬礼，看望了我姑妈，邀请她回孤山看看。我就和姑妈讲，说我陪你去一次吧。因为她时常要讲到华严经塔。我说我再陪你去一次吧。她讲不要了。

我姑妈脚受伤以后，人生有了根本的改变。其实，我姑妈的小时候，1922年7月，不知道怎么回事，就得了结核病，肺结核转成了淋巴结核。淋巴结核呢好厉害，特别难治，还会危及生命。这个病，中国人从前叫"穿骨瘤子"，颈部、肩和肘部各个关节有炎症，骨头这里窜一个疤出来，那里也窜一个出来，时好时坏，手臂上有好些疤痕。中医没有办法，西医用了盘尼西林也没用。这些伤口愈合后会结疤，很明显，所以姑妈从来不穿短袖衬衫。我后来到日本之后，还特地给她买中袖的衣服穿，就是七分袖的老年衬衫，这是她最喜欢的礼物。丁仁这么喜欢的一个女儿，这么多病多灾。那时候我奶奶还在，她和我祖父很难过，

丁辅之夫人致女儿丁阆平函

到处寻医问药，设法为我姑妈祛病消灾。

我祖父就找人商议，因为他是虎跑的护法嘛，他就去虎跑占卜，要在西泠印社最高的地方修一个华严经塔。所以在华严经塔的捐资人名单里，有几百个名字，但第一个就是丁阆平，是我姑妈的名字，华严经塔就是以为她消灾的名义修建的。丁家的、吴家的亲戚也有很多，西泠印社的很多好友和杭州的一些高僧与名流也在这个名单里。弘一法师手书了《西泠华严塔写经题偈》。李叔同入佛门，在虎跑出家，也是我祖父的介绍。所以我会在西泠印社邀请的时候问姑妈，是不是带她再去看一下华严经塔。她说不要。对她来讲，本来是个灾病缠身的孩子，后来能够活到八十多岁，她说也可以了。所以，修华严经塔是和姑妈的结核病有关的。我看到有的书里说，华严经塔也和姑妈的脚受伤有关系，这在时间上是不对的。姑妈从火车上摔下来在上海疗伤，是十五岁，1930 年，华严经塔 1924 年就修好了。我现在保存着姑妈当年在上海养伤的时候，奶奶去世之前写给姑妈的一封信。那一年，奶奶病重，爷爷专门从上海赶回杭州来照料奶奶。姑妈脚受伤行动不便，奶奶就写信给姑妈，让她多和吴家小姐，就是我妈妈吴华英聊天，要她"切不可一人，呆坐纳闷""喜食即食，思睡即睡"，还说，要是想看程砚秋，就让哥哥陪着去看，"价贵亦不妨"。1930 年，我奶奶去世了。

许：您姑妈是个怎样性格的人呢？

丁：她很健谈，外表很漂亮，看起来蛮强势的。当然不是那种爱吵、爱闹的。就是外表看上去十分能干、很清爽，一看就是有文化有想法的。但是她自己总是讲"我没有文化"。相比之下，我妈妈要温和一些。妈妈带着四个孩子，刻苦耐劳，能够忍受，能够支撑，比姑妈要贤惠。

许：您父母会书法吗？

丁：我爸爸的话，会。因为现在我们还留有我爸爸的几幅甲骨文书法。我 2018 年搞丁辅之"海派甲骨文书法大展"的时候，我才发现，诶，我爸爸的甲骨文的书法作品还蛮多的。现在我们兄弟姐妹几个一人一份，都有爸爸的作品做纪念。他的英文特别好，他到复旦大学念的第二个专业就是英文。他翻译出版的英文书籍有好几本，人家给我看过。利年那里也有一本爸爸翻译的书。

我爸爸的甲骨文书法应该是受我祖父的影响。我祖父特别有一种钻研劲，做事很专注。甲骨文发现一百二十年，甲骨文入书法一百年，他是很年轻的时候就开始研究甲骨文，用甲骨文刻章，也写书法，1928 年就有甲骨文书法作品出来了。然后他又和我的三爷爷丁善之，他们兄弟俩，独创了聚珍仿宋这样影响很大的字体。二十世纪二十年代用这个字体与中华书局合作，当时社会上很时髦很流行。他是晚年开始学画，但是他的梅花和水果画堪称一绝。以后又创作了《观水游山集》，这是一个十四米的长卷，多年积累下来的。我姑妈跟我说，我祖父后来比较喜欢游山玩水，但是，他不是像我们现在这样出去旅游，他是"凡游必有记，凡记必有诗，凡诗必有甲骨文"。他留下来有两百多首诗，而且都是用甲骨文撰写的，这是文化史上独有的。我奶奶去世得早，1930年就去世了。他一个人，也没有续弦。他喜欢子孙绕膝，一大家子人享受天伦。你看现在的照片，他去哪里，都会带着家人带着孩子们。那么为了要养活这么一个大家，他要画啊弄啊，每天忙于这些，都是靠自己。比较遗憾的是，我们后代没有一个子孙继承他的事业。

许：有没有听父辈们说起祖父、外祖父是怎样的人呢？

丁：因为祖父去世时我自己只有三岁，没有记忆，但是听到的故事很多。毕竟我出生就和祖父在一起的，我们大家庭都住在一起。我祖父呢，很爱孩子，经常喜欢带一些孩子一起出去玩。

要是有朋友来，他总是要叫我姑妈提前做好准备，要热情招待。这一点我们都知道，都很习惯。客人来了，要怎么怎么，要准备什么。要教育小孩不要上场，不要影响大人说话。他没事的时候就画画，他晚年时特别喜欢画水果。我姑妈说，我们那时候在杭州也好，在上海也好，家里桌上是不能少水果的。水果一上来他先要画，画了一通之后，小孩才可以吃。还有一个就是他特别爱画梅花，西泠印社在孤山，梅花很多。他四十六岁开始画梅，画得很好。特别是过年的时候。中国人大年夜晚上是要守岁的。每逢大年夜，小孩们炮仗点完了，压岁钱给完了，媳妇们就要把小孩们哄去睡觉，这时候他就开始要画《岁朝图》。

他不太会对外交际的。他朋友很多，也乐意帮别人的忙，人家说什么他能做都会做。

至于外祖父吴隐，因为他去世得早，所以知道的人很少。就是我妈妈那时候也年纪太小。只知道他很会做事情，对客人对朋友很好，他对外很会交际。他和吴昌硕特别好，吴昌硕来西泠印社做社长，和这个关系蛮大的。我祖父丁辅之到上海铁路局任职后，常年住在上海。他和吴隐，本来是好朋友，两家也住得很近，和吴昌硕家也很近。叶为铭是吴隐（吴石潜）的好朋友，两个人是同年，又跟同一个师父戴用柏学习刻石碑、一起做事情，而丁辅之和王福庵是因为篆刻、金石、研究文字方面有很多共同语言，成为至交。

许："四君子"创社的事情您了解么？

丁：他们创社的时候我爸爸妈妈都还没有出生吧。他们那时候也很年轻，王福庵比我祖父小一岁，我外祖父和叶为铭同岁，我祖父和我外祖父相差十来岁，其实他们都是二三十岁的年轻人。这些事我后来大致也知道一些。西泠印社最初的一部分土地是丁家的地方，本来是买下来要做墓地的，这里风水好。反正是从很小的一个地方开始，从我们丁家的土地四五亩，再扩大，一点点扩大。原来是丁仁和王福庵关系很好，老在这里玩，之后进来了叶铭（叶品三）还有其他一些好朋友。然后叶品三把吴石潜带进来。到了1904年大家说西泠印社要创社，丁辅之就跟他爸爸，我的曾祖父讲，他老人家说："这个地方现在丁家也派不上什么用处，那你们就在这里玩吧。"想不到这里就变成了西泠印社的开始。他们在这里盖上了仰贤亭。

创社的四个人，他们的性格不一样，能力也各有不同。吴隐（吴石潜），是对外交际能力强，他还有很强的商务观念，这方面丁辅之是不够的。吴隐在上海已经有自己的生意，有自己印泥品牌，还有其他金石书画的拓本、印谱啊，很有影响，在南京，还有日本也有很多生意。当时上海西泠印社商铺的招牌就是吴昌硕先生在1912年给题写的，他还给吴隐定了润格。所以吴隐有这个经济底子。后来西泠印社西边的这些土地和建筑，就是现在的遁庵、还朴精庐和潜泉，以及观乐楼，这一大片都是吴石潜和吴家人买下的。他还有他的家人在十八年间先后四次筹款购地筑楼，最后都捐给了西泠印社，还在观乐楼立碑告诉子孙这些都是西泠印社传百年的产业。中间还有盛宣怀，后来有很多名人也捐地捐钱、出点子出力，才有了今天西泠印社这么大的规模。

可惜吴隐过世得太早，他的事情很少人知道。其实除了吴隐和我外婆、我舅舅、我表哥吴东栋之外，我们吴家一共有九个人都是西泠印社的早期社员。2022年是吴隐辞世一百周年的纪念日，不知道社里会不会做什么活动来纪念。

许：丁家、吴家确实是既有君子之风范，又有江湖之侠义！

丁：应该讲，我觉得我们家的人，除了姑妈之外，其他人都还是比较内向。我们丁家也好、吴家也好，倒真的是非常和睦，从来也没有任何争执。

总体来讲，我们两家，像是两家，又像是一家一样。吴振平是丁辅之的义子，丁辅之随时都把他带在身边，但是我们家又把他看作吴家的一个代表。我祖父参加的西泠印社的最后一次雅集，就是由吴振平扶着他来参加活动的。在这以后，他应该跟吴振平有所交代了。1949年之前，丁辅之在上海，就跟亲属，也跟王福庵先生讲了，"龙华的炮声都响了"，这是原话，"西泠印社就交给人民政府吧"。我姑妈在四十多年前写过一篇纪念我祖父一百周年的文章，是我陪她写的，文章里就说，祖父也和她说过这样的话。

到1950年，政府对所有的社团和财产各方面要进行核查登记。王福庵带着吴振平，这时候的吴振平出去，他从年龄、辈分上都不能代表谁，但是因为他是吴石潜的儿子，丁辅之的义子，所以他可以跟王福庵一起，把

吴振平与儿子吴东栋（1933年）

所有的西泠印社的房产地契，把里面的所有的文物和财产整理得清清楚楚，全部呈递交人民政府。

在我的记忆里，我姑妈也好，同辈也好，我的堂哥堂姐，或者表哥表姐，我们吴家、丁家的兄弟姐妹，还有我们的下一辈，没有一个人说什么话，到现在为止，大家都觉得这是应该的。西泠印社能够被保护得这么好，真是英明。这个事到现在，又是七十年。

许：您是通过怎样的途径了解这些情况的？

丁：我从小和姑妈生活在一起，她和我讲了很多事。我在吴家和丁家的所有兄弟姐妹里，都是最小，有的事情也是听哥哥姐姐们说的。另外有一个很特别的机缘。2003年，西泠印社筹办一百周年社庆的时候，他们来邀请我，我带了女儿一起去了西泠印社。在日本，也有很多纪念活动和报道，我想不到日本文化界的反应这么狂热，日本对西泠印社这么推崇。那时候我女儿已经在日本电视台工作了，她是1997年大学毕业之后进的电视台，曾经是日本首相森喜朗的随行记者。那时有一位文化杂志的记者来找我女儿，这个记者叫和多田进，是日本小有名气的左翼作家，他一直很想找一个中国的大家庭来写，但是查了很多资料一直不满意。这时候他来找我女儿，问有没有在日本和西泠印社有关的人？我女儿说："我妈呀，没人比我妈和西泠印社更有关系了。"那么我就跟和多田进见了面，后来他还约了一个印刷厂的老板和我见面，谈了一小时就决定了，他资助这本书。这就有了我和和多田进合作写成的日文版的《丁家人》。

我原来在上海工业大学管理学院工作，1986年去了日本，1987年进入早稻田大学读研究生，学数学和计算机。四年留学生活结束后进了日本IBM公司，1992年成立了自己的公司，2000年后带着环保和计算机新技术回国，在嘉兴的企业落地了。

所以我的研究主业一直在理工方面，对金石文化关注很少。以前有关西泠印社和我们家的事基本上都是找利年哥哥，他也是西泠印社的社员。后来哥哥年纪大了，身体也不好，社里有一些活动就来找我。我在日本参加过一个纪念活动，日本三十三个团体，几百人参加的活动，小林斗盦和梅舒适，关东关西两大巨头都来了，他们对我很尊重。

我2003年开始与和多田进合作，到2007年《丁家人》出版，前后三年多。最后半年，闹了一点不开心，我们在具体的说法上有一些不同意见。就好像一个家庭，父母再不好，你也不喜欢让人家来指指点点，这是我的想法。所以就有了纠纷，甚至于工作一度中断了。后来还是我女儿出来讲话，想了一个办法，在文章里，把一些不同的提法用线画出来，还在前言和后记里面进行了解释，表明两个不同国家的人观点的不同。

为了写这本书，我和这个日本人一起回到中国，回到杭州很多次。整整三年，去了很多地方，前后见了几十个丁家和吴家的长辈。其中有六位，过了三个月，过了半年，过了一年就去世了。2003年，我们见到了一位丁辅之的堂弟媳妇，一个九十五岁的老姑婆。她说，当年丁家为了重修《四库全书》，家里有两百多人一起在抄书，这是她在丁家做小媳妇的时候，家里的公公作为亲历者，亲口和她讲的。我们还见了吴隐的长房长孙，那时候也八十多岁了。这个经历很难得。

这本书在日本出版以后，成了畅销书，日本东京女子大学还有其他三所大学还用这本书做课外的教材。本来还想拍一部电影的，可惜书出版三年后和多田进就去世了。我很怀念他，我很想把这本书翻译成中文，在国内出版。

许：这十几年来您应该参加了很多与西泠印社有关的活动吧？有没有什么活动让您特别触动的呢？

丁：我因为从小和姑妈生活在一起，与舅舅、舅妈也走得很近，所以对丁吴两家的情况比较清楚，特别是用三年多时间完成了《丁家人》，见了很多人，看了很多资料。以我六十年的身世来梳理家族一百多年的变迁，看到了丁家从杭州的名门望族，先人们从富商、慈善家、收藏家和西泠印社的创始人，经历太平天国兵祸、清末民初家族巨变、八千卷楼毁于侵华日军等的一路坎坷，我专门用一些时间来研究这段历史，也花了一点钱搜集祖辈留下来的手迹，整理出版了几本珍贵的文献，希望对家族有所交代。

我参加社里的活动不太多，让我比较感动的是 2016 年 9 月 30 号在浙江美术馆的那次活动。西泠印社和日本篆刻家协会联合办了一个"西泠四君子：丁仁、王禔、叶铭、吴隐书画篆刻作品展"，那天，破天荒地把四个创始人的后代都邀请来。我的身份是丁辅之的孙女、吴石潜的外孙女，另外还有我哥哥丁利年，王福庵的孙子王乃康，叶为铭的孙子叶金池和孙女叶明华。主办方叫我们这些创始人的后人们上台去剪彩，剪了彩领导才上来。领导上来我们习惯地都要站到后面去，但是陈振濂说我们应该在前面，他和其他人都站在第二排。他们还叫我们坐在凳子上。这四张凳子很有来历，原来是放在观乐楼的，后来藏在鹤庐的，也有一百多年的历史了。

陈振濂说："对于西泠印社来说，丁仁有定位之功，王福庵有标示之绩，叶铭有守护之劳，吴隐有联络之力。这四位名家，对西泠印社而言，可谓是珠联璧合，相得益彰。"这是几十年来"四君子"艺术成就的全面展示，规格很高。我们都很感动的，他们对于源头的尊重。

王乃康

王福庵之孙，浙江省邮电医院退休专家

采访人：徐祝辉

采访时间：2019年4月30日

采访地点：杭州孤山西泠印社题襟馆

徐：王老师您好！您最早是什么时候到杭州的？最早西泠印社给您怎样的一种印象？

王：我第一次来杭州是在1954年的清明，我陪我的祖父到杭州来给我的阿太扫墓来的。当时是从上海坐的老式的火车。到了杭州，祖父坐了一辆黄包车，我也坐了一辆黄包车，从城站一直就拉到了西泠印社。当时西泠印社的管理人我印象也很深，我记得他的名字叫作秋生。秋生是一个非常忠厚、非常勤奋的老头，看到我祖父来了，非常尊敬地叫了声"老爷"，叫了我一声"孙少爷"。当时我们住呢就住在西泠印社，吃饭就在楼外楼吃。杭州给我的印象简直是太美了，我早上起来站在山上，在那里看西湖，我说杭州怎么这么漂亮！后来我就决心考大学考到杭州来，考上了浙江医学院。

徐：您应该是在上海出生的吧？从小就和祖父王福庵先生生活在一起？

王：我从小就在上海，在我祖父的身边长大的。我们家住在延安中路的四明邨一栋3号楼，房子是四层楼的。我祖父住在三楼，我的奶奶、叔叔、姑妈、妈妈，再加上我们六个兄弟姐妹，还有就是我祖父的哥哥的儿子，他又带着他的两个孩子一起住在四明邨，当时家里的人口有十多个。我记得吃饭的时候是两桌，我祖父他们一个圆桌坐满，我们小辈坐一桌，烧饭的一个大的铜锅都是满满的，菜也是有很多。家里的收入全靠我祖父刻印，他的负担也的确是相当重。

那时候我很小，在我的印象当中，大概从我五六岁开始，每天早上我的祖父鸡毛掸子拿来了，把我们兄弟几个都从被窝里喊起来，大家就到三楼他的工作室里面练字，写毛笔字。很小祖父就教我们写字，写的是描字。这样一直到我八岁去念小学为止，春夏秋冬，一年四季天天从不间断，就这么练字。

我祖父用很大的一个桌子。我祖父那时候写条幅，写一个字就自己往上推一下，再写第二个字，慢慢地写完了就要再往上推。我看到了就会主动上去帮忙拉，祖父特别的喜欢我。当时我们家里面客人也很多，祖父也没有教我，我的奶奶、我的妈妈也没有教过我，客人来了，我就会主动到门口迎接。比如说陈叔通、梅兰芳也常常来我们家，他们走的时候，我就会主动地送他们到大门口，这样子好像电影里面看到的一样，向他们深深一鞠躬："下次再见。"所以我祖父说我很奇怪，怎么从小会有这么好的礼貌习惯。

当时跟祖父学刻图章的是我的叔叔，还有我的第三个哥哥。那时候我的印象当中，我的叔叔、我的三哥刻图章，要先打个底，印章上先打个底稿，之后祖父帮他们改。解放以后，字画、印章这些好像不太受人喜欢了，影响力也就越来越小，后来我叔叔、我三哥渐渐也不写不刻了，去厂里上班去了。

我的记忆里，从早上大概五点不到，祖父就起床写字、刻章，早饭吃了以后还继续工作，中饭吃了以后也从来没有见他午睡过，从早上一直工作到下午四点左右。那时候他的工作量也的确很大。当时来家里要求写字的、刻章的人很多，主要是上海的荣宝斋，荣宝斋专门有一个人三天两头拿了图章，请我祖父来刻章。抗战时候上海的伪政府，也有不少人找来要求刻章，可我祖父全部都拒绝了。汪精卫的老婆陈璧君也来叫我祖父刻印，我祖父也没有同意。他后来跟我爸爸讲，说："其他的可以刻，汪精卫的图章，我怎么可以刻！"我印象当中有这么一句话。

当时我的祖父刻图章喜欢躺着刻。他专门有一个躺椅，他刻图章向来就这么刻的。在我的印象当中，他没有坐着刻过，都是躺着刻的。那时候他穿着长袍，手悬空着刻图章，粉屑全部落在他的长袍上。当时也有不少人拿金印让他刻，刻金印的时候也还是躺着刻，非常吃力，金粉也就一直掉到长袍上，我的祖母和我的妈妈两个人都非常仔细地把衣服上的金粉都挑在一个盒子里面，时间长了这个盒子里面的金粉也蛮"厉害"的！

那时候因为我祖父生意很好，工作量很大，虽然我们家里面人口不少，我祖父也能存很多钱。在我小的时候，好像是1948年，蒋经国在上海发金圆券。我祖父拿着这么大的盒子，有四盒金条，坐了一辆黄包车，跑到了银行里面，结果换回来两麻袋的金圆券。因为当时家里面藏着黄金，不去换要判刑的，我祖父是个非常忠厚、非常老实、胆子又小的这么一个人。结果金圆券贬值得很快，很快就不值钱了，我祖父差一点点疯掉！那次全靠我奶奶、我妈妈劝他，安慰他，总算渡过了难关。

徐：您在上海的家里，有没有对什么样的客人印象特别深刻？

王：陈叔通跟我祖父关系是非常密切的，每次来我们家我都喊他陈爹爹（陈爷爷）。基本上每个礼拜他都要来，来看看我祖父收藏的这些名家的字画，有时候就随便聊聊天。给我印象最深的就是，1949年中华人民共和国成立了以后，陈爹爹特地跑到我们家里来，

王福庵（中）和吴朴堂（后排左三）与家人、弟子合影（1947 年）

劝我祖父到北京去，要他给中央人民政府刻印。他来劝过我祖父好几次。因为我祖父当时身体不太好，他有糖尿病，第二个毛病是前列腺增生，小便也比较困难。我祖父就向陈爹爹推荐了他的学生，我的堂姐夫吴朴堂。后来他（吴朴堂）去北京住了三个月到四个月，给北京的中央人民政府的几个部门的印刻好了，再从北京回到上海。

我祖父去世的时候，我奶奶第一个通知的人就是陈爹爹，他接到我奶奶电话以后，马上赶到了我们家，向我祖父的遗体告别。陈爹爹的确是我们家最好的朋友之一。

梅兰芳也住在上海，抗战期间经常到我们家里面来。梅兰芳那时候就留胡子了，因为抗战的时候梅兰芳拒绝上台演出，就留了个胡子。梅兰芳到我祖父这里来往往会带着自己画的梅花。在我印象当中，他是画了梅花让我祖父看，我记得我祖父认为其中有两幅梅花画得比较好，就在画幅上面题了字，盖了章。他们两个人的关系还是非常密切的。

丁辅之，丁爹爹，经常来我们家里，那也是老朋友了。因为丁辅之跟我祖父同样是西泠印社的创始人，所以说他们的来往也是非常密切的。还有和唐醉石关系也很好，也是个老朋友。一直到现在，唐醉石的儿子也还跟我保持着联系，他现在在美国。唐爹爹那时候也是我们家里面的常客，他们来也不交流什么字画了，来了之后就是喝喝茶，抽抽烟，我祖父写字也不写了，刻章也不刻了，几个人坐一起谈谈天、聊聊天，关系非常融洽。

邻居里面来往比较多的还有住在四明邨 78 号的高振霄，他的儿子高式熊三天两头就过来找我祖父学刻印。他到底拜没拜师我不知道，但是我晓得他算是我祖父的学生。还有一个就是个画家，是个女的，叫作吴青霞，吴青霞也是住在四明邨的，也常常有来往。

徐：王福庵先生可以说是桃李满天下了，他的弟子们也是成就很高，他们和王福庵先生之间的感情也很深。

王：顿立夫是我祖父的第一个学生。那时候我祖父还在北京的印铸局里面工作，顿立夫原来是我祖父的黄包车夫，专门拉我祖父进进出出上班下班的。那么我祖父有时候写字，写了不大好的字，就随手扔到废纸篓里。后来我祖父发现顿立夫专门在字纸篓里面捡字，捡我祖父扔下来的字。我祖父就问他了："你捡字干什么？"顿立夫说他是看着我祖父丢掉的字，自己回家去练。后来他练了几个字，拿来让我祖父看。祖父一看，就感觉到顿立夫是一个好学的人，说："你黄包车不要拉了，就跟着我学吧。"他是我祖父的第一个学生，后来就一直住在北京。

1983 年的时候，我姑妈从香港回上海探亲，我跟她还有我的叔叔一起去了趟北京。那次到北京我印象很深，住在王府井大街的一个宾馆里面。那天顿立夫带着他的妻子来看我们，一见面两夫妻就下跪磕头，看着我爸爸、我妈妈、我叔叔、我姑妈，都是一个个亲人一样的，非常非常感动！立夫还拉着我的手，叫我"孙少爷、孙少爷"。那时候顿立夫在北京刻图章，写字，他的收入也很好。当时他的主要的客户是日本人，请他刻图章的大部分是日本人。

我祖父最喜欢的学生应该是吴朴堂，因为吴朴堂好学。我祖父做了主，把我的一个堂姐，由他出面做媒嫁给了吴朴堂。所以说一开始吴朴堂喊我祖父是先生，后来跟着我们一起喊爹爹，变成了我的姐夫。

韩登安那时候好像是被打成了"历史反革命"，每次我祖父来杭州的时候，都会特地坐了黄包车去看韩登安。我记得韩登安那时住的房子是一个老房子，在二层楼。我祖父上了之后，韩登安看到祖父来了，泪流满面，非常感激。我祖父每次都要给韩登安带点钱，我的印象当中每次去总要给七八块。韩登安那时候生活条件非常差，我祖父总想能够帮助他，尽点微薄之力。

徐：王福庵先生的确很有君子之风，他是在生前就决定了要把生平创作和珍藏精华捐献出来吧？

王：1949 年后我祖父的身体一直是比较差的，他曾经跟我奶奶说过，要将一部分的东西捐给上海的文史馆（上海博物馆），一部分要捐给西泠印社。在我祖父去世之前，他把自己刻的三百多方印，一些精品原石，把那些好东西捐给了上海文史馆。捐给西泠印社的是在我祖父去世以后的第三天。当时杭州有人开了部车子来，直接到我们家里面，把所有能够看到的比较好的东西，甚至连写字剩下的纸，白纸，都全部拿走了。

有个红木盒子里面的印章，包括鸡血石、田黄石印章，还有我祖父收藏的藏书、古籍、字画、碑帖等，一共八百八十七件，全捐给了西泠印社，现在仍然保存在西泠印社里面。现在我自己身边，除了有一套《福庵藏印》十六册，还有祖父给我刻的私章之外，其他都没有了。

王福庵所刻"王乃康"印

二十世纪八十年代我姑妈从香港回来，去西泠印社时看过这些捐赠的物品，当时就存放在保俶塔下面的一个很破的房子里面，东西保存得还很好，但是房屋条件差。她怕有些字画会发霉损坏，就主动提出捐给西泠印社十万块钱。那时候十万块钱，应该是个相当可观的数字。结果当时西泠印社的一个年纪大的干部跟我们说，说杭州市的文化部门说了，这属于境外的捐款，拒绝接收。

八几年十万块钱是很大的一个数字，我姑妈就是希望把这个房子修修也好，弄弄也好，结果拒绝接收捐款。我姑妈那时候也难以理解，后来这笔钱就没有捐成。

叶金池

叶为铭嫡孙

采访人：许继锋　朱清清
采访时间：2019年9月2日
采访地点：杭州叶为铭故居／孤山题襟馆

朱：您在叶为铭先生故居住过吗？

叶：我就是在这里出生的，在涌金门直街叶家故居一直生活到四十六岁，后来这边搞拆迁，一直拆到家门口，修西湖大道，那一年搬走的。这个故居占地0.68亩，现在叫直紫城巷。都是他（叶为铭）自己后来攒钱置的家业。那个时候他靠着搞篆刻和碑刻，可能攒了点钱，他说我一定要住自己的房子。因为在太平天国逃难之后，已经家道中落了嘛，一直都租别人的房子住。他在1915年重振家室，还盖了个家庙。祠堂里有一个祖宗堂，里面有一米多高的牌位，供着一百多个祖先。我们叶家原来一直是杭州的盐商世家，最早也算是杭州城的名门望族了。

西面和北面的，住的是爷爷的堂叔。他的这位堂叔叫叶希明，曾经做过直隶州的知州，和很多文人雅士关系很好。从直紫城巷进来，就有一个门厅。门厅再进去有一个天井，天井后面是接待客人的正厅。后来就把它隔成三间了，中间会客，两边是住人的厢房。

我祖父早上有个习惯，就是很早起来的。起了以后就在天井这边，稍微打打拳，太极拳什么的，活动一下身体。每天早上，他总是先把印章拿出来，把要刻的章先构思好，先把印稿打好。然后我奶奶烧好早饭了，他吃好饭以后会接着刻。一天要刻多少方，他都会在当天上午把它完成掉。刻完章之后就接着看报。下午的时候，他主要还是看些书啊。他看好多书，也会对书稿进行修订。他很认真的，因为古版的东西有好多错误，有时候他会比较好多版本的，在这方面他是不惜花大工夫的。

我们的家庙不在了，但是当年做的模型还在。这就是叶氏宗祠。大厅的门楣上有一块匾，上面写着"奕叶云礽"，意思就是叶家要发扬光大。这个匾是黎元洪，就是以前的民国大总统给题写的匾。里面的厅堂内有一个匾，这是楼春，他也是西泠印社社员，给我们家题写的。这是叶氏族谱里，论辈分序列的诗。说起来这个族谱辈分最早还是明朝时就有的，说是明仁宗朱高志给叶家题的。我们名字中间这个字就代表我们的辈分。我祖父是"为"字辈，我父亲是"良"字辈，到我这里就有点乱掉了嘛，他就是给我到庙里去取

叶氏家庙模型

了个名字。到我这里，我给儿子取名字，又把我儿子接上了"臣"字，他是"臣"字辈。

我们先祖到杭州是"从"字辈开始的。祖籍在安徽歙县新州。"从"字辈先祖开始到杭州来做生意，是盐商。后来家族有人做官了，人丁也兴旺了起来。乾隆年间到嘉庆年间，叶家的宅子在大塔儿巷那边，很大很大的，是大户人家。后来到太平天国（太平军）一来嘛，逃的逃了，死的死了，家族就衰败了。

我们现在这个叶氏家族排位，从迁杭第一代祖宗开始，传到祖父手里已经是第九代，到杭州现在已经三百多年了。以前的人很看重这个，逢年过节的都要祭祀，我们中国人都是很怀念祖先的。

朱：叶为铭先生作为西泠印社的创始人之一，在社务上应该也是倾注了很多的心力的吧？您对他的性格是否有所了解？

叶：他可以说是为西泠印社投入了毕生精力。哪怕是在抗战期间，他也没有离开杭州太远。在平时，社里有事没事，他都要那里去转转，社里什么事都装在他心上，还有一些日常的迎来送往，社里的什么活动啊，雅集啊，接待一些游客，他就要负责接待的。

在生活上他很节俭的，省吃俭用，节俭了一生。以前节俭是为了盖房子、盖家庙，后来节俭就是一方面是为了印社，另一方面是为了能够多收集一些民间散失的东西。

我母亲家里条件很好的，嫁到叶家来，她觉得生活不习惯。"这个老人家怎么这么节俭的啊"，每天饭桌上荤腥都很少的，不习惯。后来不是日本鬼子打进杭州嘛，全家逃难了。因为我父亲是在银行里任职的，也是有点职务的，条件一般都比较好的。那个时候在金华兰溪那边生活，那边还是蛮富裕的，伙食都比较好的。

我妈妈有时候就跟我父亲开玩笑："哎哟，家里太节俭了。"后来抗战胜利回到杭州来了，他也是这么节俭，他习惯了这样的生活。所以你看照片上，他总是那么清瘦。这个跟钱已经没关系了，那时候他其实并不缺钱嘛。1924年，他还把自己家的私产捐作"叶氏紫城家庙"，当时杭州城的知事还专门发了布告。

朱：您祖父应该和吴隐先生关系特别好吧？

叶：我祖父十几岁的时候，拜了戴用柏为师。戴家在杭州是很有名的，戴先生画名远扬，篆刻也很厉害，有很多日本和朝鲜的弟子。他对丁敬很推崇，这点对叶为铭影响蛮大的。同时做了入室弟子的还有吴隐，他们是师兄弟，吃的，住的，干活都在一起，互相特别了解。后来出师了嘛，戴先生就给他定了润笔。就是你以后给人家刻印的话，就按照这个规格收钱。这个润例的手迹我还收藏着呢。

玛瑙水晶玉瓷紫砂，每字是三钱。阳文加倍。金银铜铁八钱，阳文加半。象牙竹根黄杨四钱。石印二钱。极大或者极小的面议。文房器具砚铭碑刻五分以内者，每字一钱。极大极小，摹古面议。其实当时花钱刻印的都是一些有钱人，平常老百姓也不会花太多钱去刻印的。文人、有官职的人，还有读书人，他们互相交流互相欣赏，你给我刻印，我给你刻印。也有人会花重金求名家刻印，这也是蛮时髦的事情。

朱：在"四君子"里面，只有叶为铭先生是没有离开过杭州的吧？

叶：他上海也去过，但是去了多久我不知道。具体什么时候去为什么就回来了，我不是太清楚，反正好像是出去没有太长时间的。因为我奶奶没有出去，他有点不放心，还有对这个家庙他也有点不放心，当然对印社他也是很牵挂的。

其实他们都是全心全意在为印社的，其他什么都不在乎的。他们四个人都是这样。什么名啊利啊，他们都不在意，他们就是一心想把印学发扬光大，都没有私心，都没有考虑个人。有钱出钱，有力出力，都是这样的。

朱：在孤山上打理日常的叶氏兄弟和你们家是什么关系？

叶：当时是这样的，印社在山上，需要有一个人做常务管理的。最早找的可能是叶秋生、叶德生的爹吧。可能都姓叶，所以有人说是我们叶家的远房亲戚，这个我不是太清楚。当时跟他商谈，就是请他在孤山西泠印社做日常的管理，跟他讲："在这里面卖点茶水啊，土特产啊，还可以卖点文房四宝，卖点字画什么的，这个买卖的收入全部归你，你住也住在这里。那么如果哪天房顶漏了，或者墙上有个小洞补一下，这个就劳烦你了。"日常客人的茶水接待也全部由他们负责了。如果有什么大的修缮，大家再一起去筹集一下。所以叶家一家老小都住在这里的，他们很用心的，是西泠印社的守护人。

抗战时期，不光是游客少了嘛，边上几个地方，文澜阁啊，白堤、苏堤都有日本人驻扎。他们守着孤山很不容易的，山上没有什么收入了，他们一家十几个人住在山上，生活都应该成问题了。但是他们坚持了八年，保证了山上的一切都能完好无损，真的是西泠印社的大功臣。

朱：抗战期间你们家的生活怎么样？

叶：抗战的时候我祖父基本上没有离开杭州吧。但是我父亲都在外面，我父亲是抗日胜利以后才回到杭州的。我祖父嘛肯定有压力的，那时候吴隐先生早就去世了，丁辅之先生和王福庵先生避难去了外地。时局不稳定，他们还要设法保住西泠印社，在那种情况下的困难真是让人难以想象。抗战胜利后，西泠印社也办过雅集。但是没有多久，我祖父就去世了。

他们几个人情投意合，他们创办西泠印社的初衷，就是挽救当时日渐衰落的印学，金石篆刻方面。杭州城从乾隆开始到咸丰，这一百多年以来一直都是很兴旺的。后来太平天国兵祸，杭州城面目全非，文澜阁的四库全书也失散了，印学也凋零了。所以他们四个人在清朝末年提出创办西泠印社，推崇"西泠八家"，推崇浙派，这是他们的一个共同的目标。

西泠印社仰贤亭内正中有一桌一凳，石质。石桌边刻篆书铭文："龙泓印学开南宗，一镫（灯）相续传无穷。二篆八分校异同，和神如坐春风中。"款识为："宣统二年（1910）七月，西泠印社丁仁铭、王寿祺篆、叶铭监造、吴隐刻石。"这是西泠印社唯一由"创社四英"共同完成的作品，实为罕见。

吴民先

西泠印社社员，吴昌硕嫡曾孙
采访人：许继锋　朱清清
采访陪同：范一安（安吉吴昌硕纪念馆副研究员）
采访时间：2019年7月2日
采访地点：浙江安吉吴家"修谱大屋"／吴昌硕安吉衣冠冢

　　许：吴老师您好！您在鄣吴生活了多少时间？您什么时候开始研究吴昌硕先生的？安吉鄣吴于您有什么特殊的意义？

　　吴：我1940年1月18号（农历己卯十二月初十）出生在浙江丽水厦河门的一个旅馆。那是抗战时期，当时浙江省政府西迁，我父亲在建设厅供职，建设厅的办公地点是在丽水遂昌火柴厂。我们临时被安顿在旅馆里，我就生在旅馆里了。后来几个月里，我母亲生了一场大病，我没有奶吃，家里请了一个奶妈。大概过了三四个月，我母亲身体恢复了，也有奶了，为了安定就全家回到了鄣吴。这个地方山清水秀，我们吴家是在宋南渡的时候，从淮安辗转迁居过来的。到了明中叶，鄣吴吴家九世时最繁荣，父子叔侄兄弟四人中进士。当时吴家的家堂名称"凤林堂"。"凤林堂"么就是出人才的地方。

安吉鄣吴　修谱大屋

　　到我是第二十五世。这个地方原来叫半日村。山高，太阳日照时间短，所以叫半日村，又叫归仁里，后来改名叫鄣吴村，老百姓很淳朴的。小时候虽然在安吉鄣吴住过，但是后来随母亲到了江苏吴江盛泽，长大后去苏北念大学，所以对吴昌硕在家乡的情况我原来真的不太了解。后来吴昌硕的研究文章我是写了不少，但是对于他在安吉的生活，一些细节性的生活场景，我是真不知道。我是学历史的，对于旁人的说法，要去考证的。如果没有研究过，我就不能讲。对于吴昌硕在鄣吴生活经历的基本情况，以及他离开安吉前后经历的几个阶段，我后来是认真做了研究的。

我们回到鄣吴，就住在这个屋子里，几房兄弟姐妹都住在这个地方。家里人比较多，吃的东西就是自己种种田，吴家有田产，所以基本上能丰衣足食。我对家里情况基本上没有什么印象，因为太小。但我印象最深的是这么件事情，当时日本鬼子扫荡，我们逃难，都跑到山上去了。全家就搭了一个很小很小的

安吉鄣吴　吴昌硕衣冠冢

草棚，草棚里放两张床。我很小，有一次，床上起来的时候，家人帮我穿衣服，我站在这个床边穿衣服，大人不晓得有什么事情跑开了，我一脚踩下去摔出去了，鼻子血流得满地都是。这个事情我还记得清清楚楚。

当时老房子被安吉当地人叫作"苏州大屋"，因为吴昌硕买宅子的时候已经移居苏州，人家就说是"苏州人"买的房子。后来因为吴氏宗族在这间屋子里修谱，就又被叫作"修谱大屋"。我妹妹生在这里，我哥哥死在这里。我哥哥是个绝顶聪明的人。他如果在的话，应该比我大三岁。他很聪明，六岁的时候就会读书背诗词，而且写一手好字。他是得伤寒症去世的，从前伤寒症看不好。据说他去世前有个"奇迹"，去世之前，他同我妈妈讲，"我要写字"。妈妈就拿纸出来给他写，他写了四个字，叫"泰郎成功"。他小名泰郎，叫吴泰。我是粲。第二天他就走了。这桩事情，我母亲讲给我听的，我四叔吴季道也讲给我听过。当时把他葬在后山，鄣吴村后山。我父亲亲手刻了一个墓碑，叫"泰郎之墓"。"文化大革命"之后我去找过，没找到。我很怀念我的哥哥。我生了三次癌症以后呢，就写了遗书，我去世以后呢，不买坟墓，不要墓地，骨灰撒到笤溪里面去，我要永远在这儿陪我的哥哥，同我的列祖列宗在一起。

抗战胜利以后，我们一家都回到了杭州。后来因为一些其他原因，我和我妹妹、妈妈就去了江苏。我妈妈籍贯是嘉兴。（范一安："他妈妈真的是个才女。"）我妈妈的曾祖父很早就从嘉兴秀水迁居到盛泽。我是在盛泽和吴江读了小学和中学，后来才去

了扬州读大学，然后在苏北农村教书十七年。日子过得还是蛮好的。（范一安："他在如皋的那段生活，很坎坷的。"）

"四人帮"粉碎以后，我在1977年调回了吴江，在吴江教育局教研室工作。1980年又调到苏州地区教师进修学院，但也不是做艺术方面的工作，主要是做教育行政干部培训。学校后来变成了苏州教育学院，要搞艺术系，叫我来筹办。正好我对自己原来的专业不感兴趣，回到了江南以后，我就想把家学继承下来。那时候我是下了很大的决心。（范一安："后来叫他担任苏州文化局副局长，他坚持不受。"）

因为书画不是一门手艺，古时候，你可能两三天就可以学会了。但是它需要学进去，想要学精，那你就要心无旁骛，你就不要想去当什么干部、玩其他什么东西，这是不可能成就的。所以事实上是从1978年，改革开放这一年开始，我就完全投入学艺的过程里去了。分析分析么，我以前学历史，文史知识有一点，中学里语文也教过，什么也教过，也学会了作旧体诗，我想这是我继承家学的基础。我下了决心，拼命下决心，下了很大的决心。我有时候同太太讲，要请你理解，我苦练才能成才。从那个时候到我生癌症，没有一天是十一点之前睡觉的。学校里还要备课、还要做行政工作，政协里还有党派民进的工作。好在大学里，我不需要坐班的，你就在家里专注书画，要开会人家会来通知你的。有事就去，没事我专注书画。

许：那么吴老师，您四十岁前后是两种完全不同的人生呢。

吴：对，前四十年呢叫"颠沛流离"，后四十年呢叫"继承家学"。

我小时候没学过画。那个时候为生活奔波，少小离家，我同我妹妹、母亲离开了杭州，我父亲在杭州的国民政府任职。后来他出去了，先到香港再到台湾。我什么都没学到过。小学一毕业就到吴江去做寄宿生，当时我才十二周岁，一个人去的，很是苦。那时候到吴江六十多里路，坐公交车，我人小，坐车买半票。自己一个人来回去学，学完了再到扬州师院去读书。

刚开始工作很忙，没有要研习书画这个意识，中学教师的工作负担很重的。一周二十几堂课，还要做班主任，有的老师教一个班的语文，我是教两个班的语文，改作文本累得要死。但是教语文也有好处，就是我喜欢上了格律诗词。那么就慢慢自学。我刚工作的时候还在六十年代，"文革"中。我要学格律诗，正好学校里有一个语文老师，他是出身好的。不像我们家，房子还有书全都被抄光了。我看到他家里有两本书，一本是民国版的《详注唐诗三百首》，还有一本是王力的《诗词格律》，其他书也看不到。我就借了这两本书来看，看完以后非常感兴趣，但是这两本书要还给人家的啊。我就花时间把两本书全部抄下来，包括注释。哎，学这些东西一辈子都不够啊。我今年马上虚岁要八十一了，感觉来日无多。我还给自己写了两副死后的挽联，一副（上联）："再见吧，至亲好友花花世界，此刻尘缘已尽，宜将俗骨付苔水。"我同我小孩子讲，我死了以后不要墓地，把我骨灰撒到苕溪里，我要回家。下联叫："回来了，竹海苍涯淡淡紫烟，其间禅意犹存，应使清魂归故山。"这是一副。还有一副稍短一点的："俗骨，随苕水去，惟求超度。清魂，返故山来，不入轮回。"

我得过三次癌症。到今年5月份为止，做了复查，以前总是癌的指标哪个高一点点哪个低一点点，这次复查，全部没有。人家问我用了什么药，我回复两句话。一句：不怕死的战士死不了。第二句：医生的话要听，要选择性听。我差一点上人家当。化疗三个疗程我坚持下来了，我一看片子上看不到东西了，他还要叫我打，我就不打了。做化疗我头发都掉光了，人瘦得都像鬼一样了。他说让我休息两个月，还要继续三个疗程。我就头发剃光跑到安吉来了。再过三个月一看，片子上就没这个东西了。

我感觉自己是供血不足。去年冬天一场肺炎，人一下子休克了。所以我身体一好了就到安吉来了。我现在的生活很简单很开心，跟朋友们交往啊，不论贵贱、不论贫富，只认他为人，再加上谦虚好学。现在有的年轻人太滑头了，有的人很喜欢打官腔，我就反感。

你别看我七老八十了，但是我读的书没你们多。我们那个时代不一样，那个时候没书读，想读的书读不到，甚至不晓得哪个书可以读懂，哪个书可以读。古人有两句话，我非常赞同，叫："拙因知事少，老悔读书迟。"我把它写好挂在墙上。

你们要经常"补"，不断给自己补一些东西，补一些中国经典的东西。时代不一样了，现在年轻人做什么都要查手机，手机上的东西碎片化。我希望你们要找一本好书，好好地读，一遍一遍地读，要明白它的体系，要明白它的构思，要明白它的笔法。读书贵在会读，书是死的，人是活的。

吴民先作品

活人读死书，能够把书读活；死书读活人，能够把人读死。

我有个谬论。我说教育要立法，要允许"适当体罚"。就是允许用戒尺，不过只能打手心，不能打其他任何地方。这个要有的，我的手心被打过的，打过手心才会有记性。我小学二年级的时候，不好好读书，被老师打手心。这个手心打下去，上面也疼、下面也疼。那么打一下就知道了，今天我作业没有做好。我们家以前就这样，吴昌硕他还要拿棍子打儿子呢，儿子几十岁了他还要打呢。

许：吴老师，您在研习书画的时候能感知到吴昌硕先生的力量吗？

吴：我自从开始继承家学、学习书画，经常会梦到吴昌硕。我最容易梦到的就两个人：一个吴昌硕，一个我妈妈。梦见吴昌硕的时候呢，经常是我在写字，在看书，他跑过来，看看，走了。看了一眼，走了。这种情况是每年有那么一次。印象很深，我想这是老祖宗在督促我啊。我妈妈我也经常梦到，妈妈很苦，梦到我母亲的时候，我会流泪。

许：您感觉吴昌硕是怎样的一种人？能不能说灵魂里他是个诗人？

吴：骨子里，他是受传统文化浸染很深的人。有一点士大夫的清高，是追求"修齐治平"的人。你说他不想做官是假的，他也想做官，也想通过科举、通过做官来实现他的人生理想。但是被太平军打乱了。所以后来他要去做"一月安东令"。他也想有没有另外的途径报国，他去参加甲午战争，同吴大澂一起去，但是书生打仗，结果吃了败仗，整个朝廷都是腐败的。他就只好回来，他知道这条路行不通。于是通过"诗书画印"实现自己的另一个理想，他把自己的感情，把自己的学养，全部寄托在"诗书画印"当中。吴昌硕能称大师，我们只能称得上教师。吴昌硕他之所以能够成为大师，有家庭的文化传承关系。历史上吴家人都是读书的，即便是做官的，也都是诗人。到明代的时候有几个大诗人。他的祖父、他的父亲，都出过诗集。这个对他来说非常重要。诗书传家，诗书传家久，他也非常在乎自己诗人的身份。

他曾经过写一首诗给他夫人，我的曾祖母，施季仙。哎呀，我看了感动死了。"平居无长物，夫婿是诗人。"夫人啊，我家里什么东西都没有，没有什么好东西，但是有一样，你老公是诗人啊。这非常令人感动啊。曾祖母对他的理解，对他的爱也就在这个地方。我不图钱财，我的老公是诗人。这种情怀，是一般的人家不可能有的。所以吴昌硕"诗书画印"，诗是他的灵魂，书法是他的整个艺术的基础。画里面用篆书笔法，先篆后刻。篆刻精神是他的风格，他的字有金石气，他的画有金石气，画是他的艺术的综合，"诗书画印"都在里面。灵魂是诗。

他有文人情怀。他的文人情怀有两个特点，一个是清高、正直，第二个是善良，讲感情，也很幽默。

许：所以日本人推崇吴昌硕先生，是因为他的文人画的诗性气质。

吴：吴昌硕为什么晚年在上海大紫大红呢，有很多原因。这个首先是同鸦片战争以后上海开埠，外面的人进来越来越多，生意好做了，苏州的文人、外省的文人也往那里跑，越来越多。上海集中了一大批优秀的人才，然后海上画派出现了。至于说到日本人的推崇，要特别提到王一亭。王一亭先生是吴昌硕晚年亦师亦友的至交，他有诗赠王一亭："风波即大道，尘土有至情。"吴昌硕的作品在日本受追捧，与王一亭的推介有很大关系。可以说，从日下部鸣鹤开始，吴昌硕影响了日本金石书画界一百多年，差不多是五六代人。

许：据说您后来也有带日本学生的经历？

吴：吴昌硕在日本的影响很大，但是他从来没有去过日本。1988 年，我第一次去日本访问、讲学。以后我的作品也会被日本人收藏。后来有个日本的年轻人到苏州大学中文系学汉语。他喜爱石鼓文，在日本看见过我的作品，就到处找我，并辗转从朋友那边拿到了我的电话号码。他来找我，还带了许多临写石鼓文的字稿。说："先生，我想拜你为师。"我问："你有时间吗？"他说有！我说好。他说一个星期来一次可不可以。我说可以。他问做学生，学费多少钱，我说不要学费。听说不要学费他就紧张了，他说："你是不是不要我这个学生了？"我说为什么啊。他说在日本，如果老师不收学费就是一种婉言谢绝。我说好吧。他说多少钱，我说随便。他说："每次 100 块行不行，我一个星期来一次，向你指教。"我说好的。

我就和太太讲，人家也是个普通百姓的孩子，在这儿留学开销也很大。他上午来，留他吃中饭，下午来，留他吃晚饭。他高兴地走了。这样他就每个星期带作业过来，我也认真地批改，他感动得不得了。日本人很容易感动的，流泪。我说不要紧，你来，我看到你很诚恳很用功，我很高兴。他在这儿近两年时间，每次来都留他吃饭的。熟了以后就不拘小节了，我就问他："师母烧的菜怎么样啊？"苏州待了这么长时间，他来了一句苏州话。他说："老师，味道蛮好嚼。"

他在我家里看到一张吴昌硕的照片，就说："老师，我回日本以后，也要在书房里摆一张你的照片，老先生的照片我也翻拍了，要挂起来。"他毕业以后就回国了。后来知道我得了肺癌，他在日本哭得不得了。那时他同他的同学一起到苏州来看我。我说好了，不要紧了。他的同学就说他哭得不得了啊。后来我搬家去了北京，他也来。

所以人的交往，最要讲礼数讲情感。

范一安：吴昌硕先生内心是遵循旧礼数的。吴昌硕早期以俊卿署名，1912 年之后以"吴昌硕"署名，有一丝"殉清"之意味。他有一幅画，画中是他自己官成回来拜见父母。这幅画成于光绪年间，画中的场景是一个书香气息浓厚的传统大户人家的家中，吴昌硕将自己画入其中，做了官后拜谢父母。看得出吴昌硕的内心仍然遵循传统，他向往仕途，希望以此实现自己兼济天下的理想。吴昌硕内心情感丰富。他一生坎坷，但心中却不言败。环境越恶劣，他越顽强。他这么一个小个子，只有一米六，长相清秀阴柔，还被乡人称作为"乡阿姐"。但他作品雄强，内心有一种图强精神。这个与他从年轻就接触金石接触篆刻有关系，"刀笔"嘛，就是他的作品可以看见内心，他是用坎坷在写、在画。

但是他的性格很开朗很幽默，他还很爱吃东西，他也喜欢朋友们请他吃饭，经常会吃得很开心才回来。我们馆里还藏有一张吴昌硕先生的点菜单：糟鱼片、油报（爆）肚、穿散（鳝）段……

吴昌硕对好朋友用情很深，尤其与海派画家更是亲密无间。任伯年给吴昌硕画了这么多祖胸露臂的画像，说明他们关系很好。这是他们交往的一段佳话，所谓"坦诚相见"，这是文人相"亲"，他们是互相赏识的。任伯年看见的是吴昌硕诗书画印里金石的笔力，任伯年在吴昌硕的眼里是一个绘画的全才。吴昌硕作为中国文人画

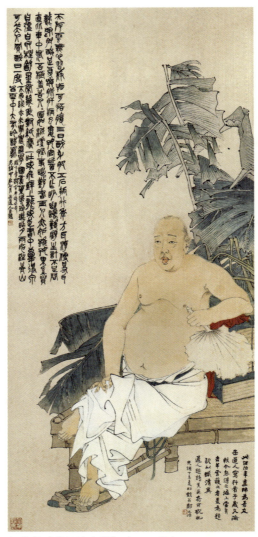

任伯年《蕉阴纳凉图》（1888年）

的最后一代大师，他内心的东西是人家替代不了的。吴昌硕作诗是家传，他骨子里就是一个文人。

吴昌硕临死前说，家里蒲华的东西一定要放好。而且蒲华去世的时候，他给写了墓志铭。他写的墓志铭，后来吴超收藏了一张。这个墓志铭一共有两张，一张是写全的，另一张文字不全，我猜可能是他没写好或者是写错字了，没有完成。这是有文物价值的，说明他对蒲华非常推重。

吴昌硕的墓园在余杭超山，安吉鄣吴有个衣冠冢，是吴昌硕嫡孙吴志鲁立的墓碑。吴昌硕的儿子吴东迈是个很孝顺的人。他花了很大的价钱，在超山给吴昌硕修筑坟墓。而且因为附近路不好走，他还去修了道路。棺材用的楠木，也是从日本买回来的。当时他们家境已经不错了，吴昌硕也算是倍享哀荣的。

马思猛

西泠印社第二任社长马衡之孙

采访人：杨铭

采访时间：2019年11月15日

采访地点：杭州孤山西泠印社题襟馆

杨：麻烦您给我们介绍一下马衡先生。

马：马衡十九岁的时候考取了南洋公学，这不是一所大学。南洋公学相当于我们今天的大学的预科，实际上就是一个高中。

杨：他的最高学历就是这个？

马：对。他念了一年多以后，由于他的岳父叶澄衷先生去世，所以就被迫中途辍学。因为叶家催促完婚的原因，所以他就终止了学习的过程。结婚以后，在叶家做了十五年的寓公。

杨：您刚才说到他十九岁左右因为岳父去世被催促成婚，那么这桩婚姻如您讲的，其实是一桩官商的联姻，这个背景请您再简单给我们介绍一下，好吧？

马：因为马衡的父亲当时在上海，相当于现在的浦东开发区那边，当时是在那儿任县令？对。叶澄衷先生当时在上海，他的企业经营非常成功，按今天的话说就是非常红火，家资达到了八百万两白银的巨大规模。作为当时上海最富有的富商，他也希望有一个官家的亲戚联姻。在过去，官商联姻、儿女结合的事情是非常普遍的。马衡和叶家联姻的时候，当时是娃娃亲，差不多在十四岁的时候，马衡被父亲定了这门亲事。他最后能够花钱大量地搜集金石、碑帖，还有一些青铜器，带有铭文的青铜器，包括甲骨，没有雄厚的财力是不可能实现的。中国自宋朝以来，所有的金石大家都是官宦人家。

杨：关于叶家我想多了解一点。叶家也是来自宁波的，是宁波的商界领袖，"五金大王"好像是，然后在全国都有房产是吧？

马：叶澄衷先生的发家是很偶然的。他是一个穷苦人家的出身，他的家乡是镇江，他的青年时代是在上海黄浦江边度过。

杨：对不起，我打断一下，如果他是宁波人，他应该是镇海，不是镇江。镇海是宁波的。

马：叶澄衷先生的家乡是浙江镇海，他幼年丧父，青年时代到上海黄浦江做摆渡。在摆渡的过程中，有一次他偶然拉了一个英国富商，从轮船上拉到黄浦江岸，这位富商上岸以后落下了一个公文包，非常诚实的叶先生就足足在岸边等了他一天。失主回来以后非常着急，物归原主后非常感动，当时就拿出了公文包里的钞票要答谢叶先生，但是叶先生拒绝了。于是富商就说，我轮船上有很多五金罐头你可以拿去，后来叶先生就接受了这位富商的馈赠，在上海滩办起了五金行代卖罐头，这是他起家的开始。

他五金行的名字叫老顺记，很快他的经营就发展到了全国各地，包括天津都有老顺记，以后他又逐渐地发展到造纸业、银行业。

杨：您说马衡先生十五年里以叶家雄厚的财力收集了大量金石碑拓，专注做学问。他在上海是不是还跟很多收藏界、金石界名士和文人有交往。

马：马衡先生在叶家做了十五年寓公，把所有的精力投入金石学的研究和金石碑拓的大量搜集。他非常刻苦，在那个阶段，他天天大量地抄书，抄先辈留下的碑文，还抄罗振玉和王国维先生的著作，他不是在读，他是在抄写。通过这个过程，他练就了一手好字，包括篆书、隶书、草书，书法的功底练得非常的扎实。我从他几十年间留下的手稿，能够清楚地看到他的书法成长的过程，和他在金石学研究所下的功夫，这个绝非常人能比。

杨：在上海期间，除了学问的修养，他还与一些文人交流，是不是也与吴昌硕有交往？

马：他最早交往的西泠印社中人应该是吴隐。我是从吴隐赠马衡先生的印章看到的。西泠印社成立以前，吴隐当时在上海，马衡在叶家。很早他们就有了交往，所以我推测是由于和吴隐先生的相识，他到了杭州和杭州王禔、丁仁等先生有了更深厚的交往。

杨：上海当时是十里洋场，叶家资金雄厚，他完全没有考虑生活压力，除了金石考古之外，有没有其他的爱好？

马：他有。他也喜欢戏曲，昆曲他很精通，这是后话。他到北京以后结交了梅兰芳，这是他的一大爱好。昆曲、京剧，而且他还很内行。他在上海期间曾经到苏州拜访了吴昌硕先生，他有一幅吴昌硕先生题赠给他的"凡将斋"横幅。那个时候吴昌硕先生还没有当西泠印社的社长，他就和吴昌硕先生有了交往。

杨：十五年的时间，马先生用来做学问和收集碑拓，是不是他在该领域已经算是比较靠前的那种收藏大家了？

马：他去世以后，把平生收藏捐赠故宫，把他的所有文物都捐赠给故宫了。拓片有一万多件，书籍大概是三千多卷册。还包括有甲骨，有青铜器、陶器，等等，他一生收集的东西都在故宫，都已经整理出来了，有专门的册子。有朋友和我开玩笑说："马思猛，你爷爷要有一件东西给你，你一辈子也吃不完。"

杨：事实上你手头一件都没有。

马：对，一件都没有。我现在家里都是一些仿制品。

杨：包括其他的后人手头，好像也没有？

马：几乎都没有。只有徐悲鸿先生给马衡画的素描，一幅画像，在我的堂妹那儿，当时作为遗产分给我的伯父。我的父亲得到了一张董希文画的油画。马衡肖像后来也不知去向。

杨：马先生离开上海以后去北京，是同时在几所大学里头任教吧？

马：当时一些知识分子在高等学府，生活也不是大家想象的好。像北大也经常拖欠讲师、教授们的工资，有的时候还长达半年。所以当时那些教授都在很多学校兼课。马衡是蔡元培先生聘任的，在北大任教。同时也在女子师范、清华大学等一些学校授课，来补充收入不足。当时我奶奶到北京来看望我爷爷，就看不起这些穷教授。周作人先生曾经有文章回忆这段经历，说我奶奶到了北京以后，就在公开的场合说我爷爷是个"破教授"。马衡先生当时在北大的月薪是每月一百二十块大洋，但是完全不够支撑他的家庭开支。

杨：其实一百二十块大洋月薪在当时社会是非常高的。

马：对。因为马衡是八个子女，他们完全是在叶家成长起来的。他能够衣食无忧，在北京安心地教书，到后来专心地为故宫博物院服务，没有叶家雄厚财力的支撑，不可能这么专心致志。子女教育各方面他都没有操过心。他一心放在金石学上，这是他的前半生，他的后半生，就是全心全意地为了保护我们国家的文

马衡与长女马珍、四子马文冲

物，全部心力贡献于中华民族。

杨：马先生离开叶家后，对自己的身份认同有没有什么特别之处呢？

马：他内心是很矛盾的。他一生得到了叶家的恩惠，从上海到北大，因为没学历，开始做的是什么呢？教体育，实际上是在北大教马术，他的马术功夫是在叶家的江湾跑马厅那儿学来的。所以他进北大以后，是教体育课的。后来发现他有金石学的学问，而且他的学问得到了像胡适等一些教授的认可，逐渐地由讲师升任教授，做了北大的考古学研究室的主任，北大图书馆的主任。在北大能得到那么多知识分子的认可是很不容易的，后来他在北大开设了金石学课。

杨：他跟您奶奶叶薇卿女士的关系怎么样？

马：他既享受了叶家的恩惠，但是他又不认可自己，按今天的话说上门女婿的这种身份他内心不认可。所以他北上北京大学任教以后，就基本上不回上海的叶家了。不过最后还用叶家的钱在北京置了房。他在大门口挂了一个铁牌，蓝底白字，写上"鄞县马"，向友人、向世人宣告："阿拉宁波人。"

杨：您这句话学得真好。马衡先生去了北京，您奶奶一起去了吗？

马：马衡先生到了北京以后，包括文物南迁期间那些年，故宫文物也有暂存在上海的时候，马衡必须到上海视察文物的储藏工作。但是他也没有回家住，他就住在旅馆里头。这是我从当时很多故宫相关人员的日记里看到的。所以他的内心非常复杂，既感激叶家，心里头又有一些不平，包括他刻的印章的边款上，曾经记述道"1917年切宦"，到北京来"切宦"，我就查了这个字，切是切割的切，宦是宦官的宦，他两次用这个词汇形容自己进京，用"切宦"来表示。看得出他内心是相当复杂的。但是他在自己卧室里头悬挂着的两张照片，就是上海江湾跑马厅和我奶奶的遗照，那是他晚年的时候。

杨：说到您奶奶的遗照，当时马先生在负责文物南迁的时候，好像正好是1938年您奶奶过世。

马：是1940年。

杨：1940年，对不起，我记错了。马先生正好人是在重庆，其实相隔比较远，这一段历史您了解吗？

马：我是从马衡先生遗留的诗篇里看到两首诗，和我奶奶、和叶家有关。一首描写他自己曾经也是沉迷于麻将，因为我奶奶打了一辈子麻将，他有时候回来，三缺一，拉来一起打。有时候他还要站在旁边陪着。另外一首诗写的是秋雨，这首诗可能一般

人看不懂，他描写他的心情，我一看日期正是
1940年9月奶奶去世的那个月，他写秋雨，描写
自己在睡梦中暗暗地落泪，外头下着秋雨……

"沪上寓公"深藏马衡特殊心迹

　　杨：您还记得诗吗？

　　马：我现在可能背不下来了。

　　杨：这真是一个非常复杂的心境，马先生这么冷静，是很善于隐藏自己情感的人。
但是他在文物南迁的时候，用了"沪上寓公"这样四个字，给所有的文物的箱子来做编号，
这个是否也有特别的含义？

　　马：文物南迁，文物到了上海以后，故宫博物院的第一任院长易培基先生，因为
所谓的"大宝冤案"辞职了，马衡先生接替成为代院长。他在上任以后有一个当务之
急，就是要把全部南迁的文物逐一重新登记造册，重新开始编箱。他用了四个字，叫
"沪上寓公"。"沪上寓公"四个字呢，故宫博物院当时是四个部门，是古物馆、文献馆、
图书馆、秘书处，这样马衡就把古物馆用"沪"，所有古物馆装箱的南迁的，他就沪一、
沪二、沪三、沪四分类。文献馆的档案，也是上一、上二、上三、上四，以此类推编
图书馆和秘书处，把故宫博物院的文物按各自部门装箱，重新登记。

　　杨：这个很有意思。

　　马："沪上寓公"的含义，就隐射了自己在叶家十五年的生活。他认为自己是在叶
家做寓公的，他不会永远停留在叶家，他要开创自己的生活。我去年完成了《马衡先
生年谱》。使我感到吃惊的是，马衡先生三十六岁到北京之前，他的历史是一片空白，
只有西泠印社的朋友和后人的回忆，而且信息量也很少。只有和吴隐、王褆、丁仁交
往的少量记录。马衡的学术是得到了西泠印社的朋友王褆、丁仁他们的认可，我看过
二位先生抄录的马衡的文章，说明对他的学术是非常认可的。

　　杨：说到他和西泠印社的交往，渊源可能是在上海的时候，有了第一次交往。第
二次交往的契机比较传奇，是1930年6月到9月，因为遭到了军阀孙殿英的通缉。他
离开北京，去躲难。

　　马：军阀孙殿英，1928年驻扎在河北省易县，他的军队在那儿驻扎，就起了邪念，
炸开了乾隆的陵墓和慈禧的陵墓，把大量的殉葬品盗走了。后来在北京琉璃厂的一些
古玩店销售，他手下一个师长在销售。马衡在古玩店有个朋友叫黄百川，向他透露了
这个信息，马衡马上就把这个情况向当时北京驻军的北京警备司令部的司令做了汇报。
当时这位师长和古玩店的老板黄百川就被逮捕了。后来政府立案开庭审判，马衡先生
出庭了，作为被盗物品的鉴定，当时的报刊也有报道。所以孙殿英对马衡先生恨之入骨，

夏天马衡避难杭州（1930 年）

扬言故宫的马某人如何如何。1930 年，"中原大战"爆发，阎锡山欲请孙殿英卫戍北京。盗墓贼大权在握，公报私仇，通缉马衡。当时马衡先生正在河北易县考古发掘，他的学生们一看情况不好，劝他马上离开北平。结果马衡先生就在胡适的陪同下，从北平到天津。在天津住旅馆的时候要登记，他用了"无咎"这个名字，表达自己问心无愧。从此之后"无咎"也就成了马衡先生的署号。胡适先生一直陪马衡先生到上海。到上海以后马衡就到了杭州，在西泠印社住了三个月，避难。在这期间，和西泠印社的朋友们聚会、叙旧，他帮助杭州筹建省立西湖博物馆，为方介堪审看《古玉印汇》，并以"无咎"署名刻了不少的印章，其中有一方"无咎无恙"印，边款就记着"十九年六月作于西泠印社"。后来王褆先生和唐醉石先生先后到了北京，马衡先生也聘请他们做过故宫博物院的顾问。

　　杨：新中国成立前后，一直到他离世之前，他和故宫的关系很耐人寻味，您作为他的家人，尤其是幼年时期一直生活在他身边的亲人，能不能请您讲一讲这段岁月。

　　马：现在说到故宫，都会说到马衡先生，每个重要时节都会有提及。马衡先生在1949 年拒绝了南京政府要求他挑选故宫文物精品运往南京，运往台湾。并且自称有病，不能去南京。当时南京国民政府已经下令，要把文物精品运往台湾。马衡先生在北京故宫博物院本院留守。当东北野战军进驻北平的时候，那天是 11 月 28 号，还是 14 号，我忘了，记不太清了。那天马衡开始记日记，而且关闭了故宫的大门，任何物品都不能出去。这样呢为新中国保存了故宫博物院的国宝。新中国成立以后，他各方面的待遇都降低了。在这之前博物院的院长是部级，以后呢变成了处级，七十几块钱的工资。那点月薪远远不够维持他的家庭开销，但是他毫无怨言。不仅如此，他还劝他香港的五弟回来，回到新中国来。他也劝他的朋友回来，劝他们抛开个人荣辱得失。这就是他当时的思想状态。为什么？他是从清末走过来的文人，他看到了百年中国的屈辱、动乱，国宝南迁的不得已，那是国家遭受侵略、屈辱的一种爱国行为。他经受了这些，而且他的儿子是共产党，他内心也坦然，不像胡适，胡适走的时候马衡曾经在日记上表达可以理解，因为他反共。马衡没有，所以他会安心地留下，而且他看到了新中国的希望，逐渐强大起来的希望，所以他无怨无悔。这个在我这一辈有很多亲属，他们也有不认同，不明白马衡为什么会这样。只有懂得中国历史近代屈辱史的人，才能理解马衡为什么会这样。

杨：不以个人荣辱得失真的不易。您在成长当中受到他很多影响，也保留了阅读和研究的习惯，事实上您并没有直接从事文化事业，而是在退休之后再次梳理马衡先生的日记和资料，用您的话说是"回归"！

马：我是在新中国建立以后长大的。我们家就我这代人来说，从祖父到父亲没有遗产留给我们。从小我内心就知道我们应该走自己的路，加上那个社会那个时代的氛围，我也是愤青，要投身革命，也很积极响应政府的号召，要到最艰苦的地方去，愿意接受贫下中农再教育，愿意接受思想改造，在这样的大环境下长大。一生中个人的经历是比较坎坷，但是我和我的祖父、和我的父辈一样，相信中国一天比一天好，个人的命运不算什么。中国今天的强盛就是十四亿人民，长期的几代人付出的巨大代价换来的。我想这也是马衡先生认可新社会，愿意个人承受委屈的精神根源。我的所谓回归也是一种巧合。改革开放之后，故宫博物院庆祝建院八十周年，同时也举办了马衡先生逝世五十周年纪念活动，时任院长郑欣淼先生，把马衡的诗词、日记，还有一些作品碑跋，作了整理出版，也举办了马衡先生捐赠物品的展览会。由于郑院长的努力，使马衡先生与故宫的关系以及马衡先生的藏品这些尘封的历史又浮出了水面。

杨：为什么是尘封？

马：他去世之后，原来故宫博物院准备整理出版他的遗著，而且专门成立了一个委员会，可是因为诸多原因这个事情搁置了。我父亲当时也把马衡先生的《中国金石学》的讲稿整理好了，本来计划六十年代出版，书名叫《凡将斋金石丛稿》，1968 年还请郭沫若先生写了序，但是没有出版，因为"文革"爆发。"文化大革命"以后正式出版了。其他的一些遗稿在故宫尘封了五十年，也是郑欣淼先生在故宫博物院八十年院庆的时候，组织了一些力量把马衡捐献的文物从库房里找出来，一样一样清理造册。

杨：说到文物，马衡先生好像有石鼓情结，在南迁过程中也对石鼓的运送十分的重视。

马：马先生 1917 年从上海北上，从上海到北平之前，访问了他的一个忘年之交，叫李钟珏先生，这位老先生就跟他说："到北京一定要去孔庙察看研究石鼓。石鼓的价值一千多年来众说纷纭，甚至来自什么历史年代，也是众说纷纭，你这次去一定要把它搞清楚。"这样马衡到了北京以后，就专门到了孔庙，从此开始研究。到了 1923 年在北京大学考古杂志创刊号上发表了第一篇关于石鼓的论文，叫作《石鼓为秦刻石考》，认定石鼓是秦朝作品，而且他认为是秦穆公时刻的。由于这篇文章，使一度沉寂的石鼓研究重新复活，包括郭沫若先生等人各有各的说法，但是都肯定了马衡的基本论断，认定石鼓是秦国时期的遗存。石鼓上的篆文是中国文字发展史上的一个重要阶段，这十面石鼓勒石留下了特别珍贵的年代信息。所以马衡先生非常重视，他先后写过十多篇关于石鼓的论文。南京政府决定文物南迁的时候，故宫博物院曾经希望他押运第一批文物南下，但是马衡先生拒绝了，他内心想到的还有石鼓。马衡说我不能第一批就走，他要看着一批一批文物安全地装箱才放心，所以拒绝了押运第一批文物离开北平。他还特别向南京政府打报告，建议石鼓也要运往南方。为了石鼓南迁，马衡先生委托他的学生亲自督导装箱，并邀请了琉璃厂的商人来指导，因为他们是搬运古物的内行。他想尽办法防止石鼓上的石皮脱落。他们先用纸把它糊起来，就是如果它脱落了还能在原位上，不会掉落，然后再用棉被、麻绳把它捆扎起来装箱。马衡在第四批文物包扎完成之后，1933 年 4 月份起运，他亲自押送到了南京。从此，他把自己的命运和故宫的文物——石鼓紧紧联系到了一起。一直到抗战期间南京陷落，文物西迁，石鼓也开始西迁，最终落到了四川的峨眉。他的用心良苦在于，他为了引起当时负责这批文物的那智良先生的重视，他还专门临摹了全部石鼓文，写了长卷送给了那智良先生，以阐明石鼓的价值。一直到抗战胜利，石鼓安全回到了南京，想不到又爆发了内战，南京国民政府又下令把部分文物精品运往台湾。马衡先生在解放后把遗留在南京的石鼓又运回了北京。当时文物局的意见是，石鼓送往孔庙放回原处。但是由于马衡先生的坚持，石鼓还是拉进了故宫博物院。最后在 1952 年，石鼓开箱，在中和殿开始展出，这个时候已经离石鼓第一次南迁将近二十年了。马衡终于实现他了内心的愿望，石鼓落到了故宫，他安心了。

　　杨：石鼓是落定了，但是马衡先生的故事应该还没有结束。
　　马：他的故事说不完。

高定珠

西泠印社名誉副社长高式熊之女
采访人：孙宇铭
采访时间：2019年9月25日
采访地点：上海文史馆

孙：高式熊先生是如何走上篆刻道路的？

高：我叫高定珠，1949 年出生在上海。我的父亲高式熊，是西泠印社的名誉副社长。我爷爷高振霄，是清光绪三十年（1904）甲辰恩科进士，殿试获第二甲第四十七名，钦点翰林院庶吉士。清朝覆灭后，从袁世凯、段祺瑞，到后来的汪伪政府，都曾拉拢我爷爷为其效力，同门师兄梁鸿志还当面封官许愿，但均被爷爷拒绝，他情愿靠卖字来维持最起码的生活。我父亲就是由我祖父教他读书的，没有去外面上过学。当时我爷爷写字，就由他负责把印盖上去。慢慢地，他就觉得刻印很有意思，于是摸索着自己学着刻起来了。我爷爷跟赵叔孺有很深的交往，我爷爷有时候会让我父亲去找他办事，我父亲偶然地带着他学刻的东西给赵叔孺看了。赵叔孺一看，尽管是自学的，还是很不错的。就问他："你那些章呢？"我父亲说："我家条件差，我是刻了一方印，刻完了盖出来，然后这方印就磨掉了，再刻。"赵叔孺就说："你这样很可惜的。"他说："我要跟你父亲去讲。"因为我爸爸一开始是偷偷地学刻印的。我祖父原来很希望他认认真真地读书，不要有别的事来分散精力。赵叔孺先生清末即与吴昌硕齐名，他们又与黄士陵、齐白石、王福庵并称"民国印坛五大名家"。那么经赵先生一说，我爸爸就开始正式学习刻印了。

孙：高式熊和王福庵是怎样的关系呢？

高：我们两家都在上海四明邨，王福庵家在 3 号，我们家是 78 号。王福庵跟我爷爷高振霄也有交往，所以我父亲与王福庵先生也走得很近。我父亲喜欢刻印，经常会去请教王福庵。他和我父亲的关系很亲密。虽然父亲从来没有正式地跟王福庵拜师，但是我父亲说过，他说与王福庵比一般师徒关系更好，可以说是情同父子。王福庵对

《西泠印社同人印传》之
王福庵

他刻印要求很严格。如果认为有什么地方不好，会认真地指出来，还会让他把印面磨掉，重新再刻。王福庵先生是西泠印社的创始人之一，正是他带着我父亲去西泠印社的。是王福庵和丁辅之两位西泠印社的创始人介绍我爸加入西泠印社，那是1947年，那一年他只有二十七岁，是当年入社最年轻的社员。

孙：高式熊先生与王福庵先生刻制《西泠印社同人印传》是哪一年？

高：1948年，王福庵和秦康祥、张鲁庵，还有我爸，他们商量决定做一件事情，要刻一部印谱，这本印谱就是《西泠印社同人印传》。就是要为西泠印社每一个社员的名字刻一枚章，而且在边款上给这些人做一个小传。当时这些印石都是张鲁庵提供的，他从家里把石头一箱箱地拿出来。每一位社员的个人简介文字都由秦康祥来撰写，至于具体到哪一个人选择什么样的石头，在石头上怎么布局怎样用刀，都是由我爸来认真考虑的。他刻好以后最后就由王福庵来把关。我记得我爸有一次告诉我，其中有一方印章，连续数次修改，总是觉得有一点点细节不满意，他就反复地磨掉重刻，反复地修改，这样有一方印是搞了四五次才定稿，王福庵觉得可以了，再通过。所有的每一方印，都是由王福庵来把关，不行的话就重新来。他们这一部印谱一共是两百二十方印，最后花了半年的时间才完成。在所有的社员里，参加这本印谱编制的四个人，王福庵、张鲁庵、秦康祥和我爸没有列入其中。我爸觉得他每一方印都是很认真地用心在刻，一方面有老一辈的把关，另一方面，他确实也是看了很多资料再考虑如何下刀的，所以他说这一部印谱自己是尽了最大的努力，这是他的毕业考试。1948年刻完的时候，我爸他们在当年拓了一部，是四册的孤本，是我们仅能看到的唯一的一部。到了他七十五岁的时候，他的一个朋友出资，他又把原来的《西泠印社同人印传》再拓了一次，做了七十五本，原拓的，上海朵云轩出版的。所以这个《西泠印社同人印传》其实就是拓了两次，一次是1948年刚刚刻好的时候，另一次就是1995年他七十五岁的时候，朵云轩做了七十五部。但是，第二次重新拓的时候，有几枚印章丢失了，就没有二百二十方，比第一版原拓少了一点，分成六册拓制的。那么在这一次编印时，我爸给王福庵补了一方印，所以第二次做的《西泠印社同人印传》，是有王福庵先生的。

孙：您父亲与张鲁庵先生关系应该是非常密切的。

高：我爸爸是1941年开始由赵叔孺介绍与张鲁庵结识的。从1941年到1962年张鲁庵去世，他们是二十年的好朋友。我爸爸的篆刻，也得到过赵叔孺的指导。赵叔孺跟他讲："你要读印谱，读更多的印谱。"但是当时的印谱真的是很贵的，他说："你买不起没关系，我让人给你送印谱来。"过了几天，真的有人送印谱来了。送印谱来的这个人就是张鲁庵，他自我介绍说："我是张鲁庵。赵先生让我拿这个印谱让你看。"那时候我爸二十一岁，张鲁庵四十二岁，他们两个人正好是相差二十一岁。张鲁庵跟我爸讲："你想不想到我家里去看看？"到了张鲁庵家里，我爸说他的家里摆满了书橱，橱里都是印谱。张鲁庵先生印谱收藏独步天下，多年搜集的历代名家印谱有四百多种。张鲁庵对我爸特别好，说："你可以带几本回家慢慢看。"过一段时间，我爸读完了几本再来换几本，很多时候也是张鲁庵打了包派车子送到我家里来。

张鲁庵珍藏的这些印谱，我爸用两年的时间差不多都读了一遍。中国篆刻界，有机会全部看完张鲁庵收藏的，其实没几个人。在读谱的过程中，要是有哪一方印特别喜欢，我爸就用毛笔把印谱根据原印大小临摹下来。临摹了以后，他还要在旁边加上详细的注解。当时没有复印机，也没有照相机，他就是这么耐心地很仔细地临下来。现在我能够找到的摹本就只有十本，其实应该远远不止这些。正因为他这么认真地临摹、认真地读谱，所以这些印谱都能够熟记在心。后来他说看到什么印，就能够说出它的来历。可以说他是下了苦功夫的。

1962 年张鲁庵先生过世。他生前是有过意愿，希望把他收藏的印谱捐出去，但是没有确定究竟要捐给谁。他过世后，他的家属也愿意按照他的想法来捐印谱。因为这批印谱很有价值，所以很多地方都在努力争取。后来我爸爸和张先生的家属一起商量来商量去的，觉得印谱还是应该送到西泠印社去，那么就这么定下来了。正好西泠印社的有关领导反应也很积极，他们就把这些印谱整理好了都送到了西泠印社。西泠印社还在杭州宝石山的"静逸别墅"专门按张鲁庵的斋号搞了一个"望云草堂"，把印谱集中珍藏。

孙：鲁庵印泥的 49 号方是您父亲捐给上海市文化局的吧？

高：张鲁庵对印泥是很有研究的。全国好印泥不止一家对吧，张鲁庵收集了很多做印泥的方子，而且他研究印泥的方法

印泥试方及捐献仪式

是很科学的，他专门找了国外回来的化学师来分析和调整印泥的成分比例，还结合自己家里做中药的特别技巧来做印泥。正因为他广泛吸取了所有印泥的长处再不断加以改进，而且他不惜工本，全部手工制作，希望做出全国最好的印泥，所以他做的印泥，被大家们称为"一两黄金，一两鲁庵印泥"。这个印泥是真的非常好。那么为什么说有个49号方呢？就是因为他们一次一次地试验，49号方就是第四十九次的试验，他们觉得这是最佳的成分比例。

我爸二十一岁的时候认识了张鲁庵，两个人经常一起读谱一起刻印。有一次，张鲁庵送了我爸爸一盒鲁庵印泥，一把他自制的刀。他们不但做印泥，还研究刻刀，对刀也进行一些改良。他们把铅笔劈开，拿掉笔芯，用铅笔外面的两片木头套到刻刀的外面，这样的刻刀拿在手里，是圆的，是木头的。他们在木头外面扎的线，用的是丝弦，用弦扎了以后，再在上面涂上生漆，这样拿在手里的手感就更好，用起来更加方便，更加应手。张鲁庵的印泥很好，有一天我爸爸跟张鲁庵讲，他说："如果哪一天你不做了，那么这种好印泥就没有了。"张鲁庵说："我也不是为了保密，我也是希望有人真正有兴趣做。"我爸说："我有兴趣啊。"那么他就跟着张鲁庵一起做起了印泥。鲁庵印泥那个时候它是不卖的，他纯粹就是做了以后赠送朋友的。他做印泥就是要做到最好，纯粹是一种乐趣，不会想着要去赚钱。所以这种感觉也影响了我爸爸，觉得做印泥就要精益求精，不图赚钱。

我爸爸知道张鲁庵先生花了大半辈子时间来研制印泥，完全是不图私利，他的遗愿一定是这个技艺能够得到传承，成为我们民族的财富，所以我爸爸把张鲁庵这张49号方捐给国家，也是他一直想要完成的朋友对他的嘱咐。经过我爸的努力和奔走，2007年，鲁庵印泥由静安区推荐评为上海市非物质文化遗产。2008年，又被文化部批准成为国家级非遗。2012年，我爸要正式把张鲁庵的49号方捐给国家。他提出来要举行一个仪式，并坚持一定要请张鲁庵的儿子张永敏一起来捐。这就是他们当年做印泥一次一次试验记录的本子，是当年张鲁庵给我爸的。那天，我爸就从这上面抄下了第49号秘方，把它装在镜框里，然后请张永敏夫妇到上海来。我爸亲手把这个方子递给张永敏，他说："这毕竟是你爸留下来的方子。"上海市静安区文化局的局长从他们手里接过了这个方子。2013年的时候，鲁庵印泥传习所挂牌，有了一个正式的传承的机构。

孙：感觉您父亲从年轻开始就是一位性格开朗、兴趣广泛的人。

高：我爸爸，人家都知道他是因为书法篆刻，其实他爱好很多。他爱好摄影，其实他最初玩相机时条件也很差。他很早用的是一个小相机，后来随着条件一点点好起来，他的相机也慢慢多起来了。他把这些相机一部一部都收藏在那里。他很喜欢出去拍各种照片，有时候也有朋友约了他一起出去拍，我记得有一张他蛮得意的，拍的是荷花。但是他没有时间，从早到晚人家都盯着要他写字。

他也很喜欢汽车，他后来行动不便，就是坐轮椅也要去看车展。我们说他可能是看车展的年龄最大的，九十七岁了还去看车展。他跟我说过，以前只要马路上经过一个车，"我只要听它开过去的声音，我就知道是什么车"，所以他对汽车真的是很喜欢。他对音乐也是蛮喜欢的。我记得我还很小的时候，他就会吉他，他会弹夏威夷吉他。他年轻的时候曾经与周小燕同台演出过，她唱歌，他们的乐队里他弹吉他。他自己说的是玩，但是他不管玩什么东西，都是很认真的，不是随便玩玩的。两年前，上海博物馆馆长陈燮君来看他。他是宁波人，他们还约好要在宁波同乡会联欢会演出一个节目，说要让人家惊喜一下。陈馆长也会很多乐器，他跟我爸讲好，我爸弹吉他，他们组个乐队。其实那个时候我爸已经身体很差，人已经坐在轮椅上了，但是他总是很积极，让人忘了他是个病人。

我爸爸对我们的要求也是这样。比如说你今天拍了照片，他就带我们在自己家里，把厕所当暗房冲洗胶片。那时我们自己冲的照片都是黑白的，他就要求把照片的层次冲出来。我在里面冲，他在外面看时间，到了多少时间，就告诉你好了。如果第一次冲得不够理想，就来第二次。所以爸爸带着我玩，真的是很开心。

我还记得我爸快退休的前一年，他们书画出版社有两三个人一起约好，要骑自行车去福建，然后想一路采访，一路落实出版社的编辑事务。他们三个老头一起商量好，骑自行车出去。单位不许他们去，我爸说，他说单位怕这三个老头已经六十岁了，骑自行车很危险。但是我爸他们三个人很开心的，像小孩子瞒着大人出行一样，在单位外面的马路上，三个人约好了出发。真的去了，骑了一个月。我记得他们出发的那天，正好那天上海刮台风，梧桐树的叶子满地都是。那是1980年夏天，他六十岁不到。他脚上穿的是塑料鞋，骑一辆二十八寸的自行车，就出去了。我爸说，他们三个人讲好，因为那个时候没有什么联络方式，约好路上至少两个人在一起，三个人最好不要分开。出发时讲好下一个点在哪里，然后骑着自行车就走了。路上住最差的旅馆，我爸说真的是很脏。因为住旅馆的钱是报销的，公家报销，所以住最差的旅馆，但是吃饭略微好点，因为吃饭是花自己的钱。一路过去上坡下坡很累，有的路段真的很危险，但是他们三个人都没有出什么问题，好好地去的好好地回来了。回来的时候他们是坐火车回来的，去的路上就是自行车一段段的过去，一个村庄一个村庄的过去。后来他讲起来还是很有劲的，尽管路上蛮苦辛。他们说晚上把衣服洗好，然后第二天拿一根竹竿像旗子一样就杈在自行车上晾干，因为没时间等衣服晒干了，就这么走。

孙：您和父亲感情很深的吧？

高：我爸爸尽管很忙，但是他总是会抽时间来陪我，陪陪自己的孩子。我印象最深的，当时按照我们家的传统，小孩到了一定的年纪，其实就是虚岁六岁，该识字念书了。那时候我爷爷还在，给小孩开蒙。我们那个时候要写字要读《三字经》，《三字经》没课本，只好用我爸自己抄的读本。整整齐齐地用正楷抄，不好写行书的，行书小孩子看不懂。我爷爷也会用朱砂写上大字，拿很大一张纸，中间的一个字大一点，旁边的字小一点，那么他写好了，我们就把它做描红簿，在那里描着写。

后来我正式上小学了，也就没有时间再来学这个东西了。我爸呢，反正你有的时候去求他什么事，尽管他很忙，但是他还会尽量地满足你。长大了一点我想学自行车，我爸下班以后就在巨鹿路这一段教我。我们家后面这一段路比较空，那个时候巨鹿路车子不是很多，他就扶着自行车，让我在那里骑。那段时间他每天下班就带着我骑自行车，因为怕我摔倒，他就一直扶着。哪怕等你会骑了，已经骑得蛮快的时候，他还是这样跟着自行车跑，尽管他的手会稍微放掉一点，但是他还是在旁边盯着，一看不对的话他就马上拉住你的。

这一切很难忘，我现在还记得他在后面气喘吁吁地跟着，一刻不停地跑。我骑得很开心，我爸爸也很开心，现在想起来也很开心。

后来我想学游泳，他不会游泳的，但是他会换了游泳衣陪着我，坐在泳池旁边看着我在水里玩。我那个时候在水里玩，会不停地用水撩他，我们都特别的开心。尽管我爸在玩的上面很随意，但是他对学习的要求真是很严格的，一点都不会放松的。有一段时间我是既不上学又不工作，那是"文化大革命"的时候，我爸说你不要浪费时间，你得好好练字，练字永远是值得做的事。他就挑了一些帖子让我选，让我看喜欢哪一本帖。然后他帮我磨墨，他磨墨并不像现在我们的家长因为疼爱你，怕你累帮你磨墨。他不是这个意思，他就说："你必须记住我磨的墨的浓度，你以后用这样的纸写，你要有这样的浓度，这样才可以写到最佳的状态。"

那么你写字临帖，不可能一下子临得很好的，对吧。他在看你临帖的时候，经常要问你："你这一笔为什么写成这个样子？你为什么不仔细看看那个帖？"有时候你会被他问得一下子什么话都说不出来，但是你可以感觉到他说话是很认真的，所以你得认真，不好开小差。写字不是玩，你要好好地写。那么他这样的态度也影响我后来做其他的事情，也会很认真，不好开小差的。要认认真真地工作，要尽最大的努力来把事情做好。

孙：张鲁庵、高式熊先生和其他印人朋友们创作的《鲁迅笔名印谱》在当年是一件很轰动的事情吧？

高：那是 1956 年春天，鲁迅先生逝世二十周年，原来是张鲁庵他们几个人一起商量要做一本印谱来纪念鲁迅先生逝世二十周年。这部印谱一共是一百一十九方印，我爸爸入选五方。后来很多人都一起参加了，除了上海，其他地方很多篆刻家都参加了。当时原拓只有五十部，后来据说有另外的再印的，但是源头就是五十本。当时周总理知道了这件事情，空运了四十部去北京，指示要用这个印谱作为国礼送人，所以那个时候他们觉得非常的光荣。

高式熊

原西泠印社名誉副社长
采访人：孙宇铭
采访时间：2018年9月26日
采访地点：上海徐汇区中心医院

孙：高老，您好！您还记得当年入社的情况么？

高：我记得那天是王福庵先生带了我从上海坐火车去的杭州，西泠印社创始人之一的王福庵先生，他带我走的。走之前也没有讲清楚西泠是怎么回事。就是我自己看过一些资料，就这样到杭州去。一起去的有好几个人，大概有四五个人一起走的。到了孤山西泠印社以后，是在第二天，我看见仰贤亭里挂了一幅丁敬身的画像，丁敬身就是浙派的头，浙派篆刻的开山鼻祖。我们对着画像三鞠躬，就这样子入社了。

那时候我年纪算小呢，我加入西泠印社的时候是二十七岁，自己搞篆刻也没有几年，所以我对西泠印社本身不是太清楚。但是我知道是丁辅之先生最初捐出资金，捐出土地，在孤山搞起来，搞了一个西泠印社。

孙：我们看资料了解，当年您入社有两位介绍人，是创社的丁辅之和王福庵先生，您当年入社之前有没有一个拜师仪式？

高：没有，就是拜祖师爷，拜丁敬身。

孙：您能不能和我们聊一聊和张鲁庵先生的交往。

高：张鲁庵的东西，希望你们电视台有时间要好好地宣传一下。张鲁庵这种人是少有的。他自己虽然也刻图章，是赵叔孺的学生，赵叔孺是上海的篆刻大家，但是，张鲁庵的另一个身份是杭州中药铺名号张同泰的"小开"，是张同泰的第五代传人。小开是上海人的讲法，照现在的说法么就是"富二代"。他当小开心思不在做生意，就喜欢搞篆刻。他有资金啊，他也喜欢收藏，也喜欢做印泥，资金全部投入做这个东西。张鲁庵的印泥很出名，他做好东西是不计成本的，最好的东西都用上。这和做生意的

张鲁庵赠高式熊刻刀

心思没法比，做生意什么利润，他不管的。我认识他的时候正好二十一岁，张鲁庵四十二岁，是赵叔孺先生介绍我们认识的。见了面以后，他说："你喜欢刻图章，现在市面上资料不多，你去买价格也贵。资料我有，你隔天到我家看看，看看我家里的藏品。"我到他家里一看，不得了，他家里藏品光印谱就有四百多种。好的印谱都是要用几万块金票买的，有的人会花几千块钱买个一两部，他有四百多部。他反正有钱么，那个时候他买了不少。我看了是大开眼界，他说给我安排，就把印谱打好包派人送到我家来，里面会弄一张清单，第一批、第二批这样陆续送来给我看。我看了一两年，这对我的帮助最大，我一生所以能够在篆刻上有点作为，所以眼光看得高，就是他帮助的。一般老师家里也没有这样的资料，就是图书馆里也不一定有的。他出手大方，为人慷慨。

孙：您还记得第一次和张鲁庵先生见面的情况吗？

高：我跟他原来一点关系都没有，赵叔孺先生说，张鲁庵出了一本印谱，这本印谱极好，你应该去搞一本。我说我去买，他说不用，让他自己送来。没有多久张鲁庵自己来了，他说"赵先生叫我来的"，就拿了印谱来见面。见面以后，他说："隔天你到我家里来。"请我到家里去，"吃顿饭，看看我这个藏品"。一看不得了，满屋子都是好东西。

孙：您还记得受张鲁庵先生之邀刻《鲁迅笔名印谱》的事么？

高：鲁迅的笔名印谱呢，本来上海有几个人已经在刻了，一开始钱君匋也有刻过。后来由张鲁庵负责统筹，上海的篆刻名家之外又增加了一些外地的篆刻家一起做。《鲁迅笔名印谱》是个很好的题材，这个事情开创了作家笔名汇刻印谱的先河。我们刻的鲁迅笔名就是要把它的来源查清楚，做得更系统更精致。搞起来以后呢，得到了民进上海市委秘书长曹鸿翥的支持。半年下来印谱搞成了，在鲁迅逝世二十周年纪念日之前做完了四十部。有人送到北京，周总理把这个东西送给中外朋友。

张鲁庵，很多人知道他是个大藏家，但是对于他出力气搞这种印谱的事情了解不多。张鲁庵之外上海没有第二人，我有机会碰到，一生也只做这么一次。

孙：您入社的第二年，就做了《西泠印社同人印传》，当时谁发起要做的？

高：是我想的，因为所有的西泠同人都有名有字的。我就和王福庵讲，比如张鲁庵，上面刻一个图章是他的名字，比如上面是张鲁庵，底下他这个字啊，号啊，叫什么，还有藏品，藏品介绍。王福庵也肯定说这样蛮好，最后刻完两百多方。

1995年，我七十五岁的时候，朵云轩原石拓了七十五本，祝贺我七十五岁生日做的拓本，七十五本，基本上都是赠送给好朋友的。

孙：请您聊聊您和青山农之间的关系。

高：青山农不是我的朋友，是我父亲的朋友，是我父亲一辈的朋友，后来我有接触，经常来往，住也住得近，来往比较多的。

我们那个时候和长辈交往是比较守规矩的，老辈这里讲话不能太随便，绝对不行的。

孙：您的个人爱好非常广泛吧？

高：我的爱好太多了，我音乐也爱好，我自己有乐队，六十年代的时候，我在上海还上台演出过两次呢，好玩。后来呢又喜欢拍照，开头么自己小玩玩，后来因为进了电影机械厂，电影机械厂因为有很多人都会拍照的，都有器械，胶片也有。我也自己买了照相机，后来呢就变成一个爱好，喜欢给别人拍照。

孙：您上一次回到西泠印社大概什么时候？

高：大概两三年前，我印象不清楚了，匆匆忙忙去了一下。

孙：今年是西泠印社是一百一十五年的生日，想让您说两句祝福的话。

高：我加入西泠也算是早的，1947年加入的，当时上海的社员没有几个。第一次去西泠印社我拍了一张照片，就是我一个人1947年在孤山的留影。西泠的四个发起人，我认识两个，我的家里是没有人搞篆刻的，王福庵和丁辅之都是我父亲的朋友，他们二位介绍我加入了西泠印社。

王福庵等于是我自己老师一样的，关系很好。丁辅之呢，来往比较少。王福庵一直到他去世，我们的交往没有停过，一直交往蛮多的。其他两个我没有见到，吴隐那时候去世了，我没有见到。西泠到今天，碰到这样一个社会，领导们都能够这样重视中国文化，西泠印社未来的方向明确了，这个是解放以来，一直没有过的。我看到《习近平用典》这本书，我觉得很惊喜，后来我就把这幅东西写了，社里应该还不知道呢。北京的《书法报》有一次采访，派了两个记者来写了一篇东西，我就告诉他们了。现在这个年代，我们应该更好好地做。我遇见的从前的老一辈，完全不是为了金钱去做事情，大家尊重艺术，重视艺术，培养后辈。我们年龄老了，应该要继续做这个工作。

陈振濂

西泠印社副社长兼秘书长
采访人：许继锋
采访时间：2019年10月2日
采访地点：杭州勾山里

　　许：陈老师您好，感谢您对我们从三集风格版的《孤山路31号》到今年剧情版的《西泠印社》创作的关心，一直在一些关键的时候给我们及时指导。今年六集的命名方式很不一样，开篇第一集叫"君子"。

　　我们在调研阶段接触了很多人。西泠印社"创社四君子"的后人，他们几乎都被一个场景感动过。他们说2008年社里有个活动，陈老师特意让人在现场安排了四把椅子，让"四君子"的后人坐在椅子上接受大家的致敬。我听到这个细节真的也是内心一震。君子的背影已远去，但是西泠印社这种君子之间精神相望的场景却还在，所以我就想请教一下陈老师，就是咱们现在经常说西泠精神，西泠精神里面是不是应该包含这种君子情怀？为什么说创社的丁仁、王禔、叶铭、吴隐是君子？

　　陈：非常好的一个问题。西泠印社当时就是君子结社，和今天还不一样，因为今天大部分的社员是因为专业的技艺，书画篆刻很优秀，那么他会被吸收进西泠印社。当时的西泠印社的成员，他并不完全是因为技艺水平的高低，而首先是因为志同道合。大家所处的时局，正好是清末王朝大崩溃，然后到了民国动荡和抗战的家园破碎。我们在翻阅史料时有一种强烈的感受，就是他们走到一起的前提就是心气相投。这种心气相投，今天吸收西泠印社社员已经很难采用这样的原则了。

　　当时大家就是互相成就，相濡以沫，互相之间的交流如沐春风。"四君子"在创社的过程中，他们的艺术观和他们的人生观和他们的世界观是完全一致的。他们都接受过完整的传统教育，都恪守文人士大夫的行为准则，要不然这四位先生，他们创社费了这么大劲，在孤山上造了那么多东西，他们会不约而同地由某一人提议，大家赞成，请吴昌硕从上海到杭州西泠印社来当社长？在名利面前都非常淡泊。

　　还有让我们感动的是他们的信念。清末民初，真正的文化思潮的主流不是回归传统，当时的社会共识是迫切要革新，李鸿章说的是三千年未有之大变局，当时都面临一个社会的巨变，人人都在向往新的，在西洋寻找解决问题的答案，急切渴望改变国家落后的命运。而"四君子"是反向而行的。在这个大局下，他们不图名利不惧困难，互相信任互相支撑，才有了西泠印社的蔚为大观。

　　当然除了"四君子"之外，吴昌硕先生，还有其他很多人也在这个风景线里。他们终于把孤山打造成非常好的共同的一个精神家园，其间完全不考虑谁付出得多谁付出得少，完全不考虑。而且也不仅仅是物质的付出，我们看西泠印社的文献的记载，像叶为铭先生，他是一辈子就守着孤山，除了抗战的战乱的那几年以外，他就是一个守土有责的令人尊敬的一个干事长。

　　每个人都是一滴水，每个人的付出是不一样的。但是聚合起来就是百年名社今天的辉煌。我觉得君子风范也在当时的现代的知识分子身上，比如说胡适、鲁迅，或者蔡元培都有，但是你要说是古君子之风，我想这四位是非常典型的。我们接手西泠印社以后，因为后来的西泠印社艺术社团的特征越来越强烈，而原有的士大夫结社雅集的特征，随着时代的变迁，慢慢就淡化了。您刚才讲的这个场景，它发生的时间，应该是在建社一百零五周年，差不多十几年前的一个故事。

　　当时我们提议，四个创始人，包括吴昌硕的后裔，都请到我们这里来参加社庆活动。他们都愿意来，因为他们祖上的光荣他们肯定会来。但来了以后我们除了研讨会就是展览，然后开理事会、社长会议这样的流程安排。让我触动的是，我忽然发现他们很孤单，有点落寞。有两种原因，一个就是他们的祖辈和西泠印社关系非常深厚，是创始人，但是他们作为后代，由于各种情况，都是劳燕分飞迁居在各地的，平时和西泠接触并不多。第二个就是当时的西泠印社的篆刻家、书画家特别多，还有西泠印社后来在机关里工作的同志也特别多，跟他们都不认识，说话的人就很少，而且见了面也不知道该说什么，聊天也没话题。倒不是不尊重，就是不熟悉他们，不熟悉就没话好说。

　　其实我并没有事先设定，就是现场决定应该有一个致敬仪式。我们在观乐楼找了四把椅子，让四位创始人的后人上座，我主持，逐个地介绍，逐个介绍印社创始人和他们的后裔，然后社员与他们进行了一个多小时的现场交流，气氛很好。

　　他们可能觉得这样的安排对他们来说很重要，从我的角度来说，主要的目的是要让社员们了解，我们"水"的源头是从哪儿来的？于今天的社员来说，他也有必要有责任要认识这些后裔。我当时更多地考虑的是我们的社员要衔接这种精神传承。您要是不说我本来都忘了，很感动。

许：这么一个可能对您来说很自然很偶然的安排，但是它确实给大家在心理上留下很特别的印象，所以要特别感谢陈老师。说到君子，我想起顾炎武先生有关君子的一个说法："君子之为学，以明道也。"是不是"刀法"里面，它是有"道法"的，以刀为笔抑或以笔为刀，是不是有一种很特别的"道法"，书写篆刻里真的有价值观吗？

陈：笔和道，或者说刀和笔和道之间的关系，我们从今天再往回看百年西泠印社的历程，这种逻辑轮廓会慢慢地清晰起来。

最早的西泠印社是君子结社，是文人社团。这些人我们称之为君子，他们的行为很像古代的文人士大夫，也是艺术家。但是，实际上"艺"和"道"一定是两个不同层次的东西。但是在过去的士者那里，它经常是融为一体的，技也有、道也有。但是到了今天，因为整个社会的任何一个方面，它的分工越来越细，人们对于技艺的掌握也是各有所长。就像我们的金石篆刻，以前讲究诗、书、画、印并重，过去是都要学都要修，现在呢，有的人学书法就不一定学画，学画了，就不一定懂印，也就各有侧重。

那么这个专业技能分开之后，"道"又是个什么样的东西？如同我们在讲文人士大夫，其实文人和士大夫也是两回事。文人他就是应该在艺术表达上有一个技能，会写文章，懂文化。就像我们的艺术家从艺也就是有一技之长，你就是个技艺。但是士大夫不只是这样，士大夫他没有技肯定不行，没有艺肯定不行。但是士大夫他还要有一个家国情怀，就是说我这个技，我这个艺，是要为一个时代的，从国家到老百姓一直到文化的发展，它要有责任，要有担当的。

这个才是士大夫（的担当）。所以古人有句话叫"士不可以不弘毅"。"弘"是宏大，"毅"是什么？坚韧不拔，有毅力。所以一般的文人，一般的篆刻书法家，他可能不考虑这些。他只要把他的专业技能掌握透了，他可能就有一技之长了。但是作为一个百年名社，那么我们的要求就不一样了。我们站在百年名社这个时间点上，站在创社先贤给我们创造的精神高度上，我们就特别关注每一个社员，每一个艺术家的修为学养。也许你技做得好，你也有对社会的贡献，但是作为一个顶层设计，就一定要和今天的社会发展和时代，在精神上要互通，要响应，要有担当。

西泠印社的创社宗旨是"保存金石，研究印学"，后来加上了"兼及书画"。那么到新时代了怎么办呢？于是我们就反复琢磨，最后提出来一个口号是："重振金石学。"就是新时代，在这个最近二十年我们的重点在"重振金石学"，这个使命和当时的"保存金石"已经不一样了。因为当时保存金石，我们是在没有学术压力的情况下，你收到古代的一个残石，一个碑刻，或者一个青铜器，大家都会如获至宝。但是今天金石学在式微，这个学科已经被时代边缘化了，这个时候提"重振金石学"，它带有一种在学术上或者在文化上的担当，我们叫"存亡继绝"。

我们现在倡导的是"诗书画印，综合兼能"。你不能只是书法好、画画好，画画好有美术家协会，书法好有书法家协会，还需要你西泠印社干什么？西泠印社就是要把这些能力东西都"捏"起来，所以叫综合，又叫"兼能"。

什么叫"兼能"呢？具体到社务的运作，在设计活动的时候，必须要有整体感，"诗书画印"。但是兼能它又是指向每一个社员的，你必须要兼能。你不要说我只是书法家，我画不懂的。在西泠印社社员的立场上来说，尤其是相对核心的成员，诗、书、画、印，你要融会贯通。他的笔和刀，如果看作是一个技能的基础，专业的基础，那么在西泠印社，我们希望社员们可以达到一个理想的境界。没有这个，那西泠印社你也别来了。

所以"综合兼能"有两个指向，一个是指向社务，一个是指向社员的个人修为。那么如果再高，就是您讲到的"道"，他就要和国家的发展能够衔接起来，要非常自觉地去贴近整个国家的发展。这样的例子很多，比如我们在2016年就非常大胆地做了一个叫作"中国文化要走出去"的研讨会，你除了研究自己本民族的东西以外，还要研究非本民族的东西，我们当时的一个研究方向是图形印与非汉字系统印章。

非汉字印，不是少数民族的，就是海外的，要不就是图形的，还不一定是文字。我们提出这样的想法的时候，当时很多社员包括理论家不理解，我们应该要做邓石如，做浙派，做赵之谦、吴昌硕，这才是我们的本分啊。你去做图形印，而且非汉字系统印章，为什么这样做？我说这个时候就要看我们这代人有没有家国情怀，你有没有文化自信，你能不能拓展我们的研究视野。

2018年我们又做了一个"世界图文与印记"。很多篆刻家可能对这个方向慢慢地没有发言权了，世界图文，图样和纹样，然后印记。欧洲有，美国有是吧，其他地方很多地方都有。但是它和中国的印学有什么关系？我说既然你是国际的印学研究中心，那么世界各地的印文要素，各种内容，你都要能够囊括。这是我们的责任。这是一个方面。

另外一个方面就是你要有自信，其他区域文化里有这个现象，但是他没有研究力量。这个时候百年名社西泠印社的精英荟萃，他的能量就出来了。这个文化自信，指中国文化要走出去，也要有容纳能力。这不是简单的嫁接，它要上升到一个"道"。

许：说到这一点，我也看到陈老师发表的一些文章，您也关注过良渚的一些考古成果。我们怎么认识良渚黑陶上的符号，这对我们汉字演变，以及咱们西泠印社要研究的面对未来、面对国际化的这么一个学术思路，有没有逻辑关联？

陈：良渚的陶文，从目前出土的情况看。现在知道的有五十多个符号。这个说它是字其实还不够严谨，因为它不可读，也没有固定的形状，就是还看不出它在表达上的规律。现在文字学家对它很头痛，因为不知道该怎么识读，但是我觉得这是一个有价值的课题。而且除了良渚的陶文，还有山东的大汶口陶文，西安的半坡陶文，都可以进入我们研究的视野。

我们应该怎么做呢？考古学家肯定有自己的解读，我们要判断，它仅仅是一个符号、刻符，还是它是一个有系统的文字。其实这是有很明显的边界的。现在谁也不敢断言，说它就是一个系统的文字，可识可读，有语法，有固定的字形，到目前为止还没有结论。但是我们在用它的时候，我觉得任何一种符号背后都有它独特的文化含义。站在艺术家的立场，有没有可能把这些内容吸收到我们的篆刻里面来呢？

其实图文印记，应该和良渚的刻符是差不多的意思。我们的篆刻不应该局限在六书，局限在篆书，局限在篆刻的立场。如果你站在一个大文化的立场，你就应该在整个文化发展的主流里面找到自己的话语能量。它首先有待于这个行业的学者找到支撑它的文献材料和考古发掘的成果，我在想在条件成熟了以后，考古成果越来越多，古陶文发现越来越多，它会成为我们研究和艺术表现的重要部分，就像甲骨文。

许：说到国际化，说到西泠印社的国际化，我们很容易联想起中日金石书画艺术家之间的交往。我在 2017 年在日本东京小林斗盦先生工作室"怀玉印室"有过一次拍摄。我在里面看到他收藏的很多漂亮的酒杯。据说小林先生很会喝酒，他的性格也极为直率。

东京怀玉印室小林斗盦先生珍藏酒具

我也听说，他曾经和西泠印社有过一些误会。但是，您与小林斗盦先生有过一次长谈，此后他欣然接受了您给他的西泠印社名誉副社长的证书，这个场景，很有古风啊！

陈：西泠印社筹备百年社庆之前，当时小林先生曾经在报纸上发表过一篇言辞非常激烈的文章，批评西泠印社。首先从艺术观来说，他说，西泠印社现在刻章完全是一种自我表达，对于古法，不熟了。这个观点对不对我们姑且不说，因为每位艺术家各有各的主张，但是他认为西泠印社沦落了，只有日本的篆刻家，才是篆刻真正的坚守者，不可取。

第二个问题也是因为我们自己不珍惜。小林斗盦先生有个学生从日本来到孤山，到西泠印社有个门市部买了不好的印泥，其实那家店不是西泠印社开的，在那里买的印泥是假冒伪劣的。他回去跟小林先生告状，说，我老师对孤山那么崇拜，他们居然在孤山上为了一盒一两百块钱的假印泥在糟蹋印社。小林斗盦是勃然大怒，他就开始很尖锐地批评西泠印社。消息传到国内，当时西泠印社上下也都义愤填膺，说怎么搞的，为什么跟我们过不去啊。

小林斗盦先生派特使捐赠"西泠印社中人"印

我因为在日本住过三年，我大概知道他为什么愤怒。那个时间，正好是我准备到西泠印社任职的前后一年里。我当时在想，这样的激烈言论一定事出有因，这个结要把它解开。我想造成这个误会在当时可能还有一个原因，就是此前的西泠印社，在八十年代的时候，与小林斗盦、梅舒适这些日本金石家交往的是沙孟海、王个簃、诸乐三这样的人物，那么大家的学养、大家的成就很对等，后来，这样的交往少了。

我后来在与小林斗盦的交谈中他又说过，他说我们本来很想和你们有更多的交流的，结果你们来的人不是在东京大阪，是去了地方上和一些三流的艺术家交流，和我的徒孙辈在交流，我当然看不起。明白了这个背景以后，你就了解他的生气，我内心可能也很激烈，但是八十多岁的老人他的积累情绪，是一定有办法去化解的。当然因为也有一个优势，就是我会日语，我和他可以没有任何语言障碍来聊天。

这个长谈我至今也是历历在目。那天晚上是我去的他家，老先生真的是很可爱，他骂你的时候情绪很激烈是吧？结果他听说我要去了，他晚上吃完晚饭就西装革履，坐在那儿等我。我一走进去，也很震撼，因为我和他年龄毕竟差了很多。他的意思就是我要和崇敬的西泠印社的代表的一个正式的见面。他西装革履，端坐在书房，他很认真。这次长谈消除了大家的隔阂，也和小林斗盦先生有了一个约定，东京和大阪那些有成就的篆刻家，我们都有可能吸收参加西泠印社。

西泠印社是一个国际性的社团。现在的海外社员，是名誉社员，不是中国籍的，他就是名誉社员。名誉社员无须投票。我说首先就是你必须拿出你最好的篆刻家，然后你自己排序。你排完名单，今年两个提名，我们就两个入社，明年一个提名，我们就一个入社。我们就是把日本海外社员的入社推荐权给了你们两个老爷子，一个是梅舒适，一个是小林斗盦，由你们来定，你只要提名，我们审核觉得没问题的一定不反对。他很开心。

所以在百年社庆的时候，小林斗盦先生决定捐赠一方印章，把吴昌硕先生的"西泠印社中人"作为社庆的百年礼物托人送到杭州来。本来他想自己过来，后来是匦为"非典"，他委托了一位特别代表送印章到杭州来。

社庆的那天，杭州所有的报纸和全国的媒体，都有同时见报："西泠印社中人"回家了。第二天我就陪着他的特别代表上街买报纸，一大堆报纸买来让他带走。老先生很高兴，他觉得这是一种特别的礼仪，尤其觉得西泠印社百年社庆的那一天，我们政府对于西泠印社的尊重。

那天的情况连我都觉得很震撼。整个杭州城的大街小巷，全是纪念西泠印社一百周年的旗帜。杭州那么多的街道，旗杆上全部都是西泠印社一百周年的旗帜。小杯斗盦的代表一看，这在日本肯定做不到，这就是中国的政府体制带来的好处。我们只要下决心要做一件事情，马上就有了不一样的感觉。

小林斗盦后来说，你们这个是大国风范。当时展览是在和平会展中心，沿线过来，要到孤山，再到我们嘉宾和代表们住的酒店，有多少路啊，全是。那一天我说是西泠印社日，整个的杭州的老百姓说西泠印社是什么的都有。很炫目，2003 年。

许：这个真的很有仪式感。

陈：纪录片《西泠印社》不是有一集叫作"师父"么，这让人真的可以感觉到"师父"的那种尊严。是西泠印社的尊严，也是金石篆刻的，中华传统艺术的尊严。

许：陈老师，说到"师父"这个话题，我想起就是西泠印社在新中国成立之前的两任社长，一位是吴昌硕先生，一个是马衡先生。不管是中国还是日本，在金石学的造诣贡献是巅峰式的，他们对于后世的影响也是特别而深厚的。那么，从西泠印社的角度来看，怎么评价这两位社长？

陈：我觉得他们是西泠印社两座并列的高峰。吴昌硕在艺术上有无以比拟的优势，然而当时又是中国非常落后，非常没有底气的时候，他能够赢得海内外那么多的尊重，这肯定对他来说，对海派文化，对中华艺术而言都是一个最好的评价。

当然吴昌硕先生能得到这样的推崇，我觉得也有很多要素，有很多要素是当时的书画家没有的，只有他有。那他就是当然的领袖。那么马衡先生，他是西泠最早的二十个人之一，这二十个人里是有他署名的。现在孤山上有一个石交亭，石交亭里的石鼓，就是他当时捐献的，这个在西泠印社早年的账目上都有记载。他是最旦参加了西泠印社活动的。后来他在学术上非常厉害，现代金石学、考古学，他是奠基人。到了故宫博物院，他做了一番惊天动地的事情。故宫文物南迁，那么伟大的业绩，没有一个人可以和它比拟。故宫那么多的文物，他是一个文人，一个学者，手无缚鸡之力，怎么在战争中调动国家的宝贵资源？在文物毫无受损的情况下，把它先运到上海，再运到南京。南京沦陷，南京屠城之前再把它运到湖南，再到四川。我想象不出来一个人，这么一位学者，他怎么会有这么大的能量，而且关键是一箱不失，居然一箱不失。

我为什么推崇他。我觉得西泠印社不缺艺术家，但是缺学者。尤其在金石学，这是西泠印社的立身之本，这个代表人物就是马衡。在艺术和学术之间，吴昌硕代表了艺术的巅峰，马衡代表了学术的巅峰。而在艺术和学术之外，马衡在故宫保存中国文物立下的功勋，真是齐天的功勋。

当然，马衡先生也没有真正到西泠印社执掌过社务，所以沙孟海先生为西泠印社八十周年（社庆）题过一个碑记，他说马衡先生是"遥领社职"。其实他就是一个象征性的标志人物。所以对于这样的一位大家来说，他在西泠印社的贡献有多大？我觉得重要的是两条。第一条是他在金石学方面给西泠印社最大的支撑。别人说你西泠印社保存金石，光是买个三老石回来，这个当然是，但是你要在学术上为现代金石学奠基。郭沫若就说马衡是第一个奠基人，我觉得了不得。

还有一个就是他在故宫的作为。你想想，谁有那样的身份可以当故宫博物院的院长？就这个方面，我觉他们两个其实代表了西泠印社的两座高峰，最高端的一个是艺术创作，诗书画印；一个是学术，金石学考古学，还有对故宫文物的保护，对全民族文化的保护。

许：陈老师，您刚才提到王福庵先生。我们这次拍摄计划中也有到故宫去拍摄《金薤留珍》的想法。由此我们联想起，您正在主持编撰的《中国珍稀印谱原典大系》，我想，是不是有一种特别的召唤，让您在主持这样的工程性项目？

陈：最早对印谱有兴趣，实际上是在我刚刚留校做青年教师，当时就做过一个关于印谱的起源的初始的考证。

最早的印谱到底哪里来的？它最早是以什么方式记录，记录了哪些内容？我做了一些考证，写过两篇短文。再后来正好有一个机缘，我还没有担任西泠社副社长的时候，有一个机缘到西泠印社的库房，每天去，去了三个多月，就是看里边收藏的印谱。那些印谱是张鲁庵先生捐献的。看了这些印谱之后，觉得应该要对张鲁庵先生有个交代，同时因为这批印谱都是非常珍贵的收藏，觉得应该做点事情。

当时花了大概一年多的时间，到1999年编完。我写了一篇五万字的文章，差不多一本小书的规模了，叫《中国印谱史图典》。

编完这本书，我自己对中国印谱历史有了一个完整了解。当然，我自己希望这本书不止于影响篆刻家，还想对研究古籍的版本学家、目录学家和印刷版刻的学者要有用。到2011年出版的时候，定价一千九百块。结果我到故宫啊、荣宝斋啊这些地方参加学术活动，看到很多专家工作室的案头都有这一本书。而对这本书最感兴趣的恰恰

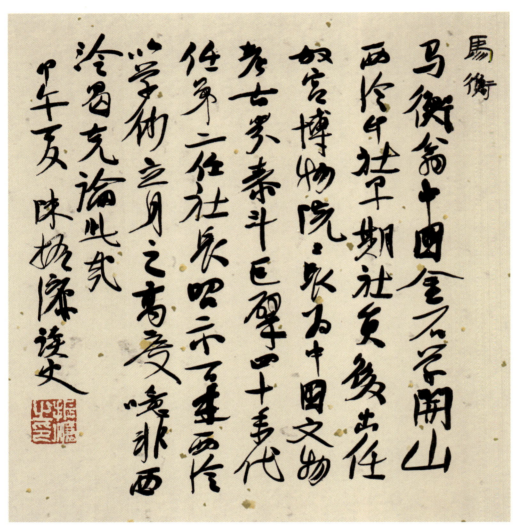

陈振濂《读史论马衡》

是拍卖公司和文物商店，他们的需求远远大于篆刻家，然后还有图书馆和研究古籍的版本目录学者。我编完书出版花了十年，出版到今天又过了十几年，但是这本书不过时，还有很多机构和学者需要这个专业信息。

从我的角度来说，就是在中国印学体系里，印谱研究也应该成为我比较擅长的一个方向。今年我们做了一个"朱蜕华典"，是中国印历代印谱的特展，并出了一本非常考究的作品集。然后就是"珍稀印谱原典大系"这么一个大项目。这个选题，"珍稀印谱"是第一个概念；第二个是"原典"，就是尊重原作原貌；最后一个是"大系"，两百部印谱的一个规模。而且我想，你要做成一部中国的标志性的出版物，只靠西泠印社是不行的。

所以，按照我设计的理想框架，把国家图书馆藏的印谱，中国艺术研究院藏的印谱，上海图书馆、上海博物馆，还有浙江省博物馆和浙江图书馆，以及我们西泠印社自己藏的，另外像天一阁，包括有价值的私人收藏和海外的印谱，把他们纳入进来，把大家的收藏纳入这个大系中来。我说，一定要海纳百川，因为只有大家的藏书都到这个地方来，你这部印谱才能有全国的地位。光你西泠印社一家，不行。这个过程在执行上有很多具体困难，好在最后大家于共识之下做成了。这部书有一千多页，是一个砖头厚的大部头，拿都拿不动，我说好，这就是西泠印社应该做的。

许：您现在除了学术研究、出书和创作之外，还经常外出演讲，推广西泠学堂、推广金石文化和书法艺术，很像一位"布道者"。您的"阅读书法"还在继续么？您怎么定位自己呢？

陈：我觉得自己基本上还是一个教师，教师是不是你说的"布道者"？我觉得教师不只是一个职业，我是把教师当作一个理想的目标。当然，我还有其他一些社会身份，我希望自己保持一些对书法的理性观察的距离，所以，"阅读书法"算是我个人的一种表达方式。

中国当代书法，在技术上已经达到很高水平。当然，书法家成为一个专业选择以后，很多人会很专心，这不同于过去的文人们书写应酬，做做学问的手迹。第二个原因，就是大量的经典书画作品的印刷出版，这和近代社会的科技进步有关。与过去任何时代不一样，大家的眼界不一样了。眼界开了。但是大家觉得还有一个最大的遗憾，就是今天的书法家技术很好，但是文化修养不如过往。他的书法作品里会少一些文人气、书卷气。有一个原因是，它和当下的书法进入展厅是有关的。书法展览嘛，他要看的是图像，阅读就不是首选，比较难。书法首先满足的是观赏，首先是艺术。所以你必须用艺术的方式对待它，就像对待油画，对待舞蹈，对待戏剧一样，你要用这种方式去对待它，你别把它理解为用毛笔书写，它不只是书写。这是一个原因。

四十年过去，社会的发展此消彼长。经过了二三十年的发展以后，大家发现书法家的技术很好，写字写得很好，但只会抄李白、杜甫诗，他自己的文采一点都没有。那么这就是一个大问题。正好这个时候整个社会在倡导阅读社会。阅读社会所针对的，就是大家拿着手机、拿着电脑，整天消费快餐新闻。没有深度阅读，没有纸质阅读，看的都是手机的东西，所以要倡导阅读。但是从书法的角度来说，我们倡导的阅读倒不只是为了提升文化，而是认为书法家除了书写以外，要有自己的表达，要有经得起时间阅读的内涵表达。

我的"阅读书法"的立场就是这样。我觉得书法不应止于笔墨技巧，要使书写之美兼有文事之功，还要把应用表达与这个时代衔接。所以我2012年在浙江美术馆做过一个展览，叫作"社会责任"，触及了书法与当代表达的目标这样的话题。提倡把书法从视觉艺术重新拉回到中国文化的体系。我还在中国美术馆做过一个书法大展，叫作"意义追寻"。书法要记录这个时代，我们推崇书写的文史价值和文献意义。从 2012 年到现在七年，我给自己规定的作业，就是每天写一则最感兴趣的社会时事。寻找我觉得对这个时代的发展有标杆意义的那些事件，把它记录下来。

一年三百六十件，十年应该有三千六百件吧？我想用这样的方式来改变书法。它完全是可读的，这个文章都是我自己的表达，我一边在写书法，一面就在做文章。我就是要用这样的方式给这个时代的书法确定一个新的目标，书法要有文和艺的双重表达，文是阅读，艺是表达。我斗胆说一句，这样跨越时间的书法才有可能成为时代的代表作。当然不是唯一的代表作，但它一定是代表作之一，是吧？

我们的书法作品要有时间的分量，要同步记录当代历史。所以"阅读书法"，它讲的社会责任，和我们在西泠印社倡导的家国情怀和西泠印社对传统文化的责任担当其实是一致的。

许：最后一个问题，2018 年，我们做完《孤山路 31 号》以后，很多朋友以为我的项目做完了，想不到还有 2020 年剧情版六集的《西泠印社》。其实，我们也一直在追问，让我们欲罢不能的孤山，究竟有什么魅力？如果《孤山路 31 号》说的是西泠印社的过去，那么六集版的《西泠印社》，除了过去的故事、过去的尊严、过去的信仰、过去的价值观，孤山还有什么？镜像里照见了什么？西泠印社将去往哪里？西泠印社的未来在不在孤山？

陈：谁都不能说西泠印社的未来到底在哪。但是我觉得从百年发展的逻辑看，应该也是有些规律的。首先，西泠印社由文人们自发结社，但是他们又体现了传统文化精神的传承，有一种精神"弘毅"的担当。这个代表了过去。但是这些传统肯定还要继续弘扬。当然它的核心价值在篆刻。而由篆刻开始，借由印学理论的守正创新，它的视野和价值也在延伸和扩展。

所以我想专业是他的第一个未来，然后要不断地提升，要响应国家文化战略发展的需求。或者形象地说，也要从高原走向高峰。西泠印社的人才高原没有问题。百年名社，全国唯一。但是艺术高峰，它就要有标志性人物，标志性人物够不够？

我们为什么要请饶宗颐先生？为什么要请启功先生？因为他们就是真正的高峰！那么接下来应该怎么做？这肯定也是我们希望坚持的一种思路。就是和国家的文化发展战略相匹配，和西泠印社的未来发展格局相匹配。对西泠印社的个人来说，你完成你的技术，完成你的风格，实现你的创作，这是第一步。当然这一步你可能很厉害了，因为在行业里你肯定是顶级了。那么第二步呢？你有没有更为宏观开阔的视野格局和

陈振濂为纪录片《西泠印社》题写分集片名

开拓能力？这决定了西泠印社有多少持续的生命力。

所以，从人才培养的角度，我们提出了诗、书、画、印综合兼能的策略，它是非常有张力的，可以做很多事情。过去年代文史哲不分家，现在都是中文系、哲学系、历史系分类培养，互相之间也不交往，专精程度很高，那么我们就反向而行，错位发展。然后"重振金石学"也是这样，金石学的背后涉及了多少学问啊！希望我们的高端人才在这样的框架里，找到知识能量充实的空间。

还有一个就是时代对西泠印社的要求，就是饶宗颐先生提出的"东学西渐""播芳六合"。西泠印社是百年社团，你还要弘扬和传播传统文化，要承担一个更大的责任。目前有一种比较合适的形式就是西泠学堂。这是我们可以做的一个窗口，但是西泠学堂要有新的内容填进去。

韩天衡

西泠印社副社长
采访人：孙宇铭
采访时间：2019年10月4日
采访地点：上海韩天衡美术馆

孙：韩老师，您是怎么样的机缘开始学习书法篆刻的？最初是跟哪位先生学习的？

韩：我叫韩天衡，小时候的名字叫振权。我爸爸给我们四个兄弟姐妹用"公平振国"四个字取名，我是家里老三。我们江南有个习惯，姐姐是不排到男丁序列里来的，所以家里都叫我老二。我祖籍苏州，我爸爸一直生活在上海，所以是很老很老的新上海人。我可能与生俱来与艺术有缘，四岁时爸爸就教我写字，一个小台子，哥哥、姐姐还有我，教我们三个人写字，我弟弟还小。爸爸写一个字出来，让我们三个人临摹。

我印象很深的，爸爸讲，"飞"字非常难写，是繁体的"飛"字，让我们姐弟三个临摹。往往都讲老二写得最好。我从小性格也比较好强争胜，爸爸老是表扬我也激励了我的兴趣，而且学校里面老师对我也很认同的。我记得小学读书我也很早，四岁读书，老师就讲这孩子有书法天分，希望家长好好栽培。

刻印章呢是我六岁，爸爸教我刻印。我小时候非常调皮，爸爸不在的时候，家里那种锋利的钢刀我就拿来刻印。也不知道钢刀的厉害，刻印的时候，一刀走刀了，你看，到现在还有个痕迹的，那么长的一块肉就给削起来了。我就拿手捏住，我妈妈发现了，因为我很皮的，她说怎么突然没有声音了，一看，我站在那里愣愣的，握住那个手，地上一摊血。妈妈是佛教徒，她就抓了一把香灰，那时候家里也穷，也没有上医院缝针这种概念。民国年代大家都是穿蓝颜色的，我们叫士林布，弄了一个边角料，拿我的手，香灰一放包扎起来，外面拿绳子，是缝衣服的线，包好。两个月以后没有发炎，好了，但是布包的伤口浸满了血，都已经变成钢笔套一样很硬的东西。这个我还收藏了好几年，后来才扔掉了。因为六岁刻印的时候，曾经付出过血的代价，所以我感到，"血债"是要用血来还的，一定要把这门艺术搞好，才对得起我那一次的大出血。我就是这样进了篆刻的门。

孙：您还记得自己第一次到孤山么？

韩：我要先给你们讲一个很有趣的故事。我跟西泠印社的缘分很早。1963 年，那时候我在温州海军服役，我的老师方介堪先生讲，天衡你平时创作的印章，粘一个印屏。我选了二十多方印，还有边款，粘完了我就交给他了。什么用处他也不说的。结果过了几个月，有一次我到他那儿去，他讲："天衡，你那个印屏在西泠印社引起了老先生们很大的震动。说居然现在年轻人还有刻印刻得蛮好的，好像还是非常有希望的。"我才知道了方老师是拿我的印屏去了孤山，解放后第一次搞社庆活动，有这么一个展览。1963 年，好像是初夏的事情。至于展览是怎么回事，我都不知道，因为当时我还不是社员。

因为这个展览，浙江美院的陆维钊先生写信给我，对我有很多鼓励，讲："你今后在学习上面如果有什么困难，尽管找我。"随信还寄了一张像邮票那么大的他自己的一张照片。还有武汉的老前辈，比方先生还要大十多岁的唐醉石先生。

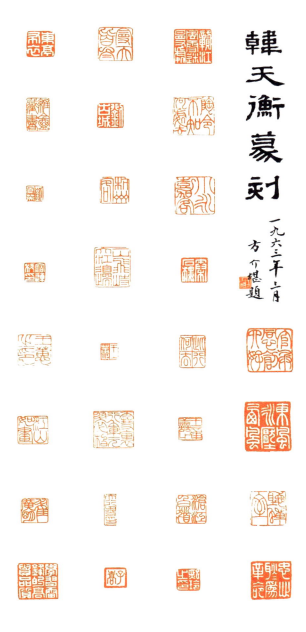

韩天衡首次参展印屏（1963 年）

到了 1984 年，也就是二十一年之后，他儿子唐大康，写了一封长信给我："天衡先二，我爸爸就是唐醉石。1963 年的展览，我父亲在你的印屏前面看了很长时间，然后他讲了一句话，二十年以后，此人一定是印坛巨子。""我爸爸是很少表扬人的，他居然讲这样一个话。所以我就把你的名字记住了。"他说，"果然二十年以后，你被我爸爸讲中了。"那么一封信。还有当时很多老前辈对我那么一个年轻人，能够给予那么大的鼓励。我想这是我和西泠印社最早的一个缘分。

因为有那么一个缘分，我 1964、1965 年，到杭州我必然要到孤山去走一走。我对它有一种非常特殊的感情，更因为孤山是我们西泠印社的发祥地。所以要叫我说对孤山的印象，我想对篆刻家来讲，世界上最高的山，就不是喜马拉雅山。孤山应该是我们印人心目当中的喜马拉雅、珠穆朗玛峰。它是一个印学的圣地。所以跟西泠印社交往的感情，算来有近六十年的历史，这是我的幸运。

孙：1963 年的那个印屏还在么？

韩：这又是很有趣的一个故事。2016 年我在武汉办展览，《书法报》的朋友跟我讲，他讲："韩先生，你 1963 年的印屏，就在唐醉石先生后人的家里。"啊，我讲能不能让我见一见？《书法报》的朋友居然从他家里借来给我看了。上面有方介堪先生题的款："韩天衡印存。"时间是 1963 年 3 月。我想这是我第一次对社会亮相的一件作品。很有意思的。我给美术馆捐的最早的一个印屏，是 1963 年的 12 月，也是介堪先生题的。比那个要晚，晚九个月。

孙：韩老师您和几位老师之间的感情很深，您跟他们是怎么认识的？

韩：我年轻的时候求知欲比较强，总想得到更多的知识和帮助。当时的学习环境和现在不一样。而且资料非常匮乏，你真的要学书法、学篆刻，要找到好的老师非常不容易。所以那时候要寻师、访师。

我当兵以前，十五岁我就跟了上海的一位书画家，叫甄卓勇先生。他教我写字，也画一些兰、竹。1958 年他被周总理调到故宫，1959 年我就参军了。到了部队，我知道方介堪先生在温州，就去拜访他。方先生看了我的习作，问我："你有没有学过邓石如？"我讲没学过。他讲："你的作品跟邓石如暗合，很好。""你别学我的，"老师讲，"你学我的，你就超过不了我。"这是老师非常有气度、有胸襟的一句话。我听了老师的指导，没有学老师的风格，而是从最经典的周秦两汉和明清那些大篆刻家的作品开始学。我从小喜欢篆刻，但是特别是在温州四年，我临摹了秦汉以来的流派印章，大概要逾过三千方。这是老师给我引导的一条道路。

孙：那么这个过程您对于篆刻艺术的感悟一定是一个很难得的飞跃了，能不能请您和当下的年轻人聊一下印章创作的基本规律。

韩：艺术的创作有共性也有个性，艺术，更是强调个性的，创作有时候也因人而异。我跟介堪先生学刻印，先生一般在印面上不写字，他就是拿那个墨，在印面上面涂一下，干了以后就用刀角在上面写一个大概，就像在白纸上写字一样，一刀一刀、一笔一笔，就刻出来了，刻得很精准。他的构思完全是在画印稿的时候，已经成熟在胸了。我年轻的时候也是用老师的方法，人家感到很神奇。我记得有一次在李可染先生家里，先生讲："天衡，这三方印别带回去刻了，就在这里刻掉算了。"结果我就用了这个办法，拿墨一涂，三方印，两方"可染"，白文；一个"李"字，朱文，只用了十分钟。李可染先生很开心，讲天衡刻印居然是这样的啊。

但是，四十岁以后，我感到篆刻艺术是方寸之地，着力之地很小。如果不非常严谨地反复深入地去推敲，有时候差之毫厘，可能会失之千里。所以四十岁以后，我反而要非常认真地写稿。我刻"踏石留印"，就写了十几稿，这不算多的。有的时候一方印会有两种情况，一是有灵感了，拿起刀来就刻，可以有非常好的效果。但是更多的是要反复地去琢磨、斟酌、推敲。最近有个朋友叫我刻印，我讲你那四个字非常难刻，我大概推敲了至少有四十多稿。那个朋友也是个有心人，他讲："老师，你那个稿子千万给我留着，我要的。"一般刻印我都是定稿以后，前面的稿子我就扔掉了。他是有心人，叫我稿子留给他。我们写稿子是用那种比较薄的，基本上透明的纸，我们叫硫酸纸。我就一方一方剪下来，第一稿第二稿地排队，看得出来怎么构思怎么改动。最后一看，那方印其实写了五十三稿。

所以搞篆刻，尽管是一门小众艺术，但是认真地推敲，反复地琢磨，尽可能做到让自己少一点遗憾，是非常必要的。但是，有时候灵感来了，它有一个非常好的构思，稿子也不要了，拿起刀来啪啪啪啪啪，几分钟就出来了。

孙：老师的指导，对于自己的风格的养成真的很重要。我在想，您当年去方介堪老师那里学习，登门拜访的时候是穿着军装吗？

韩：在部队学习真的没有时间。特别是六十年代初，我们在温州和在福建前线一样，军训很紧张。但是，因为这个与生俱来的爱好，再加上我个人的一些条件，我入伍后先叫我当文化教员，后来叫我当文书。所以相对来讲，我坐办公室时间多，参加军训相对比较少。在温州当兵四年多，后来我们的首长——海军副司令东海舰队司令陶勇中将，说基层发现人才了，就把我从温州调到了上海。

在温州四年多，部队每周都有电影的，但是我一次都没去。我讲我来值班，你们去。大家有两三个钟点去看电影，我就多了两三个钟点来搞创作。当时尽管有方老师可以讨教，但是，更多的时候是自己琢磨。我两个礼拜有半天休息，我就千方百计地赶到温州。我们驻地在瓯江口，那个地方叫状元桥，状元桥到市里面有三十里路，大概半个小时才有一班公共汽车。汽车开在砂石马路上，汽车开过去，尘土飞扬。半天的时间，我请好假。当时有规定，出去必须要服装整齐。海军的制服，头上是海军帽，有两根小飘带的。要是大热天，挤车子到了温州，到了温州去找老师，那时候没手机，电话也是没办法联系的。到了温州，先到江心屿，有时候他不在，去市区哪里干会去了，我就走路去找，那个时候城里公交车也少，找到开会的地方。六十年代初对军人特别的敬重，你在马路上走路，孩子们走过来都要跟你敬礼的，你还礼都来不及。好不容易找到地方，他们看我是军人，说找方介堪先生，他们就把先生叫出来，我们就在门外面，站在那里，我拿出作品，说，方老师你给我看一下。他里面也在开会，说这个好，这个不好，这个蛮好，这个有缺点，往往没法细谈。好，然后老师进去开会，我就赶紧往部队赶。特别是大热天海军帽戴在头上，而且服装里面是海魂衫，外面又是厚的海军的水兵服，就是一个上午，浑身的汗至少要湿透两三次。赶到部队的第一桩事情，马上就是在自来水龙头那里洗个澡，因为部队里没有浴室的。这个时候你看海军服上的盐霜，白白的一层。所以那时候尽管学习是非常艰苦的，用了三四个钟点，有的时候老师最多也跟你谈三五分钟，但是，他讲的东西，你回来仔细地琢磨，自己再好好地去思考，真的是很耐琢磨。和现在的学习条件有天壤之别，但是一直也自得其乐的。

孙：您到了上海之后，是不是学习和创作条件就好一点了？

韩：1968年我结婚的时候，单位分给我的一个亭子间，一共是十个平方。而且中间有一堵墙，也就是讲是两个五平方。我在这个房子里面待了十四年，从第一个孩子出生，第二个孩子出生，还有我妈妈一起住。里面五平方放一个床，然后还放一个五斗橱，几个箱子。外面一间是一个写字台，一个书橱，一个方桌。我妈妈和儿子睡在里面床上，我太太跟我女儿就睡两平方左右的地板上。我身体睡在小的方台子下面，我的头就睡在门推进推出的这一块空间。那时候如果我们睡下了，晚上如果有个朋友来敲门，我们三个人要把铺盖卷起来，这个门才能推开。朋友走了，如果是夏天的话，我们首先要拖地板，因为这既是地板又是我床铺，夏天人家来家里都有脚汗味的，我把地板拖干净，地板干了以后，我才能打铺盖再睡觉。

好在我当时在画院，没当领导之前我白天可以不要坐班。白天，他们都上班去了，孩子去了幼儿园了，五平方的这一块地方就完全是我创作的工作室了。我在那个台子两面夹了两块板，拿两块板撬起来，下面插两根木棒，这个台子就可以放一张四尺整张的纸，我就可以写字画画了。孩子们回来了，要做作业了，我就不能做事了，这两块板就要放下来。所以我白天可以写字画画，晚上连刻图章都不可以。为什么？刻章有声音啊，刻图章的声音跟磨牙齿一样。当时我在五七干校也刻过印。五七干校都是芦席棚，很薄的芦席，就是芦苇敲扁了做的墙。你这个班跟我那个班挨着睡觉，什么声音都听得见的。五七干校，大家中午都休息，我就在那写字刻章，因为到处都是蚊子，我就穿了雨衣刻。有一次，突然有个老干部进来，把我两个肩膀一抓，我吓了一跳，他讲："我每天中午都睡不好，知道你们隔壁有人'咬牙齿'那么厉害，原来是你每天中午都在这里刻图章。"所以在安静的时候，刻图章"咔咔"，还是很有点响声的。

回到家里，怕家里四个人睡不好，晚上我就在门边，放一个凳子，小方凳，坐在那里写文章。写文章没有声音啊，但是也经常要出洋相，因为写文章要找书、找资料，书柜在我方桌对面够不到，我要从她们两个人睡觉的地板上跨过去。夏天没有关系，一条毯子知道哪里空的；冬天盖的是被子，有时候一脚踩下去，不是我女儿就是我太太，叽叽哇哇的半夜里乱叫，给踩痛了啊！这是当时的创作环境。

但是因为有梦想，我就觉得还是其乐无穷的。我当时曾经总结过四个字，我的工作方式叫坐、立、卧、行。什么叫立？写字我是站着的，画画我是站着的。站着累了，我就坐下来刻图章。换一个姿势，它是积极的休息，但我手上还是不停的。我坐、立累了，就躺下来，但我躺下来不是睡觉，是换一个姿势。我可以学习，我可以读书，可以思考问题。很幸运我不是每天要坐班，但是有时候星期五必须去画院集体学习，从杨浦区到画院，换三趟公交一个半小时，来回三个小时。这时候在公交车上，我一个手拉住公交车的杆子，我就在思考，一篇文章怎么构思，或者文章写好了，怎么给它取一个好的题目，就在想这种事情。所以那时候一两个月被偷掉一个皮夹子很正常。拉着车杆子，脑子里在想事情，人家碰了你一家伙拿掉你身上一样东西，往往是不知道的。

当时非常艰苦狭小的一个空间，我从来不认为这是一种困难。我的整个艺术成长，特别是二十八岁到四十二岁这十四年，就在这个十平方里实现的。直到四十二岁，我爱人的单位作为结对困难户，分了一个五十二平方的两房给我们。那天晚上我睡在床上，躺下来一看，天花板居然那么大。原来因为我们亭子间很矮，而且我一直睡在地板上，看天，看天花板就是很小的一块。这是十平米亭子间有趣的那些往事。

孙：业界在谈到您的艺术成就的时候，经常会提到鸟虫篆，您能不能和我们聊一下这个艺术当代流变的脉络？

韩：鸟虫篆其实古已有之。战国时期的越王剑，已经有鸟虫篆的出现，战国的印章里也有鸟虫篆。讲得通俗一点，这就是古代篆书里面的美术字。但是它在印章上出现得比较少，汉代相对多了，但是整体比例不过 1%。

明清流派印章以后，到明代末期流派印章鼻祖之一的何雪渔何震，也以类近鸟虫篆的形式刻过一方图章，叫"登之小雅"，当时的一位印学家有过非常严厉的批评，称说"谬印"，谬误的谬。所以我想对鸟虫篆真正有正确的认识，把鸟虫篆真正地发扬光大的，是我的老师方介堪先生。因为方介堪先生的印学修养非常高，对古文字研究也极深湛，他觉得鸟虫篆是应该发扬光大的一个艺术种类。

大概在二十世纪三十年代初，他就用鸟虫篆刻印。他当时有一个非常好的环境，张大千先生，还有我的另一位老师谢稚柳先生都是杰出的画家，他们也懂印，所以方介堪先生推崇鸟虫篆印的时候，他们都给予了很好的意见。比如线条，怎么可以将它丰富，有的画面是不是可以更多处理，这些谢稚柳先生也与我讲过。所以说真正把鸟虫篆发扬光大的，应该是方介堪先生。

当我在温州求教介堪先生的时候，主要是认真学习秦汉以来的流派印章的那些大师作品，并没有花更多的精力去研究和创作鸟虫篆。我创作鸟虫篆应该在三十岁以后。但是鸟虫篆不是我们造出来的，而是古已有之的。现在的艺术风气总是讲变化讲发展，尤其最近二十年刻鸟虫篆的风气非常盛。还有人专攻鸟虫篆，甚至发挥到人家没办法辨认的程度，我感到这就有点过了。任何东西都有一个度，超过这个度，它就可能成为另外一个东西。水在零度以下它就不叫水叫冰了，水到了一百摄氏度以上它不叫水了，它叫蒸汽。所以要注意一个度，鸟虫篆如果离开了母体就会异化。我们在金文、小篆、鸟篆的基础上加以美化，而且可以识读的，我认为这是可以接受的。反之，如果那个字，一是不注意母体的存在，二是你花里胡哨到别人不能识读的程度，那么就是过了。我在《人民日报》发表过一篇文章叫《艺术要保持新鲜度》，就是专门谈的鸟虫篆。作为鸟虫，就是要拿古代的篆书去美容，去节外生枝、画龙描凤的。但是有一点非常重要，你的鸟虫篆印章，应该还是字，而不是画，这是很重要的。它不能离开篆刻的一个基本要素。真正刻鸟虫篆的高手，不是我们一般意义上面的做加法，做乘法，还要懂得在加法里面做减法，在乘法里面去做除法，那才是高手。

孙：谈到您的艺术风格，也有很多学者提及您的草篆创作。

韩：草篆也不是我创造的，这个古已有之，明代末期赵宧光就尝试过用草法来写篆书。可能他对古代篆书了解的视野局限，没有形成很大的气候，有时候感觉近乎在游戏笔墨。我在青年时代下过一些功夫，临摹泰山刻石、琅琊台刻石，也临摹邓石如、赵之谦、吴让之。因为那段特殊年代，内心有时候感到非常压抑。我是一个当过兵的人，也是一个性情比较豪放的人，有时候会循规倒矩地在那里写，在那里刻印。有时候也会感到有一种心情要放飞，有一种对着大自然放声一吼的欲望，要表达心灵的一种目在。所以刻印时我也会朝奔放的一路走，写字也朝自由驰骋的路上走。所以到1974、1975年，就比较多地写这一路篆书了。当然他们说草篆什么的，实则是给我贴的一个标签。不过沙老当时对我也很肯定，大概还是要心情放飞吧，想很直白地表达自己心灵深处的那一种情感，达到很自在地抒写。他们讲我是草篆，就那么出来的。

孙：艺术家所有的积累和养成最后都会积淀在作品里。那么您觉得刀法和笔法之间，到底是怎样的互通关系呢？

韩：书法的笔法跟刀法，都有内在的关联的。我们执刀的方法与执笔的方法很相似。

我个人对书法的理解，我认为一根线条最重要表达是两个字，一个是圆，一个就是健。圆，就是讲线条要圆厚有质感；第二个字健，要强健，有力度。书法的线条需圆润、浑厚、雄强，这是很基本的要素。刻印的线条同样也是要圆润、浑厚、雄强。但是笔法用于纸，刀法用于石，具体的技巧当然也是不一样的。所以不等于懂笔法的人就懂书法，反过来不等于懂刀法的人就懂笔法。如果他既是一个出色的书法家，又是一个出色的篆刻家，那么他就知道刀法跟笔法之间的互通。二者是有很多共融共通的东西，但表达的方法还是有差别的。

孙：高式熊先生是我们采访过的年纪最大的西泠印社社员了，您与他的交往有很长时间了吧？

韩：高老，我是 1963 年开始接触的。他住在上海四明邨，到现在快六十年了。高老非常随和，篆刻功力非常深厚。他家学渊源，他父亲是前清翰林高振霄。他从小就受到很好的艺术熏陶，对真、草、隶、篆，对篆刻都有很深的研究，更有很高妙的表现能力。是一个非常有影响的大书法家、大篆刻家。特别是高老长寿、体健。在当代的书法篆刻家里，像高老这样留下那么多作品的不多。他每天的创作量据说是很惊人的，而且在比较出名的篆刻家里，高老大概也是中国历史上最长寿的篆刻家之一。你看他到九十七岁，还在执刀刻印，这是非常了不起的。在历史上，八十岁以上，能刻印的就很少，特别是自己刻印的很少。因为有很多篆刻家，在六十岁以后，据我的考察和史料的记载，六十岁以后，篆刻家请人家代刀的比较多。高老基本上都还是自己进行创作，这一点大概也是创造了篆刻史上的一个"之最"。

孙：能不能用一些简单浅显的话来介绍一下篆刻艺术。

韩：篆刻艺术，实际上也就是篆和刻两个方面。如果浅白一点讲，篆，就是用中国古代的篆书作为入印的文字；刻呢，就是在印章上把我们古代的文字，用刀法把它刻出来。

篆刻的用刀，历史上是有很多讲法的，清代初期，有一些文人篆刻家，篆刻的用刀非常的复杂，有什么"用刀十三法""用刀十四法"，还有什么"十九法"。我个人认为，这是个人的一种理解，而且更多体现的是文人们渲染的用刀的那种神秘感。我个人几十年从事篆刻，我认为用刀最基本的就是两种方法，一种就叫冲刀。什么叫冲刀？你看这个刀拿在手里，这块石头握紧了以后，这一刀你看，一往直前地进去，这个我们就叫冲刀。一刀勇往直前那么过去就叫冲刀。如果不再回一刀的话，那么我们就叫冲刀的单刀。如果我们反向再回一刀过来，再回过来刻一刀，那么我们就叫冲刀的双刀。这是我们讲的一个非常重要的用刀技法，冲刀的技法，清代的一些著名的篆刻家，邓石如、吴让之，就是这样的用刀。

　　还有一种用刀方法，我们叫切刀。切刀，顾名思义，用刀不是像刚才这样一往直前地走，它是用刀角进石以后，用刀刃，你看往下压，然后再加第二刀，然后再重新起刀，再刻第三刀，接着可以是第四刀。所以它的一根线条往往是由若干次的切刀来完成的。当然反过来的运动，也就是切刀的双刀。那么切刀和冲刀的根本差别，就是冲刀的线条是非常挺劲而爽利的，切刀的线条，它给人感觉有些愣愣的，它讲究的是一种错落，很犀利的、很老辣的用刀的美感。这是两种最基本的用刀。

　　我们刚才讲冲刀，像邓石如、吴让之，是其中的佼佼者。那么讲切刀，浙派的丁敬身、黄易，包括"西泠八家"的钱松，都是用的这种切刀。当然切刀里面也有大的切刀和小的切刀，这个与用刀的深浅有关。那么在两种用刀之外，我认为还有一种用刀，也是常见的。比如讲我们冲刀过去，它要腕力很强，要一根线条一冲到底。但是如果我们腕力不够，我们的冲刀就会变成一根线条一刀冲过去，变成了要用几刀才能完成，这样就产生了另外一种用刀的方法，我们就叫推刀。一刀到这里，然后第二刀再往前，第三刀再往前，第四刀再往前，这个就是推刀。推刀的好处，是线条刻过去非常的稳健。但是如果你是一个研究印学的人，你是一个对印学的用刀有深入理解的人，那么你就会发现冲刀产生的线条跟推刀产生的线条不同，冲刀的线条比推刀的线条更劲爽。有的时候，你在用圆线条的时候，它也会更圆润，而推刀则因为你推到一定的程度停顿了下来，第二刀再去推的时候，它毕竟还是会产生很微妙的用刀痕迹。所以从一根线条来讲，它在劲爽这一方面，挺劲这一方面，比冲刀就相对的弱一点。所以这是我们用刀的第三种情况。当然这一切也不能一概而论，很多艺术家在具体创作中，在刀法运用中又有各自不同的精妙变化，由此形成自成一家的刀法风格。比如说，吴让之先生的刀法，就叫冲刀浅刻，别具一格。

李刚田

西泠印社副社长

采访人：孙宇铭

采访时间：2019年11月13日

采访地点：杭州孤山西泠印社

孙：您最早是哪一年到孤山来的？还记得最初的感觉吗？

李：我出生在河南，生长在河南。孤山不高，西湖也不算大，但它是搞篆刻的朝圣的地方。小时候梦寐以求，觉得这是个很神奇的地方。我从小学习篆刻，后来终于有一天来杭州，终于登上孤山了，什么时候呢？是七十年代西泠印社停止活动的那个特殊年代。不过那个时候孤山上还好，好像没有受到太多的冲击，我还能看到很多东西。看了以后有很多感慨，湖光山色，文人的文脉传承，对前贤的敬仰思绪万千。我当时很年轻，心情很激动。后来经济大潮来了，我也来过，好像上面的房子有租出去的，卖的好多东西是与西泠文化无关的旅游的东西，我心里觉得很难受。经历那个年代之后，慢慢这些东西不见了，开始回归文化了。尤其近几年，在过去的基础上，文化的基础上重建西泠印社。它经过了很多磨难，西泠印社很多时候办办停停，停停办办。一座小小的孤山，从小时候第一次来，"文化大革命"第一次来，到现在它发生的巨大变化，逐渐向传统文化回归，西泠精神在振兴。

孤山有很多前贤捐赠的东西，孤山上好多建筑都是他们捐的。这是一种信念，这种奉献精神是西泠印社的一条线，一条脉络，一直传承到今天。所以去年一年西泠印社就举办了九次捐赠展。这些捐赠展我是第一个。当时出了这本小册子，我用了"进德修业"这个词，这是吴昌硕《西泠

《进德修业——李刚田捐献作品集》书影

"进德修业——李刚田捐赠作品展"嘉宾合影（2018 年）

印社记》里的词。进德修业，就是我们来到孤山的态度，我们加入西泠印社为了什么？就是为了与同道共同进步，为了砥砺自己的德行，让自己的道德品行得到提升，自己的专业得到提升。这是一个学习修养的地方，是一个自净自律学习提高的地方。这种捐献，一个是该捐，前贤给我们做出了榜样，我们应该捐；另一个是想捐，梦寐以求地想捐，因为捐给神圣的西泠印社对我而言是一种荣誉。西泠印社愿意接受我的捐赠，对我是一种荣誉，是一种肯定；还有一个是敢捐。敢捐这句话，我到了七十多岁才敢说。因为以前想捐，觉得自己的水平不够稳定。我写字我刻印，可能是前几个月写的字，过几个月看得就很难受，就撕掉了。不稳定，都在进步的途中。到了七十多岁，水平稳定下来了。水平高低是一回事，但是它稳定性有了，这个时候我敢捐，我就是这样的水平，我的水平可以拿出来让同道们评论，让历史做评价。这是一种对自己的肯定，也是一种自信。尤其是我应该捐，我们的前贤做出了榜样，我跟着捐，还有比我年轻的人接下来也会捐，这样形成一种风气，西泠印社就靠这样一代一代传承的西泠精神，把文脉延续下来。

孙：您是怎么走上篆刻之路的？

李：我从小的志向是做一个作家，做一个诗人。我写过好多诗，现代诗、旧体诗都写过。我读旧体诗，读古诗能流泪，感动得流泪，现在年轻人可能找不到这种感觉。我能深入到里边跟古人交流。我喜欢田间、闻一多、郭小川的诗，还写了几本现代诗，但这些诗都烧掉了，我的诗人梦想，这种梦幻般的理想在那个特殊年代被一把大火烧掉了。

回到现实中，我那个时候没有读书求学的机会。我一边要做工顾生活，另一边非常爱好传统文化。我自学，学习古代汉语，学习古文字。我祖上是搞文物的，家里秦砖汉瓦很多，我记得小时候我家那汉印是成筐的，古代印章论筐装，非常多，从小受这种文化的浸润。后来家庭起变故，没有人教我了，但是这种文化的血脉已经深深镌刻在心里。

我从小就对书法篆刻非常喜欢。我上学很早，记得小学五年级，有一次上的是生理卫生还是珠算课，我不喜欢珠算课，就在新发的课桌上，拿着一个锯条磨的小刀在桌上刻，刻上了"李刚田印"这样的一方印。结果同桌女同学举报我，老师把家长叫来了，训了一顿，罚了五块钱。这是我第一次参加展览，交了五块钱参展费，这也是发表作品的第一次，新的黑漆得锃亮的桌子让我刻上了"李刚田印"。我就这样忘掉了自己，忘掉了课堂，忘掉了这个桌子是不能刻的，我就是这么痴迷。

现在有学生问我，怎样才能成一个书法家，成为一个篆刻家？我就告诉他你要痴迷，你要爱它，你要钻到里边去。钻到里面就不感觉劳累，会非常愉快，这是一个五光十色的世界，这时候你才有成功的可能性。爱它要爱得真切，爱得深刻，爱得忘我，这是一种基础。我对篆刻的爱好是一种痴迷的程度。我最开始并没有立志要做一个篆刻家，只是爱好古文字，爱好书法，爱好写诗，所以当时我大部分时间用在读书、写诗和书法上面。篆刻还是比较少的，书法投入的时间很多，但是这对我的篆刻是有好处的，书法成为我篆刻的重要支撑。好多篆刻家是靠形势构成来取得视觉的冲击力，但是我的起点是书法。后来到了八十年代初，书法篆刻兴起了，有了全国展览，在展览上第一次大家开始关注我的作品，是篆刻。江浙一带是篆刻艺术的发祥地，就是明清流派印主要发祥在江浙和安徽这一带，河南是空白。

河南的老先生、篆刻界老前辈很少，我们那一代都是自学。也因为河南篆刻很薄弱，我的篆刻反而突出了，在河南获得了河南"龙门奖"，篆刻获金奖。这一下子就把我定位成一个篆刻家。慢慢就逼着我在篆刻上下更多功夫，也开始研究印学，写文章，逐渐地越深入，就越觉魅力无穷，觉得这个很博大，永远没法穷尽。人生是有尽头的，中国传统文化是无穷的，我们越深入越感到自己的不足。

我一路走过来，回头看去，本来无心做一个篆刻家，无心去形成自己的篆刻风格，没有刻意追求或者雄强或清雅的风格，没有这种设想，就是跟着感觉走。不过再回头看，自己的风格也很鲜明。为什么鲜明呢？正因为我不追求风格，当大家都在刻意追求风格，我反而很突出，我没有太刻意的东西，更多的是本真。我的书法创作、篆刻创作，包括我的讲演、我的文章，以及我待人接物都有一脉相承的风格，这就是人的风格。就是本真的、自然的，可以说是无心插柳柳成荫。几十年不知不觉走过来，回头望去是很艰辛，也是很愉快的，最终归宿是西泠印社，西泠印社是我的梦寐以求的起点，又是最后的归宿。

现在的西泠印社可以说是振兴时期，新的历史条件给我们提供了机遇，同时也有挑战。西泠印社最开始是民间结社，以篆刻为纽带的文人结社。精神上很纯净，没有铜臭气，很高雅。同时它范围很小，是小众的。又请出了七十多岁的吴昌硕做社长，大家是为了文化，为了篆刻走在一块，这是它的前身。后来近百年来一直是磨难、战乱、战争，各种折腾和重生，现在有几百社员，已经壮大起来了。

西泠印社的立社之本，一个是人才，一个是学术，就是学术立社、人才立社。专家很重要，它是立社之本。现在大学里面再多高楼，没有大师，只有大楼还不行。所以大师，所以专家是立社之本，人才是立社之本。再一个是学术高端，成为世界的印学研究中心，这是我们老一代先生沙孟海提出的目标。没有学术、没有人才、没有专业，就没有品牌，所以要坚守。但同时现代社会又是一个开放的、包容的社会，就像一个广角镜。你不能几个文人自己谈文论道，不问世事。你要发展，就要融入当代、融入社会，这就需要开放。所以，收和放是摆在西泠印社面前两个互相矛盾的问题，我们既要关起门来做文章，又要大开门户办印社。要有两重思维，一方面要沉下心来，在社会的浮躁面前，人们的泡沫面前静下心来，"板凳要坐十年冷"，把学问做到高端；另一方面印社要发展，必须拓展它，让西泠印社产生广泛的社会影响。

我们发展社员，以前是同仁介绍，两个同仁介绍就行了。但现在入社很难。大家都想入怎么办？我们采用了很多办法。一个还是专家推荐，还有一种叫层层选拔。有人说这叫海选，当时我们这么做的时候有很多不同的声音，有人觉得西泠印社是很高雅的组织，你像选秀一样就把它做俗了，有人反对。但是经过这五六年下来，我们尝到了甜头。社员选拔从基层开始，设了好多赛区的选拔，选拔出来带到杭州，最后确定前几名入社。并不是选拔这几个人才多么重要，而是这个过程更重要。在这个过程中我们唤醒了社会对篆刻的关注，凝聚了大批后来者对西泠的向往，西泠的品牌更亮了！它确实达到了开门办印社这个目的，也选拔了人才，同时宣传了西泠印社。类似的事情我们做了很多。所以西泠印社既不能简单地重复过去，又不能简单地做商业行为、短期行为。既要融入社会，又要保持这块品牌。所以西泠印社提出来做"天下之社，名家之社，博雅之社"。博雅之社是文化传承，名家之社是人才立本，天下之社就是一种包容天下。吴昌硕的《西泠印社记》里，有谈到"虽名西泠，不以自域"，就是说不要把它局限了，要包容天下。我们还是要传承这种态度，尽管遇到很多挑战，但是今天的西泠印社还是应该发展得更健康、更兴旺。

孙：大家谈到李刚田老师，会说您是篆刻当中的"北派"，您是否介意这种划分？如果真的有南北风格的差异，到底该有一个怎么样的界定？

李：当代篆刻是多元化的，当代篆刻从文人的书斋中走向高大展厅，从小群体走向了社会公众，从文人细细研读的印谱，走向了展厅中的视觉艺术。这种变化给它的形式和技法，以及创作理念带来了非常多的变化。过去，不单单是篆刻，包括书法，如果分南北的话，"北派"是比较弱的。文人介入篆刻之后，开始主动地篆刻创作，主要集中在南方，北方很少。论书法上，康有为、阮元、包世臣就开始分南北书派，阮元在《南北书派论》里就谈到南派是"疏放妍妙，长于启牍"，北派"拘谨拙陋，长于碑榜"。他说南派书法，疏放妍妙非常美，适用于启牍，就是写信、写文章、手稿等。北派的拘谨拙陋，并不能从字面上理解，他指的是追求质朴，追求大气，长于碑榜，就是适合写榜书。以这个论断来看，就是南方秀雅，北方苍劲，但是它不是那么绝对的。咱们举个例子，你像沙孟海，是西泠印社老社长，我们老前辈。你说他是南派还是北派？沙孟海的字是雄强的，充满北派特点，但他又是地道的南方人。所以北派南派，很难用地域来划分。尤其是篆刻走到今天，走到展厅时代，篆刻书法进入展厅，这种信息的流通是非常快的。一个展览，获奖作品很快天下人都知道，然后蜂拥而至开始追随，一种风格流派很快就普及了，成为一种时风。所以时风就取代了地域风格。地域风格在过去是因为小农经济时代的封闭，封闭之中达到一种深刻，深刻之中达到一种地域的文化。它的特点是封闭。现代开放社会，它的文化也许是快餐式的，大家很快接受，但它又是肤浅的，没有过去地域文化的深刻性，所以说现在的篆刻表现出快餐文化的一种特点，时风取代了地域风格。但是总的来说它还是有追求秀雅的、追求苍劲的、追求文人书斋意味的，或者追求展厅视觉表现的，有这么几个分类。相对而言，追求雅意比较多，但它也不是绝对的。

还有就是刀法问题，这是一个很重要的手段。刀法对风格的建树起到了很重要的作用。赵之谦说："古印有笔尤有墨，今人但有刀与石。"赵之谦感叹古人的作品中有笔墨之意，但是今人的作品只剩下刀与石痕，只剩下了技术手段。他在感叹，他也是在批判。但是我们今天要倡导的是笔与墨，刀与石并重。篆刻脱离了书斋，走到展厅以后，刀、石的作用就更重要了，刀、石成为一种艺术表现语言，这种表现语言决定了作者的风格，决定了你的艺术取向。这时候更需要你的个性表达，就像前辈给我们留了很多曲谱，但要用我们自己的歌喉把这首古曲唱出来，用时代的器乐把它弹奏出来，这个时候就需要新的表现手段。每个时代都一样。咱们浙派的鼻祖丁敬最早开始用短碎切刀去表现汉印，但是后来这种刀法逐渐模式化了，那么到了近代，齐白石先生又有创新，他用单刀刻印，更注重刀情石趣。

篆刻不能停留在秦汉金属铸造的金石年代，我们现在的篆刻是以刀刻石，它的载体是石头。那么刀和石的美，是篆刻重要的语言，所以今天的篆刻特别注重刀和石的感觉。齐白石的单刀印形成了一个大流派，它是写意的、雄放的，而且在齐白石的基础上又逐渐发展成一种刀法表达。还有就是像王福庵、陈巨来先生这些刻工笔印的，也逐渐发展成一种样式。所以现在全国篆刻展上有两种流派最走俏，一种是刻工笔的，刻细元朱文的，刻虫鸟篆的等。它以技术取胜，以它的文人雅意取胜。另外一派是刻大古玺，很大个的古玺，斑斑驳驳的，以刀与石头的崩裂，刀的明快章法和黑白布局来达到视觉上的冲击力。所以在全国篆刻展上最多的是这两种风格，这两种风格，如果用南派、北派去判定，已经很不准确，南北两派早已经在相互渗透、在互相交融了。

那么现在缺什么？我们的老一辈，以及我受到的教导，都是要你立足汉印，印宗秦汉，这是篆刻的金科玉律。那么，当代篆刻又是怎样的表达呢？一个是工艺化的元朱文，或者是虫鸟篆这样极度工艺化的，做到了一个极致；一个是写意式大古玺，把美术性夸张到一个极致，唯独缺少了于汉印的基础上以汉印为本，形成自己的创作风格。回头看我们的前辈，不管是吴昌硕，不管是齐白石，不管是来楚生，没有一个不是从汉印出来的，在汉印基础上形成自己的风格。而现在展厅里工艺性、美术生的风格，是篆刻走进了社会，创作更强调在形式表达上的效果，传承汉印的精神在淡化在丢失，这值得警惕。但总的来说，篆刻是拓展了，是进步了，是更开阔了，如果过去的篆刻是一首笛子独奏，现在是一架钢琴，它音域非常宽广，所以我对篆刻充满信心。

孙：我们看到有的学者说，您是学黄牧甫和齐白石两家比较多，有没有什么特殊的原因？

李：对。这跟地域有关，我在河南学篆刻，不像在江浙。我小时候直接接触的是汉印，汉印随时可以拿在手上看，但是明清流派印就几乎接触不到。还有，"文化大革命"之前所能见到的资料，报纸上铺天盖地的就是齐白石。明清流派印在江浙一带很容易看到，中原没有。我看的不是古印，就是齐白石。两个极端，一个非常古老，一个非常现代，当时齐白石是很现代的。所以我刻印就是两端，一个是力求把秦汉古意表现出来，一个是把现在的刀法运用出来，就是用现代的歌喉去唱古曲，要在章法、笔墨和刀法上表现上出来。对明清流派印我是一个缺席者，我需要补这一课，但始终没有补起来。

那么对黄牧甫的选择，可以说是比较理性的。为什么呢？我刀法上一直是用齐白石的单刀法，偶尔也用双刀，但是我的单刀不像齐白石那样，很尖锐，就是一刀。我有时候只是保持石头一边的崩裂感，一边是光的，有时候是两刀完成甚至三刀，让它变厚，比齐白石的刀意更厚重，我希望在齐白石和吴昌硕的刀法之间找到一条出路。那么刻黄牧甫是八十年代初，那个时候很多像我这个年龄或者比我大一点的篆刻家已经成名了，形成了一种强大的流派力量。像韩天衡先生就形成了所谓的"韩流滚滚"，韩天衡的风格风靡天下了，你要再去靠近他，人家就说你在追随别人，缺乏独立性。八十年代推崇思想解放，人们敢对传统的定势说不，开始追求自我，夸张个性，在篆刻上表现出来的个性化，就是要打破传统样式，追求新的表现力，这又成一种可流。我的第一本印谱，是河南美术出版社1990年出的，这本印谱，我选择了清雅，我希望跟大家不一样，希望大家能关注我，当时成功了。

当时的清雅风格，是要寻找一个依靠，我就找到黄牧甫。我刻黄牧甫不追求完全像，我只是取了黄牧甫的精神，比如他在古文字的应用，他刀法的明快。我的第一本篆刻集全是用双刀刻的，与黄牧甫的刀法一样，刻得很明快，借黄牧甫的刀法刻出我自己的书法风格，书法始终在里边起关键作用。这是我的第一本印谱，有评论就把我定格在黄牧甫。后来江苏教育出版社出版"历代印谱"，就请我主编黄牧甫卷，觉得我是研究黄牧甫的专家。其实我也不是，但是通过工作逼着你又去研究黄牧甫，加深了很多认识。逐渐深刻地理解黄牧甫，同时就开始注意到黄牧甫的局限性。所以说学习黄牧甫不要被他的样式所拘束，要运用黄牧甫的创作理念实现新的变化，这才是高手。黄牧甫活了六十岁就去世了，他应该是还没有达到那种"老辣纵横"的地步。吴昌硕活到八十多岁，吴昌硕的印，老辣纵横就有了。黄牧甫的东西，运用了很多书法资源，他的刀法贴近现代，他直接把古典的和当下接轨，这是他的长处。所以我们要用一种分析的眼光解读前贤，不只把前贤作为偶像。把前贤作为研究对象，你得到的会更多。

孙：说到刻印敲边，这样的处理有什么特殊价值么？

李：中国篆刻有一种很特殊的审美倾向，叫作金石气。但是你又说不清楚什么是金石气。这是一种说不清楚的特殊感觉。金石的感觉，是一种苍茫的感觉。如果有金石气，就有了千年的沧桑感，所以中国篆刻家特别讲究金石气。

日本的篆刻学习中国，但是日本篆刻更注意刀法的表现，更注意章法的黑白对比，线条的空间分割，但它唯独不重视金石气。日本的篆刻，包括一些大家，都像木戳子一样，很美，有很多巧思妙构，但它唯独缺少斑驳烂铜那样的金石气。当代篆刻风格多样，有些变化会让一些老人，像我这样的看着难以理解，甚至瞠目结舌，但是它出现了，出现了就有它的合理性。但是不管怎么变，最传统的，或者最新潮的，都扣着一个字，就是要表现金石气。这种金石气，怎么比喻呢？对一个印面来说，如果我的点划，或者叫线条，叫点划更准确一点。点划如果它是旋律的话，那么印面刻完以后，用刀柄敲击，就是音乐上的和声，有旋律、有和声，它是交响乐，如果只有旋律，它是笛子独奏，加上了和声，它就是钢琴，就是交响。当代篆刻在技法和形式上不断变化，新的技法出现，比如用敲击边款做残。这种残破感从哪来？从古代印章里来。古代印章经过千年流传，埋在地下土锈水侵，拿出来以后打成印谱，那种斑斑驳驳，不是人为制造的残破，那种浑然天成有一种特殊的美，它是天然产生的。这种美感染了篆刻家，他们用手段去模仿这种美感，去追求这种美感，目的就是追求印面的金石气。

不管用什么手段去做残，就是要做出残缺的美，残破的美。印面上除了一种清晰的美之外，还要追求一种朦胧的美。有人反对做残，有人赞赏做残。我写过一篇论文《论篆刻中的做印法》，我把用刀法完成的篆刻的线条称为刀法，而刀法之外的制造印面效果的称为做印法。做印法里做残是很重要的手段，这种残破感因人而异，因印而异。王个簃写过回忆录，传说吴昌硕刻印不让人看。他在楼上刻，有客人来了，王个篆在楼下说"老师在楼上，您喝茶"，在楼下喝茶，不让看的。吴昌硕刻完印做这个印面，觉得印面太新了，然后把鞋脱下来，过去麻鞋底子很脏，拿鞋底去蹭，蹭着蹭着，蹭出斑斓有古色了才行，这是吴昌硕的做印方法，所以他的印很浑厚。到了邓散木手里，他也做残，但是他的残破是用刀刃切的，切成的残破，他即便残破处也很明快，所以每个人做残破不一样。有些是真不残破，反对残破的。你看齐白石的印，你看起来它斑驳凌厉，它不残破，他不敲边，他全靠一刀过去，石头崩裂的效果，他不去刻意地敲打，他是不做残破的。再早一点的前辈像黄牧甫、赵之谦就反对残破。黄牧甫说赵之谦的印如"玉人治玉，绝无断续处，而古气穆然"，他就靠字形表现古意。而刀上实现的美感，如玉人治玉。所以不同的艺术流派有不同的技法技巧。我刻印也有自己残破的方法，但我不追求过分，我追求自然残破，这种残破就像古代印章出土时自然形成的。残破的手段，不要拒绝它，但是不要刻意。就好像一个人在打扮的时候 你珠光宝气，会俗气，有时候你最好的化妆，是看起来像没有化妆，最好的书籍封面看起来没有设计的痕迹，最好的残破，是残破到自然。所以我的残破是很小心的，看起来自然，实际上是惨淡经营，要仔细琢磨。残在什么地方，是残在平行线，这中间我残破一下，打破一下，就把线的局部变成了块面，有线又有块面感，所以不是为残破而残破，而是有选择的、谨慎的、理性的残破，但是看起来又好像没有残破。我追求这种境界，所以我的印看起来残破比较少。我不去大面上破坏印面，而是很自然地加入一些"音符"，有一些"和声"在里面。

孙：有人说楚简入印，您是第一人。

李：不能这么说，应该说我是楚简入印的很多探索者之一，或者说国内较早的探索者。最开始探索楚简入印的应该是日本人。我对楚简书法探索比较早，第三届全国中青年书法篆刻展，我的作品是楚简的一副对联，当时国内还没人写楚简。我是受谁启发呢？是日本的今井凌雪。一次国际书展，他的八条屏写楚简令我非常震撼，篆书还能这么写。后来看到国内出版的"包山楚简""郭店楚简"，还有"楚简文字编"的出现，这时候我就开始尝试用楚简进行创作。楚简帛书创作我是比较早的，国展上书法我算第一人。因为当时用篆书写经文比较沉闷，写小篆又过于工艺化，唯独楚简是一种很新鲜的东西，让人耳目一新。但是这种东西尝试的人多了，越来越多了，又让人倒胃口。这时候我就很慎重，我就试图进入篆刻，这个也是国内比较早的，但是我没有人得太深。就是说楚简进入篆刻，我有一段时间在尝试，后来我发现用甲骨文进行篆刻还容易一点，因为它也是刀刻的，它也是方化了的篆书，它的转折都是方的。金文上的圆转在甲骨文表现上都是方的，好刻，它进入印面的时候也可以做硬化处理。我写过一篇论文，《篆刻中的硬化说》，"硬化"这个词是我提出来的。所有的美包括文字的美，各种书法的素材，各种金石纹饰一旦进入方寸的印面，就必须接受印面的模铸。印面的模铸，就是成为印面的适合纹样，不然它就会排异，你就进入不了篆，刻出来不像一方印。所以楚简进入篆刻会面临一个尴尬，你如果完全像楚简，把纯粹原生态的楚简搬到印章里，很像一方用刀刻出来的书法，印味没有。但是你又想把楚简的元素融入里边，所以你必须把楚简篆刻化，把它变成篆刻语言。这就见仁见智，每人做法不一样。我最先发现这些问题，开始尝试去变化，把楚简变成适合篆刻的文字出现，不单是楚简，包括甲骨文，包括汉简，都有这样的问题，要经过硬化处理。楚简的创作，让我们拓宽了篆刻的素材，就是印外求印的一种新的模式，可以说成为当代篆刻别开生面的一种形式。我是探索者之一。

孙：书法和刀法，到底是怎样的一种微妙关系？

李：没有笔法，你写字就没有笔的锋芒。书法的核心在于运用毛笔的丰富的弹性变化，古人叫"惟笔软则奇怪生焉"。因为毛笔软，所以才能生出千奇百怪的丰富变化，线条的丰富变化，所以笔法在书法中非常重要。刀法也是这样，刀法是篆刻的一种特殊语言。秦汉印没有刀法，我们说"印宗秦汉"，但是秦汉印它是铸造出来的，或者在金属面上凿出来的。刀法的形成，是以刀刻石之后，文人开始介入篆刻后，以刀刻石的创作方式才有了刀法的概念。毛笔，书法也是这样，在汉简时期没有所谓的笔法，只有纸张的出现，纸张大量运用，在纸张上写字，尤其文人介入之后，东晋之后开始逐渐形成了一种用笔的规律，就是骨法用笔。它的前提是毛笔写纸。篆刻，它的前提是以刀刻石，所以所有的刀法的都是以刀刻石为基础。刀法的概念，就是表现刀的力量感，刀刻的特殊感觉，还有石材的一种石性的效果，这是一方面；再一方面，中国篆刻特别强调笔法感。明代篆刻家朱简有一句话："刀法者，所以传笔法也。"

明清两代篆刻家已经有刀法的概念，什么叫刀法？就是能够传达笔法，这个用刀才叫刀法，不能传达笔意的不叫刀法，叫制作。但是，这种传达笔意也不是简单地把毛笔书写的形状模刻在石头上，用刀刻生硬地去模仿毛笔书写的痕迹，是失败的。我们用刀的感觉要有书法的意韵，有笔墨的感觉，就是赵之谦说的"古印有笔又有墨"，它是一种审美的抵达，不是一种具体的形制。

篆刻的刀法是很特殊的。与工艺美术的刀法不一样，和雕刻机雕刻出来的不一样，它有双重属性，它还要服从于方寸印面的印章属性，所以它的要求是很高的。而且刀法和每个人的风格又密切相关，和印式也相关。我要刻元朱文肯定不能用单刀去刻，肯定是双刀，肯定刻得很光，肯定不能做残破。你要是刻很大的古玺印，在展厅里，在三米开外、五米开外就能看得见的印，你必须注意石性，可以用单刀去表现，加上必要的残破手段，斑驳一片去实现视觉震撼。风格不同，印式不同，刀法的选择也不同，所以说刀法意识是篆刻家的一种重要意识。

刀法就是篆刻家独立的艺术语言。古人论及明清流派印人往往站在儒家立场，认

李刚田书法作品

为书法以字法为上，用刀即是用功，你如果不懂字法，只谈刀法，妄也。它认为刀法乃工匠手段，字法就是篆书，是一种文人的心法。"劳心者治人，劳力者治于人"，所以刀法，是等而下的。清代人又很纠结，从秦汉印，到了明清流派印，刀法进步很多。浙派创造了短碎切刀，到邓石如开始又是长冲刀，有了非常丰富的刀法。韩天衡先生研究明清刀法，对五百年明清流派印刀法的流变，用心很深。他说，明清流派印人在创作上非常重视刀法，但是理论上他又把刀法放在一种从属地位，这是儒家思想的局限。刀法和形式感，不是说要形式至上，至少它和字法是并列的，互补的。尤其在当代篆刻走出文人圈子，走向展厅，它的美术属性被放大的时候，刀法显得更为重要。

孙：我们知道"印宗秦汉"，明清两代文人印尤为发达，那么中间有这么一段时期，好像是空白。为什么会有一段长时期的空白？

李：篆刻史的发展非常奇特。江苏教育出版社出版《篆刻学》，上下两卷，我和马士达先生是主编。在整个栏目设计和编写体系的讨论中，我们反复斟酌，感到篆刻史的叙述很难，不能用一种体系把它排下来。它有多种参照系，就是说古代印章我们可以按时序，殷商时候的古印，春秋战国印，后来是秦印，汉印有西汉、东汉，还有王莽时期的印，再下来唐、宋、元、明、清，等等，这个可以按时序来做。但是，到了宋代以后，尤其是明清两代文人流派印兴起以后，文人流派印开始主动把握篆刻创作，开始在石头上刻印。这个时候的篆刻史已很难按时序，而要按艺术流派来划分天下。

明清流派印，要按艺术风格来划分，有时序流变，更重要还是以风格来界定。古代的印章它是为实用而生产的。到了明清流派印，它开始为艺术而创作。这种转变是有根本性的，所以它就有了两种参照系。我们现在说印宗秦汉，我们看到秦汉古印精妙绝伦，但是当时的古人并没有那么看。汉印因为汉代独尊儒术，罢黜百家，儒家思想占统治地位。那么儒学讲究中正平和，所以汉印是平平稳稳的。而且所有这一切都是为了实用服务，所有的美的产生是服从于实用的物的制造。美的产生还与当时的印章材料有关，用印方法有关。汉人用印，不是盖在纸上，而是盖在封泥上。汉代的官印都是白文印，盖在封泥上就变成了朱文，印蜕变成朱文，清晰而不容易伪造。战国时期由于文字不统一，它的文字很活泼，所以战国时期的印要加上边框，加上界格，一直到西汉的印，都是这样。到了汉代，因为文字规范了，界格慢慢去掉了。所以说古印章的美是和实用密不可分的，它不只靠一个人匠心独运。不像现在的篆刻家，我会独创一种风格，它受制于实用。

所以，古人并不把它当为一种独立的美的存在，后人摆脱了"用"，纯粹站在审美立场去看，它才是篆刻。古人不认为这是一种篆刻，是一种客观的物的存在。后人站在艺术立场，发现了这种美。所以篆刻史有两种说法，一种说法认为从殷商开始，已经有了篆刻，中国篆刻史是四千年；还有一种说法，应该从文人流派印开始，文人主动地介入篆刻，进入艺术创作，这时候才是真正的篆刻史的序幕。你说泰山很美，我们用美的眼睛去看的时候，你才感觉泰山的美，但是它早就存在了，你说美是什么时间开始存在的？两种说法，一种是自然美，一种是人化的自然，美学上就有不同的范畴，篆刻也是这样。至于说到篆刻史，它是变化的。到了魏晋南北朝，纸张普遍使用了，印章不再盖在封泥上，而是盖在纸上。盖到纸上，印章又发生了很多变化，一个变化就是白文变朱文。咱们看到汉印都是白文印，因为它盖在封泥上，盖在纸上白文印就会模糊一片，因为当时制造印泥的工艺不太好，它用水、用蜜调和朱砂制造印泥。它刻成朱文的印面就不受封泥的局限，开始变大，越来越大。我们看到唐宋官印都是十厘米大，印很大，但是汉印三厘米、二点四厘米，将军印三厘米都不到，很小，因为它要盖在封泥上，大的不行。甚至到了清代官印，十几公分都有。白文变朱文，小印变大印，势必印面变得空阔了，这时候曲曲盘绕的九叠篆就出现了。九叠篆的出现是篆刻彻底工艺化，变成了实用印章。咱们看到唐宋官印来回盘绕，让你不认识，它是为了印面充满，不容易伪造，它不美了，工艺化了。所以印章从魏晋南北朝之后衰退至唐宋官印，民间用印的风气没有了。我们看到秦汉印，有官印，也有民间的私印，私印非常多。

人们要佩印，印要挂在身上。君子佩玉，有时候佩玉印，这成为一种风气。古代印章都穿孔，它就是为了方便佩戴。到了魏晋南北朝，佩印的风气慢慢没有了，因为私印基本不用，私印很少见到。咱们见到的只有官印，这样篆刻就断了脉络。到了明清流派印，文人开始主动利用方寸印面进行艺术创作，开始把秦汉印作为篆刻艺术最高的一种模式，就是从印章的形式到审美的理想，所以明清文人提出了宗法秦汉，认为汉代以后没有可取之处，比如九叠官印。这个和文人价值观有关。明清两代文人，他的审美观以儒家思想为核心，他的审美模式也是儒学模式，汉印恰好是儒家典范，而中间这一部分不符合儒家理想。所以这一部分被逐渐淡化，人们觉得这段篆刻史断档了。但是到了当代篆刻，开始化腐朽为神奇，篆刻家对元押印、九叠官印进行合理有度的学习改造，使它成为一种新样式。艺术家广泛地吸取营养，把它的价值唤醒了，但是毕竟可供借鉴的资料是很少的。

童衍方

西泠印社副社长
采访人：孙宇铭
采访时间：2019年7月3日
采访地点：上海静安童宅

孙：您和老师的感情很深，想请您先给我们介绍一下您和他们的故事。

童：大家好，我叫童衍方，我是1946年2月16日出生的，我祖籍浙江宁海，出生在上海。

我有今天这样的一点小成就，能够专业地从事书法篆刻创作，实际和若瓢和尚、来楚生先生、唐云先生的教导有关。我的第一位恩师叫若瓢和尚，他是杭州净慈寺的住客僧，后来到上海来了，我1969年就认识了他。他比唐云先生大八岁，他原来是唐云先生爸爸的朋友，后来他与唐云先生最投缘。他会画兰花，也画竹，会作诗、写文章，品位很高。他跟郁达夫、郁曼陀有很多交往，他一和我讲起这段往事来就好像回到了年轻时代一样。

他现在的坟地在苏州，我计划把他的灵柩移到杭州的净慈寺来。

他对我很关心。他说在这个时代，你要学点手艺。学什么？就是留青雕。所以他就介绍我到徐庶柏老师那里学留青，刻竹。一个月下来，他去问徐先生，老师说这个小朋友不错；问我，我起先也说蛮好。后来我说，我是不是可以讲真话。他说："你说啊。"我说从心底里想，刻竹留青我不太喜欢。因为我在看印章的时候，感觉这与书法艺术有融合，而且用刀的时候，轻重缓急有一种特别的快感。但刻竹的时候它更加细腻，要在竹子上挖和刮，这个和我的性格有点不符。我跟若瓢老师讲了真实想法，他问怎么办，我说我想拜唐云先生和来楚生先生为师，想专业地做书法和篆刻。他说："好的，下个星期就带你到来楚生先生这里去。"

来先生家住在楼上，我记得他家里四边墙壁都是油漆的，但是油漆已经发黑了。当时已近年底，天也有点冷，因为在"文革"当中，心情也不怎么好，两个人就找话题慢慢地聊。来楚生先生不善于交谈，讲到了后来，我们讲到篆体的时候，来先生兴奋起来了，人也显得很活跃。因为他讲的一些东西，我也有一定程度的了解，所以聊得很好。但是也了解到先生在那期间是比较寂寞的。

来先生对我的影响最大。他平时话不多，他总是以实际的创作精神、创作行动来激励我，来教导我。他经常跟我们说："我没什么诀窍，我都在手里，我的诀窍都在作品里，我从不保留，看你们自己怎么拿了。"来先生到晚年创作非常勤奋，每天要刻好多图章。我那时候是一个星期到来先生家里去一次的，每次都带作业，不尚空谈。时间稍微长了一点，来先生就说："你每次都带作品来，还是比较用功的，很好。"我自己想呢，这样的对我自己也有促进。来先生总说，艺术没有捷径，只有日积月累，才能厚积薄发。

今年是来先生一百一十五周年诞辰，很巧，西泠印社也是一百一十五周年诞辰。来先生的诞辰与西泠印社是同一年，这个也是一个巧合。来先生就是一个为艺术而生的人。

我是在认识来先生一个星期之后，若瓢和尚带我到了唐云先生的家里。唐云先生是非常有成就的画家、书法家，也是一位大鉴赏家。唐云先生的生活态度与来先生不一样。来先生非常内向，而唐先生很热爱生活，朋友特别多。

1975年初2月份，我要结婚了。知道这个事情以后，唐云先生给我画了两幅画，一张梅花的横披，另外一张是松树的横披。我非常开心。最让我受宠若惊的，是我结婚前十天，那时候没电话的，他叫人给我带信："小童，来一次。"我去了，他给我一个用报纸包的一对轴。我一看，是吴昌硕的对联，缶翁八十一岁的作品。

这个对联太好了，吴昌硕写的时候参考了天一阁的黄帛本。黄帛本是很珍贵的石鼓文的明代拓本，当时知道上海唯有一本，在上海图书馆。去年我在宁波搞过一个石鼓文展览，才知道上海还有第二本，是在上海博物馆，那是后话。当时知道全中国只有三本，上海一本，故宫两本。这副对联是他参考了天一阁的黄帛本，有很多信息量在里面。

我打开看了，以为是唐云先生让我欣赏。唐云先生说："送给你，你的结婚礼物。"我说，您已经给我画了，这个礼我实在不敢收。那是1975年，唐先生的很多藏品都还被没收在库房里，没有返还。我知道他有两件吴昌硕的作品，先生把最好的一对送给我了。我推辞了很久，但是唐先生是一个说一不二的人。他说："你只要好好收藏就好了。"我就说，我挂一个月还你，蜜月过完奉还。他说："不要讲了，就是给你了。"我就拿回来了。当时我的房间很小，只有八九个平方，两张对联没法一起挂上墙，但是又非常喜欢，所以就把有落款的下联挂在这个房子里。时间一长，上下联的颜色就有色差了。这也是我收藏吴昌硕对联的一个轶事。我今天在收藏上有一些心得，有点收

童衍方作品

藏方面的知识，是唐先生把我带进门的。

而且我的第一件藏品应该说起点很高，吴昌硕的手迹，还是吴昌硕的名品，唐云先生送给我的。

我的收藏鉴定的道路，是唐云先生给我开的很好的头。我和先生认识差不多十年了吧，有一次在唐先生家里做客，来了一批新加坡朋友，大家谈艺术，谈近代艺术，说到了吴昌硕。我那时是小字辈，也不多说话。唐先生就说："你也说说吴昌硕啊，你懂的。"他还说："他结婚时我还送过吴昌硕的对联呢。"那这一下子就炸锅了，人家说："十年前唐先生就送你吴昌硕对联了啊，你福气好好！"

他们还说，现在这个东西还在吗？唐先生马上打断他们，说："这个你们不要问了，我送人的东西就是人家的了，他怎么处置你就不要问他了。"唐先生讲完了，我就很恭敬跟先生说，唐先生你送我这个东西有十年了，我一直挂在墙上，每天欣赏临摹借鉴。这十年下来，我们生孩子了，吴昌硕先生的对联也生孩子了。我现在已经有十件缶老的作品，大大小小的，扇面、册页、横披都有。唐先生听了很高兴，他说："这样，我中午要休息，下午四点，你把所有吴昌硕的藏品都拿来让我看吧。"到了下午，我又去了先生家，他一件一件地为我点评。

临走时他说："蛮好，我这个吴昌硕没送错人。"这是唐云先生对我的最高的一个褒奖。我的创作，我的收藏，唐先生对我的肯定是一个起点，唐先生对我的栽培，我一直铭记在心。所以现在是凡与唐先生有关的活动，我都会很尽心尽力地去做。我们只有多宣传唐先生，为唐先生的艺术推广多做一些事情，对他的人品、对他的艺术态度多一些宣传，是我的责任所在。那副吴昌硕的对联我还把它挂在家里，唐先生对我的关怀，这个轶事也有很多人知道，这是我终身要感恩的事情。

孙：您还记得初次到孤山西泠印社的印象么？

童：西泠印社是我心中的圣地。我在"文革"当中去过一次西泠印社，应该是晚上，走了很长的一条路从后山上了西泠印社，什么都看不见，但是晚上的印象很深刻。最有幸的是我在 1983 年，西泠印社八十五周年社庆的时候，加入了印社，那时候年轻的西泠印社社员很少的。介绍我入社的方去疾先生那时候是副社长，当年入社的是三个人，一个是潘德熙先生，一个是上海的周慧珺先生，第三个就是我。所以那时我很激动，在孤山上，我看到了我心目当中最仰慕的一批名家，沙孟海先生、陈巨来先生，还有启功先生。我是小字辈，很专注地聆听他们的谈论，有些东西现在都记得非常牢。我非常兴奋，觉得我有幸加入西泠印社了，一定要在艺术上更加进步，要为西泠增添光彩。我在后来的几十年当中为西泠印社做了一些工作，西泠印社也栽培我。从做理事、做副秘书长，现在作为一个副社长，我觉得这是印社给我的极大的荣誉，也是对我最大的鞭策。要为西泠印社多做事情，这个就是我的初心。

孙：您在西泠印社拍卖这个品牌的建设上有过很多的努力吧？

童：我比较幸运，我创作上受到来先生的教导，唐先生又为我鉴定收藏乐趣的养成领进了门，所以我比纯粹的创作人员又多了一层乐趣。我们国家二三十年来，经济飞速发展，从一个靠出口前贤的书画作品去换取外汇的国家，成为全球定价艺术品的一个重要的国度，不管纽约，不管伦敦，也不管日本了，凡是这些东西中国人喜欢的，价格就上去了。中国人对艺术品的喜欢，不是实用主义的，而是骨子里就有的。

我八十年代从日本回来以后经济上稍微积累了一点，钱都是用来买艺术品。我买艺术品没有投资意识，就是喜欢。因为我的工作关系，所以我买的都是金石家的作品。想不到现在的金石家的作品和碑帖价格都上涨这么快，这是我始料未及的。所以我的工作分几块。一块，我可以不出门，很卖力地在家里工作一天。但是我因为喜欢收藏，也有朋友邀请我到北京、到杭州、到香港、到日本参加很多鉴定收藏活动，这个我也乐意参与其中。我把鉴定收藏看成是休息，休息的工作，跟生活完全融合在一起。

西泠印社有一个拍卖公司，叫西泠印社拍卖有限公司。今年是成立十五周年，它是中国南方最大的拍卖公司，也是全国排名在前的拍卖公司。我有幸是它的筹建人，是它的独立董事和顾问，实际上也是帮西泠印社在做事情。我们西泠印社的工作最早也有两块，一块是社团，还有一块是产业。西泠印社的产业一开始是吴隐在做的。吴隐先生在上海做印泥，出版金石有关的书籍碑帖。如果没有这一块，我们说"保存金石，研究印学"就是有缺失的。所以我跟做产业的同事们说，你实际上就是在做吴隐的事情，这对学术研究和创作都有关联，有推进作用。我们和西泠印社社团搞了好几次有关的鉴赏活动，比如说三老碑鉴赏、明星扇面鉴赏、金石家书画鉴赏，还有金石拓片与全形拓的鉴赏，这全是收藏、鉴定跟艺术创作相关的活动。我想这块工作以后还要继续做，继续把它做好。

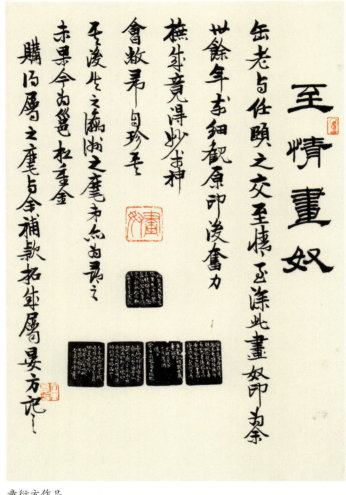

童衍方作品

孙：您和高式熊先生也有很多交往？

童：我跟高式熊先生交往了几十年。因为我那时候，在1978年到上海中国画院的时候，他也差不多在这个时候被外调到书画出版社，所以我们经常碰面。他是一个长寿者，活到九十八岁。有一句古语叫"人上寿"。他对西泠印社有多重贡献。一个最大的贡献就是帮助把张鲁庵的四百多部印谱捐献给西泠印社。因为张鲁庵先生跟他关系非常好，高先生在此做了重要的推动，是西泠印社的一个功勋人物。他的书法篆刻水平很高，而且对学生很好，来者不拒。这就给我们后来者一个启示，我们都想长寿，怎么能够长寿？不是单单锻炼身体，最主要是心境。

所以这方面高式熊先生给我们做出了典范，给我们做了样子。他内心淡泊，有境界。对钱，对名跟利他看得比较淡。他对人是"润物细无声"，他在各个领域都愿意给大家帮助，给社团帮助。比如说他做印泥，把鲁庵印泥的方子也捐了，这个贡献也非常大。所以我觉得他的作品有魅力，他的为人更有魅力，是我们学习的典范。

孙：前辈的风范确实是我们最宝贵的财富。听说您和来楚生先生合作刻过一方印章？

童：我和来先生合作的图章只有一方。应该是五十年前了，那一天是来先生跟他的一些老朋友在一起喝茶聊天，我们几个小青年也在其中。聊到兴上，有一位老先生就说："来先生，你带了这么多小青年，哪一个能够学好一点的？"他想了想就指了指我。他那天应该蛮开心，说着拿了一方青田石出来，写好，然后叫我刻。大家觉得很新鲜。来先生写的稿，我看写的是杜甫的句子，叫"门庭畏客频"。那时候他成分不好，那么小青年又经常喜欢到来先生家里来，居委会就有些微词，说："小青年来这么多，你就教给他们一些旧东西，是不是妥当？"所以他说"门庭畏客频"，感觉还有一点小牢骚。他的这方图章呢，写法上有点像魏晋南北朝的将军印这一路的。我就顺着这个老师的气，也是用老师的刀，

来楚生、童衍方所刻"门庭畏客频"印

老师的刀蛮快又大，来先生刻印是大刀阔斧的，我就沿着来先生篆的气势，还有我熟悉的他的用刀方法，在老师的注视下完成了。我刻完了，来先生说："很好，基本上不要动了。"但是印章拿过去以后还是稍微动了两刀，然后他刻了一个边款，叫"初升篆"。这方图章来先生1975年过世以后，师母就跟我说了："这个是你刻的，跟来先生合作的也非常难得，还是留给你吧。"现在每每看到这方图章，就想起老师，也想起跟老师在一起的愉快的日子，也会记起很多来先生旁边那些面孔慈祥的老先生。

　　孙：金石家的刀法应该都是因人而异的吧？

　　童：我们的篆刻的最重要的因素，一个是篆法，篆法你就是用什么字体；还有一个是章法，你怎么布局；另外一个就是刀法。三法合一形成篆刻的魅力。我们浙派"西泠八家"，丁敬、蒋仁、黄易、奚冈是"前四家"，后面四家就是陈豫钟、陈曼生、赵之琛、钱松。这个"八家"用的基本上都是切刀。切刀，就是说它如果要刻一根线条，它是分四根，四道、五道的小碎线条把它接成一个笔画。那么这有什么好处？它每一道都在动，有节律动感，动感里就可以吸收石刻、瓦当、金文的纹饰，很多动势都可以用这个切的方法，把它表现出来。

　　"八家"绵延了近两百年。到了陈曼生是顶峰，切刀从开创发展到盛行，到陈曼生已经最纯熟。所以来先生的另外一个老师，叫叶露渊的先生说过："你如果要学浙派，学切刀学陈曼生就可以了，他是集大成者。"到了后面，赵之谦活了七十二岁，是"西泠八家"当中活得最长的，丁敬七十一岁，赵之谦七十二岁，是对后世影响极大的宗师级的人物。

　　那么皖派的刀法和浙派不一样，它的创始人是邓石如，邓石如比丁敬稍微小一点，

他跟蒋仁差不多同年。吴让之是邓石如的再传弟子，他是包世臣的学生，他没见过邓石如。但是吴让之用刀的成熟，是"晚清六家"当中最厉害的。有人说他是神游太虚。他晚年的时候，生活比较困苦的，但是他心态很好的，早上在茶馆喝茶，有人要他刻图章，他就把茶碗反过来，弄点墨汁在上面一涂，有时候至多用刀打个"田"格或者打个六字格就刻了。他留下了很多白文印，你细细看看印面，可以看到有一些留下来的划痕，这个是鉴别吴让之先生的一个依据。

晚清的吴昌硕，就是钱松加上吴让之然后形成了自己的风格，当然还有很多研究瓦当、汉砖、汉碑的功夫，但是基本刀法是沿用他的。

与吴昌硕相反，黄牧甫也是受他的启发，但他是一个集大成者，"晚清六家"，他贡献最大。

孙：来楚生先生在肖形印上也有很深的造诣？

童：肖形印汉代就有了。肖形印是什么动物都有的。汉代的印都是刻得很深，要用封泥才好把它打出来。肖形印到晚清以后，特别在民国的时候，有很多人在刻。来先生是集大成了。来先生的肖形印，起先是四灵印，青龙、白虎、朱雀、玄武，后来把它扩展了，扩大刻"八仙"，还有老鼠、牛、老虎、兔子的肖形印，刻到后来他又有组合印，有的把一家人的几个生肖刻在一起。比如说我有一方生肖印，是我们一家蛇、兔子、狗、猴子、猪，五个生肖合在一起，他的肖形印大小的组合真是很妙。

所以我说来先生的肖形印应该是前无古人，后无来者，为什么？他的造型是简笔画。他用这个方法，用很简单的造型，很简练的刀笔就把它刻出来了。不同于过往又和以前的石刻有很多相同的妙趣，有异曲同工之妙。所以肖形印是来先生印章中的一块宝，所以大家很认可的。五十年代，他刻过一个"老奶奶学文化"，四个面，四个故事，很有创意。还有"划'大跃进'龙舟"。所以老一辈的艺术家，他的艺术意识和创作激情，会与社会意识激发而情不自禁地融为一体的。很难得地反映了来先生在五十年代那种喜悦的心情。

现在也有很多人学来先生的方法刻肖像印、佛像印，我也刻过不少。在来先生的创作轨道上，不断地试图有所创新。我觉得跟老师的学习真的是永无止境，各个不同阶段的学习，有不同阶段的体会。

梁章凯

西泠印社理事

采访人：朱清清　许继锋

采访时间：2018年10月16日

采访地点：杭州孤山题襟馆

朱清清：吴昌硕先生在日本有怎样的影响力？有哪些元素推动了这种影响力？

梁章凯：吴昌硕先生被称为"中国文人画最后的高峰"。近代以来，日本有一个"吴昌硕热"，推誉为"道光后第一人"。日本的书法家、篆刻家、收藏家，对吴昌硕都很崇拜。我想主要是有三个原因。一个原因是吴昌硕先生的艺术成就很高，诗书画印四绝。还有一方面，就是他的书画作品在日本很早就有推广，在中日间的交流很早。他虽然没去过日本，但是他在世的时候，1910年日本就做过他的作品展。还有一个原因就是吴昌硕的金石书画艺术与日本篆刻家有师承关系。当然，讲到这个事情的时候，我们要提到当时日本的近代书道之父，日本明治时代最著名的书法家之一——日下部鸣鹤先生。他是清朝驻日公使随员杨守敬的弟子，曾游学中国，在上海、浙江的时候，与吴大澂、俞曲园、杨见山等名家都有交往。

当时，吴昌硕从苏州到上海拜访日下部鸣鹤先生，他不在酒店，缶翁就把随身带的几枚印章，留在酒店里。这是吴昌硕先生专门为日下部鸣鹤刻的，由酒店的人员转交给了日下部先生。

日下部鸣鹤先生收到印章感到很惊喜。有很多记载说两人这次在上海没有见上面。后来他把吴昌硕的印盖在自己的作品上，这在日本影响极大。大家都在问，这个印章是谁刻的，他就说："苏州吴昌硕刻的。"1891年之后，两人诗书相酬，互引以为知己。他们的结识，成为中国金石书画交流的一个重要时刻。

日下部鸣鹤有一个学生，就是河井仙郎，也很崇拜吴昌硕。他就跟老师讲，说："我能不能拜吴昌硕先生为师呢？"日下部先生就给了他一个苏州的地址。河井仙郎把自己篆刻的印稿给吴昌硕寄过来了。

因为河井仙郎年轻、好学，也因为日下部鸣鹤先生的介绍，吴昌硕就和河井仙郎先生一直有着书信上的一些往来。后来，日本最大的一家中国汉学书店，文求堂主人田中庆太郎先生到中国来，把河井仙郎先生带到了中国，他和吴昌硕先生见了面。

朱清清：当时吴昌硕就在日本很有名了吗？

梁章凯：那时候吴昌硕在中国有一定的名气了，在日本应该说不是很出名。他在日本的推广，除了日下部先生之外，文求堂也很重要。田中先生 1910 年在日本办了吴昌硕的第一个展览，还出了一本书，就是《昌硕画存》，这也是日本第一次出吴昌硕的画集。那年，吴昌硕六十六岁。当时在苏州，还没有当西泠印社社长。他就在苏州收了河井仙郎这个弟子，当时河井仙郎才四十岁。

日本有个最老也是最高端的百货店，高岛屋，他们经常做一些书画展，包括日本著名文人画家富冈铁斋的展览。高岛屋的主人跟铁斋关系很好，铁斋先生就说："你要办吴昌硕啊，中国吴昌硕先生的展览。"所以高岛屋就做了一个展览，很轰动。这样吴昌硕在日本就打响了。

当然后面也因为吴昌硕亦师亦友的挚友，王一亭在三四十年代的不断推动，吴昌硕在日本至今热度不减。

吴昌硕所刻"园丁墨戏"印

朱清清：吴昌硕和河井仙郎感情很深厚吧？

梁章凯：河井仙郎是吴昌硕唯一的一位日本弟子，另一位日本籍的西泠印社社员长尾甲原来也有意要拜他为师，但是吴昌硕坚持说"还是以兄弟相称的好"，没有答应。河井仙郎对吴昌硕还有赵之谦研究很深，收藏也很多。在交往中，吴昌硕也有把自己的刻刀送给他。

1945 年，河井仙郎先生在准备筹办展览的时候，遇到美军空爆东京。轰炸的时候，河井仙郎先生不在现场，当时警报响起来，老百姓都避开了。但是，河井仙郎心中一直挂念着他的作品和收藏，所以警报一结束，他就跑回家。屋子还在烧，他是为了抢救藏品在废墟里呛死的。小林先生后来在 NHK 的电视采访里说，他赶到现场时，先生还没有断气。

河井仙郎的弟子，有两个比较著名。第一是西川宁，还有一个就是小林斗盦。其实小林斗盦作为河井仙郎的弟子是 1941 年拜师的。小林斗盦和西川宁知道老师家中失火，马上就赶来了。当时现场应该还有一个人，是台湾的生意人，台湾板桥人家的老板林澜安，也在。第二天，小林斗盦又去了老师家，在现场找到了吴昌硕送给河井仙郎的刻刀，另外有吴昌硕给朝鲜的一个皇族学者刻的很多印。有一方河井仙郎收藏的吴昌硕刻的印，叫"园丁戏墨"，还有一些"西泠八家"的印章。小林斗盦从废墟里找回来，一直放在家里作为纪念。

"园丁戏墨"这个印，是平钮，但是钮上面破了三分之一，小林斗盦找出来以后很珍惜，用石膏把它补起来。这把刻刀，在小林斗盦先生去世以后，他的家属把它捐给了西泠印社。

朱清清：那河井仙郎去世以后，小林斗盦又为什么会拜西川宁为师？

梁章凯：西川宁原来是小林斗盦的师兄，日本的师徒传承关系有一个特别的传统。很多老师去世以后，他们的兄长，就是大弟子，可以接替师父的位置，后面的弟子也会奉师兄为师。当然西川宁也是日本的一个大家。他父亲就是日本的一个大书法家。西川宁对中国汉学很有研究，也收藏了不少金石作品。小林斗盦拜他为师，直到西川宁先生去世。小林斗盦先生简历里一直写着，从1941年到1945年河井仙郎是他的老师，1945年以后，西川宁是他的老师。

西川宁是以书法为主，小林斗盦先生是篆刻兼攻书法。从收藏作品来看，小林斗盦先生也收藏一些西川宁先生的书法作品，在艺术上他与西川宁一直有切磋和交流。

朱清清：在生活上，我听说小林斗盦喜欢喝酒，西川宁喜欢抽烟。

梁章凯：大家有一个说法，说小林斗盦酒量很好，所以名字里有"斗盦"两字。我曾经也问过小林斗盦先生的，他说，是他的第一个书法老师，叫天来先生，给他取的名字"斗盦"，他本来叫"小林庸浩"。也可能是因为小林斗盦先生会喝酒。

小林斗盦先生的第一个篆刻老师，是石井双石。他是日本近代的篆刻大家。小林斗盦先生的父亲也是搞篆刻的，但不是名家，他是开刻印店的。日本很多篆刻家是这种职业出身的，就是原来刻印的，后来变成篆刻家。

西川宁先生有抽烟的习惯，但是小林斗盦先生不抽烟，他喝酒。我跟小林斗盦先生接触的时间比较长。我刚到日本两年，西川宁先生就去世了，所以没有接触过。小林斗盦先生对抽烟有抵触。他住的地方也很小，学生抽烟，可以，因为没法让学生戒烟，但是必须到外面去。

他会让每个学生喝一点酒，他认为喝完酒篆刻更有味道。我跟他第一次喝酒，是1997年到上海出差，住在上海延安饭店。上午，一个学生拿着一大瓶清酒来。我就问他，这么一大早拿酒干嘛，要送人吗？他说不是，这个酒是给先生喝的，他早上喝酒。我吓坏了。

后来早上一起用餐的时候，我们也喝一点小酒。我当时酒量也不是很好，大家每个人拿一小杯，把差不多两斤的白酒全部分掉。早晨喝酒，对我来说，是第一次。那

怀玉印室

时候我才知道小林斗盦先生的酒量，真的就跟"斗盦"一样。

朱清清：您是什么时候认识小林斗盦先生的？

梁章凯：我出国之前，就知道小林斗盦。1988 年去日本留学以后，1992 年第一次见到他。当时日本人都把他奉为篆刻界的泰斗，我们见面的时候，我也没敢跟他说什么话，况且我的日语也不好。

我真正与小林斗盦先生有深度交往是 1995 年。当时国内成立了很多拍卖行，北京的荣宝斋也在搞拍卖，其中会有很多印章。小林斗盦先生非常关注印章，尤其是他的藏品中没有赵之谦的印章。其实他的老师河井仙郎先生的收藏中有很多赵之谦的作品，只是准备展览前，遇到东京大轰炸，很多珍品包括他收藏的赵之谦的书、画、印全部毁掉了。小林斗盦收藏的有"西泠八家"的印章，有邓石如、吴让之的，唯独没有赵之谦的。当时国外买家来拍印章，是允许的，但是他还是没有机会拍到心仪的印章。后面他的学生，跟小林先生推荐说，梁先生对印章有爱好，也有一些鉴赏经验，所以我们就正式有了专业上的交流。

1995 年我自己刚刚成立了公司，有个工作室。他过来了，说："你怎么不来找我呢。"我跟他说，你是前辈，泰斗，我不好意思。他就说："到时候，你这个公司正式对外开放，迎接客人的时候告诉我。"后来，他变成了我的第一个客人。当然是客人也是老师。那年开始，每一次他要到中国去，他就叫我一起去。到了 2003 年西泠印社一百周年社庆，我还有缘作为他的特别代表，给社庆带了一份厚礼。

可能你们也知道，那就是"西泠印社中人"这一方印。这方印是小林斗盦先生在 1997 年年底的时候在上海看到的，他很喜欢这方印。他拍到了这方印后，我就与他说了一句话。我说，先生，"西泠印社中人"这一方印，是我们西泠印社社员的会员章，它对于西泠印社有特殊的意义。这个印章，你收藏一段时间，最好能够有机会，将来在社庆一百周年的时候，能捐给西泠印社，这样就是一个皆大欢喜的事情了。他也跟我说："我绝对会捐给西泠印社的。"

2001 年，他在上海图书馆做个展，还有他们全日本篆刻联盟的展览，我又与他提起这个事情。当时刘江副社长，包括西泠印社的一些领导，也在参加这个活动。他就和刘江老师讲了这个事，刘江老师很开心。就这样又过了一年多，西泠印社 2003 年筹办百年社庆。他原来跟我说好的，我们一起去，去西泠印社捐印。但是这时候刚好出现了"非典"。从 5 月份开始安排行程，一直等到 7 月份，非典还没有压住，他的学生不同意他出来，说老人家不安全。本来说好是他、他的学生和我三个一起来，后来他就说叫我来。

这个事情很费了一些周折，对于我是很光荣的事。他想写一封信给西泠印社，信的内容大概就是说：这方印是我的心爱之物，喜逢西泠印社百年之际，我想捐赠给西泠印社。后来想这次捐赠要有个主题，他和我商量，我就建议说："回归故里。"后来所有的新闻媒体报道，都说吴昌硕名印百年回归故里。

我来的时候，西泠印社安排了很隆重的一个捐赠仪式，社里所有领导，还有刘江老师这些老艺术家都在场。我也很荣幸，受小林斗盦先生的委托，让这方印回归故里，捐给西泠印社。

现在的西泠印社社员证上，就盖的是这方印。这枚印章是当年吴昌硕先生为葛昌楹（传朴堂主人）刻的一方印。最早是葛家收藏的，后来流到了社会上。葛家对西泠印社贡献很大。过去做印谱的，有丁家（丁辅之家）、高家（高野侯家），还有一个俞家（俞序文家），另外就是传朴堂葛家。很多印谱都是这四家做的，包括著名的《丁丑劫余印存》。

朱清清：小林斗盦先生的性格应该是很直率的？

梁章凯：小林斗盦先生，很严谨。两个方面，一方面是他对自己要求很严谨。我有机会在他的怀玉印室看他工作，作为一个大家，他一个印稿要做好几次，很是精益求精。所以他去世以后，他工作室的桌面上还有很多印稿，有的只刻一半的，看得出来有的印稿还在修改，他感觉没到位，就先放在那里，然后他去写别的印稿。这些他生前的最后工作的样子，至今还原样保留。他的整个艺术人生都是这样子。另外，小林斗盦对学生和后辈更是这样子。

我做过一个印谱，把我自己钤印过的，还有收藏过的一些印谱，拓成一个谱。我请教先生说怎么题字，艺友斋"藏"还是"存"呢？我原来说"藏"怎么样，他说藏，当然是收藏，要是人家拿到了想卖的时候就

小林斗盦致梁章凯商议捐印函

不好。他就给我改，改成了"存"。一字之间，表现出对年轻人的关心，也有学识和经验养成的严谨。这些给我留下很深的印象。

他八十多岁的时候，写《千字文》，篆书《千字文》，很难的。现在是教科书，日本二玄社出版的。他不是一稿写完的，我就看到他是怎么一稿两稿地改，有个别不好的字他还反复地修。有人叫他题一个字、题一个匾，他也是写了好几张才选了满意的拿去。

我的那个印谱，《艺友斋存名家印汇》，他帮我题的，就写了三张。他写了一张不满意，就一直改。这就是一个老一辈的艺术家对自己的要求。还有对我们年轻人的要求。他的弟子们如果有什么事情没搞好，他当场要骂的，印章不好就要他磨掉，当场拿砂纸磨掉。石头拿回去，改完再拿过来。这些都是我亲眼看到的。

他什么事情都很认真，他想去看钱君匋先生的藏品，就专门写信给钱君匋先生，希望有机会到他的馆里去。他认为这些事都不能随随便便。他外出参加活动，不管是夏天还是冬天，都是西装笔挺，他说这是对客人的尊重，也是对艺术的一种尊重。他总是严肃地对待每一件事，每一个人。这是他个人的为人行事的风格，也是谦谦君子的一种待客的古风。有一次，我在先生家里正在谈其他的事情，外面突然电铃响了，来客是日本的书法大家，两位，可能是路过向他问候一下。这个书法家我也认识，也是叫他老师这一级别的人。但是小林斗盦先生说："以后啊，你们来的时候最好先通个电话，我家里面有客人。"这个细节让我很感动，我一个后辈啊。他很注重礼节，他说："不管你地位有多高，但是待客之道，以先到者为先。"

朱清清：他应该是很在意西川宁先生的话吧，据说年轻时候师兄对他说不要画画了，他就不画了。

梁章凯：这个是小林先生早年的事情，他年轻的时候学过一段时间绘画。民国二十四年（1935），钱瘦铁先生携家人来日本。到1937年，为了掩护郭沫若先生秘密回国，在东京被判入狱。这两三年时间，他们二人有接触，小林先生有向钱瘦铁先生学过绘画。1941年小林先生认识了西川宁先生，到1945年老师去世，西川宁成为师父。他对小林先生说："你搞篆刻就搞篆刻，不要再去学其他的了。"小林先生尊重他的意见，就没再继续画下去。后来我在他的工作室，看到他拿出自己年轻时画的东西，还有钱瘦铁先生给他的画稿，他拿出来和我说，跟我开玩笑，就说："看你现在画画，我也想学画画。"我说那好啊。当时西川宁先生是让他专注篆刻，这个确实也成就了一代宗师。

他临终之前还在刻章。他是九十一岁去世，八十七岁的时候，就是去世前几年，他做了个白内障手术。当时他学生就开玩笑说，说原来老先生白内障的时候，看印看不清楚，什么都可以，等到他手术做完，那就什么都不可以。"老师眼睛太清楚，我们要吃苦了。"做完手术，他又拿起刀来继续刻，一直刻到九十一岁。

　　他是2007年8月13号去世的。8月12号，他中午之前还在给学生改稿。那天应该是他身体有反应了，不想出去吃饭，就拿了一个盒饭在房间吃，但只吃了一半。他在给一个一个学生改印稿。为什么呢？因为10月份有个大展，日本的大展，所以这几个月有很多学生，包括很多外地来的后辈都要请他看稿子。可以说他是工作到最后一刻的。

　　在这之前，2007年8月6号那一天，他约我去他家里一下。我记得那一年的7月10号，他突然得了病，到医院查了一个多礼拜，医生说没问题，出院了。他20号出院的。我们是在月底的时候通了一个电话，就说让8月6号去他家。那几天，他觉得身体好起来了，但是因为刚刚一场病，他觉得自己九十一岁了，想到后面有一些事情要我帮助处理。我到了，他就叫我喝啤酒，喝了两个小时的啤酒，边喝边跟我讲："万一我去世以后，要拜托帮忙做点事情。"那天其实聊得蛮开心，话题也很积极，没往别处想太多。

　　13号早上，我飞机回到杭州。那几天太热。那一年，日本的天气非常热，报道说有很多老人家在家里热死了。当时可能是他一个人在家休息吧，医生的推断应该是先生口渴了，起来拿水喝，但是没拿到，扑到地上，就去世了。

　　我得到这个消息应该将近一个礼拜以后了，我当时在中国。小林斗盦先生在日本是一位大书法家，应该是当时有很多大展在评审，所以他去世的消息就推迟公布了。到了20号，8月20号，日本NHK，还有日本朝日新闻，所有的媒体，全部都登了讣告，20号晚上，我刚好回到东京，得知了这个消息。很悲伤，也很震惊。

　　小林斗盦先生是前辈，是老师，也算是亦师亦友，良师益友。我真想不到6号竟然是我们见的最后一面。我马上就拿起电话打给他的家属，给他的侄儿打电话。电话里表示了悲痛，他还约定尽快见面，因为小林先生生前交代的事情。

朱清清：据说您和小林先生有个蛮特别的缘分，你们俩在日本圈内的昵称，都有个"田"字。

梁章凯：小林斗盦先生的家是在东京永田町，那是日本政府机构所在地，众议院、参议院所在地。他呢第一次来到我这里，我的工作室是在田端。田端这个地方，原来是东京城郊一个田地比较多的地方。当然一百年之后，这里也到处是房子，田地全部变成公路了。他第一次来我这里的时候，我说老师啊，我这个田是种田的田。他说："不是啊，我们两个都是一样的'田'啊。"他这一说，感觉大家的心理距离就近了一点。

　　他说以前经常坐车绕这一圈，就在田端这边没有下过车。因为田端没有博物馆、美术馆，美术馆都在上野那边，这边也没有什么他所喜欢的文房店啊什么的。他说："就因为你在田端，我才第一次踏入这里。"所以这一下就变成了书道界的两个"田"。"永田町"指的是小林斗盦先生，"田端"就是我的代号。

朱清清：小林斗盦先生好像是终身未娶的吧？他对家人，不管是对母亲、对弟弟，还是侄儿，感情都是很深沉的。

梁章凯：小林斗盦先生是终身未娶。他年轻的时候应该有过初恋，据说好像是因为母亲不大满意这个婚事，他很尊重他母亲的意见，后来就没了结果。我听有个学生透露，先生的这位初恋者也没有结婚，她活到了八十几岁。有一天，大家在吃饭的时候，小林先生突然间筷子停在那里，还掉了泪。事出突然，大家很是惊讶。后来才知道，是那位老人去世了。他很伤心，我们也没有敢出声。

他的感情很深沉，他刻有一方印"梅妻鹤子"，现在珍藏在家里。

小林先生对母亲感情很深，说在大地震的时候，他和弟弟都很小，都是小孩子。母亲为了保护他和弟弟，用身体保护他们，身体在地震中被甩来甩去。这都是他亲口对我说的。所以他对母亲非常尊重。当然，日本人对父母都是很敬重的。后来他弟弟和弟媳妇去世，也都是他一手操办。他弟弟在一月份去世，他八月份去世，弟媳妇早一年离世。所以那一年对他家，对他的侄儿们来说，是很大的打击。

他口头经常会有两句话，一句是"我儿子"。他每次都念叨"莫思高，莫思高"，就是"我的孩子"。其实那是他弟弟的儿子，过继给他做儿子的，就是说他侄儿做儿子。他的弟弟有两个男孩，很有出息，但都不在金石书画圈里。

他经常还有一句就是"我弟弟，我弟弟"，对弟弟的照顾无微不至。一个八九十岁的老人家，还天天记挂弟弟怎么样、弟媳妇怎么样。有一次我跟他约好了见面，他突然说"我弟媳妇病重"，就回去了。所以他不仅关心学生，还关心家人的。弟弟、弟媳妇八十多了，他也是快九十的人，都要操心。

朱清清：所以小林先生真是一位情深义重的人。

梁章凯：是的，他的怀玉印室，就供奉着吴昌硕先生和河井仙郎的照片。他很崇拜吴昌硕。他认为吴昌硕是近代篆刻史的一个高峰，无人可及的高峰。

朱清清：他作为吴昌硕再传弟子，也是很有一些使命感的。

梁章凯：是的，他对艺术很执着、很投入，他对学生们要求也是很高。他一直强调，如果不会书法，篆刻是搞不好的。他再三要求他的学生，一定要写好字。他自己临终前，还在提笔挥毫。他写的书法以篆书为主。行书呢，有点学吴让之的风格。他的篆刻，很崇拜吴昌硕。但从他的作品来看，也有赵之谦、吴让之的风格，可能吴让之的分量更重一点。对于西泠印社，他与别人讲，有很多原因吧，中间大概有 11 年没有来西泠印社。百年社庆之后，他担任了名誉副社长，和西泠印社恢复了交往。

周澄

西泠印社社员，台湾印社荣誉社长
采访人：许继锋
采访时间：2018年9月29日
采访地点：台北周澄书斋"小雪楼"

许：周先生您好！您被评论界誉为"学院派艺术大师"，您也是在北京故宫绘画馆办过展览的当代第一位华人画家，这对于艺术家而言，应该是一个蛮难得的机会吧？

周：是的，我大概是故宫开放办展以后在故宫的绘画馆做展出的第一个华人画家。大陆的画家还没有进去办过展。其实那个时候，2003年两岸的政治氛围还蛮严峻的，蛮紧张的。我被邀请办展，是跟我老师江兆申先生的推荐有关系。他以前在台北故宫博物院服务嘛，那跟北京故宫的院长、副院长都有来往。我老师经常被邀请去做专题演讲啊，讲座啊，在国内外都有很多机会见面，虽然他后来也到北京做展览，在北京美术馆展览，他本来也想进故宫做展出，但是因为他职务的关系，就没有进去。后来就推荐我。他们说需要一个诗、书、画、印都有造诣的，而不是单一的作品展出，所以我们相互商讨了两次，然后再定案。那我也是诗、书、画、印都一起展览。整个故宫绘画馆有七个馆，都安排了我的作品进去展览。现在好像要去展览，租金都蛮高的。我是被邀请去展览的，是免费的。我现在年纪比较大，脚力也比较弱，所以比较少出去了。像以前的话，我到北京展览过，到南京、上海，到山东也展览过，都是被邀请的，规格也蛮高的。我还有被邀请到英国、美国、加拿大、新加坡、日本和韩国去办过展，大家都比较赞许这种诗书画印兼受"古今不乱"的境界和"借古开今"的做法。

许：我们了解到您是台湾印社的首任社长，我们想了解一下台湾这边的篆刻艺术流变的大致过程，各个印社整体的活动情况怎么样？

答：台湾的篆刻家，第一批的就是海峤印社，他们都是从大陆过来的，年纪比较大的，最小的也是五十了。年长的也很多，就是王壮为、曾绍杰、李大木、王北岳他们这批人。后来就成立了第一个篆刻协会，应该是1974年就有了篆刻协会。我当过秘书长，也当过理事长。活动大概就是每年都会开会，出多种印集，也有在历史博物馆那边去做展览，所以这些活动就一直持续不断。这样，慢慢地除了原来这些老人之外，新的篆刻家也一直有冒上来，还算不错。1982 年，创办了印证小集，后来正式成立了台湾印社。台湾印社刚刚成立的时候，都是三十岁以上的艺术家，在台湾篆刻特别有成绩的，好像是得奖啊，或者是说他蛮有影响力的啊，把这些人结合起来，那个时候大概有三十一位。开始的时候在我这里成立，但是所有的工作都是陈宏勉和林淑女，主要是他们两个人在做。

我到了去年才卸任，这样我把棒交给了陈宏勉。除了我们这个台湾印社还有好多印社，每个印社吸收的成员要求都不一样，我们每个人也会当老师一样，去指导比较年轻的一辈。台湾其他的印社，有的年龄上会比较年轻一点。那我们台湾印社的其实现在年纪也都比较大了，从六十几岁到七十岁，我是已经快八十了。我们希望多做一些传承的工作，还是再找几个比较年轻的上来，不断地扩大在台湾的影响力。现在每年我们都有在大专院校的篆刻比赛，鼓励这些年轻的篆刻家来比赛、来创作，给他奖励。然后他得奖以后，慢慢地会形成一个影响力，然后他们又去做指导老师啊，在学校里都有社团。我想篆刻在台湾应该算是蓬勃发展的。虽然政府并不重视这一块，但是我们在民间的篆刻活动还是很蓬勃的。跟大陆的交往也是很频繁，有时候请他们过来，有时候我们过去，互相都有来往，也有合作出版的刊物。像我就是比较早就参加了西泠印社嘛。

许：作为西泠印社的社员，您在跟大陆篆刻家的交流方面，做了很多的工作。

周：其实我也不只是西泠印社社员，我除了去杭州，还去北京和大陆的很多城市。北京不是有一个中国篆刻研究院吗，我也是研究员之一，他们常常也有邀请我去做展览啦，交作品啦，交其他的资料给他们。我经常会去北京开会，他们有活动邀请我的时候，我有时间就会过去。其实跟西泠印社更是这样的，以前我身体好的时候也是常去报到，现在的几个秘书长啊、副秘书长啊，大家都蛮熟的，有时候他们过来台湾印社，我在的时候会宴请他们。其实早几年的时候我们酒量都很好，大家喝酒，谈谈天都很高兴。所以两岸之间的篆刻关系还是很密切的。当然，现在年轻人学习的条件很好，资料的查找也方便，电脑一打开你要什么都能查得到，不像我们以前，要到处去借书，去借印谱、拓片来看。学习环境也不太一样了，以前买印石、买印泥，都很困难，我们当时要从大陆进点货都很麻烦，都要从香港买。有时候买到一块好石料，舍不得用，就把它锯成两段，这边刻完，那边又刻一面。材料特别匮乏。后来才发现有其他地区的石材啊，有很多不同的材料可以选择。现在的东西就比较丰富一点。所以，现在的年轻人真的很幸运。

我们这边的年轻篆刻家的学习还有一个蛮特别的地方。大家都知道台湾这边有几个印学名家，有王壮伟、曾绍杰老师，也有其他的李大木啊、王北岳老师啦，好几个老师都会同时教学生，教了好多学生，所以我们台湾印社向老师学习是广泛的，不是单一的师徒关系。我不太一样，我是江兆申先生教的，就我一个人是只跟江老师。他们其他很多人都是由各个老师共同来指导，然后他们就在这样的条件下成长起来，成名成家，然后就一代一代传下去。我们印社与国外的同行，尤其跟韩国、日本也都有来往，他们的风格我们也都能看得到，能借用能吸收的东西我们也都会融合一下。我们还有日本的社员，他当时是从长沙到台湾来的，一个叫原田历郑的，他是拜王壮伟、吴平先生为师，他大概每年都会过来个一两次，这样慢慢地大家就都很熟啊。他后来提出来，说："我要参加你们印社好不好？"我说好啊，当然好啊。还有一位是我在北京开会碰到的，后来也很熟了，他就经常到台湾来，我介绍他到台湾印社让大家认识。他们两个人都刻得不错，刻得很好。当然联系最多的还是大陆这边，大陆这边条件好，这些年通过考古，地下也挖出来很多宝贝，太多了，所以可以看到的资料也越来越丰富，所以大陆篆刻家印面上文字的变化，会比以前活泼一点。以前我们都从汉印入手啊，那现在不一定，现在可以参考学习的东西多。所以我想说篆刻这个艺术啊，应该跟书画是平等的。像我是书、画、印兼攻，又能诗文，这样的人大概已经不太容易找到。所以今天我会鼓励年轻人要多学习、多尝试。"篆刻"是两个字，两个境界，一个是篆，一个是刻，刻是技巧，那篆是有关文字学方面的素养，还要有历代篆刻历史的学习，这些跟篆本身都有关系。所以我想说，"篆刻"两个字，一个是行为的，一个是哲理的，所以要两个合起来了才能叫作篆刻。所以我鼓励学生多看多学。

　　陈宏勉这几年经常去福建，他带了很多年轻的篆刻家去参加海峡两岸篆刻家大赛，这个好像每年都办。比赛是有鼓励性的，我想可以让这些后起之秀有

周澄作品

机会一展篆刻艺术，大家也是一个很好的交流。而且到那边以后大家就有机会认识了，感情也更融洽。我想这个是有必要的，所以我就尽量鼓励他们去参加。

许：您最近一次去孤山到西泠印社是什么时候呢？

周：应该是前两年的事，那个时候应该是跟吴伯雄先生还有其他一些人一起去的。他们去那边开会，吴先生和我交情很好，他就说："你就跟我们一起去吧，我们开会，开完会你带我们出去到处走走。"所以我们到杭州去，我带了他们到西泠印社去参观。到了孤山，我说我是西泠印社的社员，这边我比较熟，我可以带大家上山，还可以给大家做介绍。西泠整个的环境很好，他们玩得还蛮高兴的。

许：今年是西泠印社创社一百一十五年，您会去吗？

周：我现在脚力太差了。大概是我脾气太厉害，所以头重脚轻，脚力不济了。这两年很多活动我都没有办法参加，我能不去就不去，我要在家多休息一下。有人要过来，我跟他们讲，我身体不好，你们能不来就别来。其实你们能来，我精神都会好起来。

西泠印社是研究金石篆刻的所有的社团里面历史最悠久的，从清朝一直到现在不断有人才出来，所以我一直很向往。尤其是西泠印社在孤山，这个环境也很好，虽然现在把很多库藏都搬到城里头去了，但是孤山的整个氛围，看到原来的那些题襟馆啊、观乐楼啊，看到原来的山泉、摩崖石刻啊，都是很亲切的，每次去都很有感觉。我每次去都会说，我们是西泠印社的社员，所以到孤山就像回家，看看老家一样。

薛平南

西泠印社理事，台湾印社副社长
采访人：许继锋
采访时间：2018年9月30日
采访地点：台北薛平南工作室

许：薛老师您好！听说您目前在准备明年七十五岁在台北中山纪念馆的一个大展？

薛：这个对艺术家是一个很高的荣誉，艺术家能够在那边办展，有一次经历就已经是很难得了。台北中山纪念馆不接受申请，他们会根据自己的需要来邀请艺术家。那么我个人是在六十岁的时候在那边办过花甲个展，又过了十五年，再有了这个荣幸，可以继续在那边展出啊。那么这是大型的展览了，所以这个作品的规格跟平常我们的创作是不太一样的，他要一些大作品。大的作品就是四联屏、六联屏这样的，如果小品的话在那个场地里面就不合适了，所以为了那样的展览必须要准备一些大的作品。

许：除了书法作品，您的篆刻作品也会同时展出吧？

薛：是的，会一并展出。我个人的规划是这样，因为它有两个场地，南、北两室，所以我就准备一个展出七十岁到七十五岁之间的作品，另外一个呢，是六十岁到七十岁之间的作品，也算一个小小的回顾了。不过，如果用回顾展的名义呢，七十五岁恐怕还太年轻了，一般也要八十岁之后了。希望将来呢，有机会再继续办下去，因为我觉得艺术家如果不做展览的话，大概他的创作热情会减退啊，那如果常常展览的话，也会很累人啊，所以我想取个中庸之道。我个人的规划，通常都在平均五年左右办一次展览，也激励自己一下。

薛平南刻"西泠印社中人"印

许：我刚刚看到您的案桌上，有一方印，刻的是"唐墨下酒"，感觉这是个很有趣的故事啊？

薛：我的家乡在高雄，盛产乌鱼子，日本人叫它作"Karasumi"，这个读音把它写成汉字就是"唐墨"。日本收藏着全世界最古老的一块墨，是大唐开元四年（716）的文墨，那个墨的形状很像乌鱼子的形状，所以日本人就把乌鱼子叫作唐墨，这样吃乌鱼子就变成了非常有文化的事情。所以我也把这个印章的形状，做成了乌鱼子的形状。刻的印文叫作"唐墨下酒"。我们知道，北宋欧阳修有个朋友叫苏舜钦，苏舜钦有一个美谈，就是以汉书下酒。他喜欢看汉书，看书的时候，旁边也会放一壶酒。他看到高兴的段落就喝酒了，看到不喜欢的地方，就把手按在桌上一拍，也喝了，不知不觉就喝了很多的酒。所以我就用"唐墨下酒"来承袭"汉书下酒"这个美谈。

问：您在台湾书法篆刻界影响很大，您平时应该有很多精力是用来指导年轻的艺术家吧？他们在艺术上应该也很有建树。

答：我所指导过的学生呢，曾经组织了一个盘石诗会，那渐渐地我就把自己觉得比较投入的比较专注的，在创作上比较有成绩的，陆陆续续呢，把他们精选出来。有十个女弟子叫作"十秀"，有十个男弟子叫作"十鹏"，我想这样的话他们将来在创作上面会有所提升，也慢慢地会朝着个展方面去规划。我的学生们三年前也成立了一个南风书会，他们在书法篆刻上也会互相观摩，互相切磋，他们会逐步地去提升自己的艺术造诣。

许：您的弟子，是职业的篆刻家，还是兼有其他职业呢？

薛：这个不瞒您说了啊，在台湾，要成为一个职业的书法家也好，篆刻家也好，是很困难很困难的，他们大部分呢都是中小学的老师，书法篆刻都是课余的兴趣。但是因为台湾的中小学老师有时候退休很早，五十出头就可以退休了，所以退休之后就可以把他的全部精力全部倾注在艺术创作上。总之书法也好，篆刻也好，除了是美的创作之外，还对他的人文的素养、国学的素养有要求，这些都是他的背景啊。所以我们认为书法篆刻的创作，随着艺术的提升，他的学养也会跟着提升，那么人生的境界也会逐步提升。

许：您是西泠印社的理事，也是西泠印社在台湾的社员里比较有代表性的艺术家，这些天的采访，我也接触了一些篆刻家，他们有一个强烈的心愿，就是想加入西泠印社。您有没有在您的学生里，看到一些优秀的人才，可以让您推荐到西泠印社的？

薛：西泠印社呢，是国际篆刻界的一个重镇，一个中心。尤其是这二十几年来，西泠印社所做的一切努力，已经是把篆刻艺术发扬到了一个极致，所以现在篆刻的风气会这么兴盛，我想是西泠印社的功劳，它居功最大！我知道西泠印社要入社的门槛，审核是相当的严格，那么将来哪一个省份，如果说有需要增加一些新秀啊，我想台湾是有这个传统的，印风底子还是相当扎实啊，底蕴还是不错啊。我说将来的西泠印社也要像流水，像一个人一样，不断地有新鲜的血液进来，我个人呢也乐意把台湾最优秀的篆刻家推荐给西泠印社，为了弘扬篆刻艺术大家一起努力。

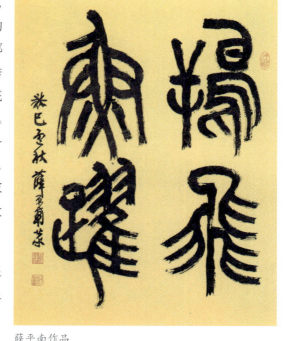

薛平南作品

许：您应该是接触过很多两岸的篆刻家，您有没有发现这两地的艺术家在创作上有没有什么不同的表达方式。

薛：大陆的印风，基本上比较开放，那台湾呢是比较传统的，但是不管怎么样，篆刻要多活动多交流。

据我的观察，大陆这一二十年的篆刻风气，可以用"篆刻热"来形容，印风也可以说是大鸣大放。但是在浙江地区又是比较传统的，紧守秦汉与皖浙两派的印风，所以浙江地区的印风基本上有比较好的古典的美感，那么其他有的省份的就是走大写意，比较有创新性这一类的，也有一些特殊的趣味。不管怎么样呢，刻印章吧，我认为还是要先工后化，把那个传统的基本的印风，秦汉印啊，古玺啊，还有皖派，还有浙派，我个人认为这四派，是基本的古典的底子，把这四派刻好了，将来他就可以自由去发展。我是比较强调，篆书跟篆刻要结合在一起，所以刻印的人不写篆书，那是很难想象的。所以我是建议我们篆刻家，要多写篆书，篆书有所精进，会给篆刻带来一个不同的风貌，不同的眼界。总之篆刻，在所有的艺术当中，是非常需要这个古典的底子，而且要有丰富的学养才能够达成。今年初，我们南风印社第一次办展览，我就引用了一位威斯康星大学退休的教授，朱策忠先生写给我的信的高见。他在信里面就提到，篆刻是艺术之王，他个人最推崇篆刻艺术，但是要把印刻好，他要有丰富的国学、文字学、文学的底子。他也要懂得设计，那么刀下就要显出那个线条的神采。他认为，篆刻要表现好，可以用五个字来形容，就是"芥子纳须弥"，小巧方寸之间里面有丰富的内涵。这几年来我们知道，大陆随着经济起飞，篆刻也得到很好的一个发展。台湾现在篆刻的人口有一个局限，不过台湾在民间呢，有很多公司办的展，也有很多独立的篆刻人和项目，所以在台湾刻印的人，还是有很多发表的园地，还是可以有一个很好的才能的发挥。

许：两岸艺术家的创作环境不同，但是平时还是有很多交流的渠道。我们这次来台湾，是受邀来参加两岸汉字文化节的，像这样的活动，我们今年在福州也有看到。像海峡两岸篆刻家艺术大展这样的一些活动，这些对篆刻艺术应该会有一种正面的、积极的推动。

薛：是的，台湾的两岸汉字文化节已经把篆刻独立变成一个大项了，这个对篆刻界是一个很大的鼓舞。我们两岸透过这样的一些交流平台，互相观摩，互相学习，我想这对两岸的书法篆刻的发展，一定会正面推进。

许：在您的学生里，有没有在两岸篆刻大赛这样的场合中获奖的呢？

薛：目前只有一位啊。参与两岸交流的活动，台湾要进入大陆的竞赛还是比较困难，因为人数比较有限。但是我们还是非常乐观，毕竟在这个平台就有机会发挥，也可以代表台湾一地的篆刻的风格。

许：今年是西泠印社创社一百一十五年，您到时候会参加社庆相关的活动吗？

薛：本来有计划要去参加的，但是我一看日程呢，之前已经规划好了组团要去日本访问啊，所以时间上正好有冲突。那我个人就拟了一个联，给我们西泠印社一百一十五岁的生日祝贺。我写的是"西泠印学盛，四海篆烟香"。篆书的或者刻印，篆书的线条啊，就像我们点香的那个线条，四海之内，我们的篆刻文化都可以得到普及，它的光芒，日本也好，韩国也好，中国也好，这个篆刻，是我们认为篆刻史上最盛大的一个风气、一个风潮啊。

陈宏勉

西泠印社社员，台湾印社社长
采访人：许继锋
采访时间：2018年9月27日
采访地点：台北陈宏勉工作室

许：陈老师，我看您的几部作品集，都是您夫人林淑女老师给您作的序，林老师的文字，您是不是觉得特别能够把您的画作，把您人生最精彩的部分，做一个很特别的表达？

陈：我们生活在一起，创作也在一个画室里，彼此有很多的过程都在一起，是比较了解的。那么我对她也是这样的，有很多的事情，我们可能在创作过程中，互相提一点意见，或许两个人还会斗一下嘴，但是基本上是心照不宣，甚至有对工作氛围的了解。当然了，如果找朋友去写，我想当初如果我要找谁来写这个序，大概都不是太困难。但是，毕竟他们写的有他们不同的方式，不同的观察的一个点，不同的下笔的一个点，比如说要找一个长辈，他在对他的晚辈，或是平辈的朋友，可能会想着怎么样去吹捧，但是我们之间不需要吹捧，然后就会写出那个真实的感觉来。

问：我在看您的篆刻作品集，和别的篆刻家不一样，不光是印面的文字很有个性，边上还配发了一些很特别的文字，您怎么有这样的奇思妙想的？

答：其实这个是1994年在台中做的一个展览以后出的集子。当初我在申请台中的那个省立美术馆的一个档期，也就是现在的台湾美术馆的一个展览档期，这个档期申请到的时候，竟然告知展出的内容是只有篆刻。结果是很大的两个展出空间要全部放篆刻作品。当初接到那个通知时，人就疯了。当时，本来按一般的思路，他们原来也是这样来考虑的，让我把印文一张张放大，这样放大起来其实也感觉蛮有派头的。但是，后来我又感觉，刻印呢，刻完后盖出来那样的，和原石实际的大小才是我们篆刻创作时的一个焦点。所以，它包含了两件事情很重要。第一个就是印文的句子，这个文字很重要，这些都是你读书、读诗文时候有特别的感情呼应的东西，是有特别意义

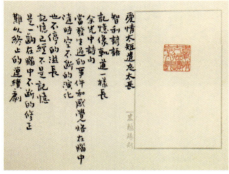

陈宏勉作品

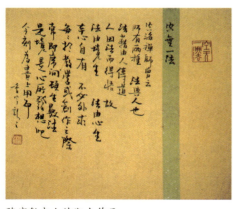

陈宏勉夫人林淑女作品

的句子，这些有时候会让你想破头；第二个问题，就是与篆刻有关系了。这个过程还蛮啰唆的，它不像写字，你一挥而就解决了。你在一个印章那么小的空间里创作，你先要去设计，设计完了你要写，这也和书法有关系，然后才是刻。所以我刻每一枚章都是蛮慎重的。因为这个原因，每一个细节都会有不同的感觉，那么如果你把印章放大了之后，你就会发现，这已经改变了原来要表达的东西。所以当时我很头痛，一是要在那么大的空间里创作足够多的印章，二是怎么为我的印文找出有意思的句子。当时我还在教书，每一天从我家到学校，大概有个五十分钟的摩托车的车程。那一路就想过去了。后来就有了一个想法，就是展出印章的时候在后面写一点东西，写一点我为什么会刻出这样的句子。然后慢慢地，就有了一个戏剧性的情境的转变，有一种情绪积累的情境出来了，这样在这个展出的空间里，会有一个气场出来，它变成了一个特别的空间。所以印章上的印文没有放大，但是这些文字把情境的空间放大了。

许：后来在美术馆实际展出的时候，所有的这些印文都没有放大，是按原石的尺寸展出的？

陈：对，就是按照原尺寸展出。想到这个办法之后，我就去做了很多张展板，每一张大概是一平尺大一点点的大小，然后在上面盖一个章，接着在旁边就把这些文字就用毛笔写上去。当初我们在那边做展览是很简单的，因为美术馆要求条件没有那么高，所以我当初摆好了就一路钉过去了，直接钉到了墙上。现在是不行了，现在你要这样他绝对不给你展，不可能让你在墙上打钉。他们可以打我们不能打，他们打好了你挂上去，但是你看不到钉子。当时我们就很粗鲁的，直接这样钉。做好以后一看，那一整列也是很壮观的，一百多方印，在墙上一整列，很壮观的。

为什么要把这个展览印成书呢，其实一开始也没有这个想法的。在那里展览的时候，

254

我常常穿着一条大短裤过来，穿个拖鞋，就在那儿当观众。我记得是展览的最后一天，看见一个五十岁左右的人，他开幕就来的，拿个笔、拿个本子在那边抄。最后一天我一整天都在的，就是进进出出的，后来看到他还在，我问他为什么到下午四五点了还在那里抄，他说："你这可能会印书吧，这个我现在就很想要啊。"后来就想着怎么把它印出来。原来印章旁边的那些文字是我自己写的，不过当时我的书法也写得不好，只是在展览的时候临时用书法来处理。所以印书的时候我就把里面书法的部分拿掉了，只留下文字。如果现在印，我会把书法也摆上去，这个也是另外一种表现。

许：这样特别的展出，把您的印章和特别的文字表达构成一个特殊的艺术空间，以前在美术馆应该没有艺术家做过吧？

陈：嗯，应该是有史以来都没有过。其实我一开始也没有想过做历史第一人，我就想着怎么把我要给的信息给出来而已。

许：您设计的艺术展示的空间很完整，但是对一些外在的东西可能就放弃很多，我听说您的展出甚至没有开幕仪式？

陈：这个展览我没有太大的预期，这是第一个；另外一个呢，展出在台中，我人在台北。我心里想，开幕仪式其实是很麻烦的一个事情。首先我要把人搬到台中去做一个开幕，这个事对很多人来说是很啰唆的事，当然他们可能会卖我这个面子，但是让大家花这个时间，我觉得没有必要；而且后来我还要在台北展，那我还要把台中的人拉到台北去。所以我当时就想一切简单，大家也不必为了开幕，为了应付我而有特别的负担。

许：那个展出的最后的效果怎么样？

陈：他们讲，效果相当好。他们说，大概我这个文字里嬉笑怒骂全都有嘛，不像现在这么拘谨，现在比较喜欢安静，当时是爱开玩笑，写作写到后来我觉得是很好玩，文字上有的意味就在无意中呈现出来了。

许：我还听说，到了最后，因为来看展的人太多，您展出的作品，都被观众摸得黑了？

陈：哈哈哈，这个展出大概是一个多月。大概到了两个礼拜的时候，他们那个办展的人就跟我消遣啊，打电话给我说，人家都把它摸黑了，他们馆里那个组长说："你来把它卸掉吧。"开个玩笑啊，因为这些展品没有专门的保护，人又太多。

许：说到展品，我看到您的印文里，有"物是人非事事休""笑骂人生""笑笑之余"，蛮特别的是，展品里还有一幅作品，叫"放他妈的狗臭屁"，而且这方印是用田黄石刻的，田黄石很贵的吧？怎么会想起用田黄刻这么一句话？

陈：说来其实也没有什么特别的理由。田黄，在我们来讲是个梦。那到底真的田黄是怎么回事，像我当时来讲，玩不起。有一次逛杂物摊，那个人讲说，这是田黄，我看看应该也是的，但是比较便宜的。拿回来以后一刻，我想这就是田黄吗？我说买回来的不是一样的石头吗，跟其他的石头是一样的，但是它的价格好像又是特别的高，真的是鬼扯淡。所以我马上就想找一个句子把它骂一骂，然后就开始去找那个骂人的句子。我读过金庸的《鹿鼎记》，这里面，从头骂到底，大概有几十个骂人的句子。我就一个一个把它抄下来。不过真的抄下来一看，好像都蛮咬文嚼字的，感觉好像不太够出气。有一天刚好听到有人说了一句"放他妈的狗臭屁"，非常直接，然后又没有伤到任何人。然后我就用了这一句话，旁边写了一段小文字，对天对地对一些无聊的事情，开了一个无厘头的玩笑。

许：我还看到一个印集，应该是您在历史博物馆办的展，您出了一个集子，叫《永以为好》，像这样主题性的篆刻作品展，您是一开始就规划的，还是后来在整理作品的时候觉得要提炼一个主题出来？

陈：其实这个展的情况不一样。因为历史博物馆的那个展出空间不大，这是一个原因。那么我就要去思考说，我怎么用小空间，小的展览来布局，但是我这个人又很不干练，而且在历史博物馆做展，除了是一个小空间，还有这个地方比较特殊，不能随心所欲。那好吧，我就在心态上用一个大展览来展一个小空间，从心态上去适应历史博物馆。我就自己来想办法。所以当初就开始决定了要做一个题目，想了半天，就用"永以为好"。另外一个原因呢，我们早期的台湾印社，1982 年筹办的时候，1983 年元月出了一个"印证小集"，这是第一本大家集刻的一个小册子，就叫作《永以为好》。它薄薄的，非常小，每个人刻一方（永以为好），出了一个集子。当时出《永以为好》，我就去找台静农先生说，给我当顾问。我跟台静农先生很好嘛，他是我老师，叫他帮我写一个《永以为好》的序，我们印证小集要出书，结果他就写了。那当初用完之后，原稿都不见了，被印刷厂搞丢了啊。所以，那个集子，对我们来讲就有特别的意义。我们希望，我们这个印社"永以为好"，我们这个社会"永以为好"。

许：那么您个人以这个主题大概刻了多少方印？

陈：当时定了"永以为好"这个主题，我就开始刻了，到展出的时候是放了三十三方，那时候我就跟博物馆的人讲说，我来刻一百方好了，后来有的人就为了这个来找我，要刻几方"永以为好"，这样到现在陆陆续续刻了应该有五六十方的。

黄尝铭

西泠印社社员，台湾篆刻家协会会长
采访人：许继锋
采访时间：2018年9月29日
采访地点：台北黄尝铭工作室　真微书屋

许：台湾篆刻家协会成立应该是比较早的吧？

黄：其实台湾篆刻家协会跟台湾"中华篆刻协会"有一点点时间上重叠的感觉，有的成员也差不多。但是"中华篆刻协会"是篆刻者基本都会参加的团体，我们会挑选一些精英成员来组成协会，现在的社员大概有五十位，但是我们也会有弹性地增减。

许：协会人员的构成有什么特点呢？

黄：二三十岁有一批啊，四十、五十有一批，大概六七十也有一批，所以说基本是老、中、青三代都有，而且是经过在台湾这边很多比赛筛选出来的一些精英。

许：他们是职业篆刻家吗？协会有基本的经费来源吗？

黄：少数是职业的，但是多数都有其他职业，多数是当教师的，在教书之余来从事篆刻这项工作。其实我们平常活动都不需要什么大的经费，所以说有活动的时候我们再去从会员里面来征集这个会费，另外就是去找一些企业家或者有些单位来赞助来完成一个特定的活动，比如说做展览啦，比赛之类的。

以前我们还有一些经费，早个二三十年前还有一些，但是现在台湾的社团是很自主的，你有一些人就可以成立，很多团体可以自行成立，团体多了，就"粥少僧多"，所以这个经费后来渐渐就没有了，通常都是要靠自筹经费或者是会员收入来支持活动。

许：那么，除了台湾篆刻家协会以外，还有台湾印社这样的篆刻家的艺术团体，相互之间有什么联系吗？

黄：其实它的成员有一些是重叠的。台湾印社因为当时设计的目标不一样，又是很早就成立的，成员基本上也比较稳定，社员大概三十几个，一直没有吸收新的篆刻

黄尝铭作品

界成员进来。

　　许：您也是西泠印社的社员，那么这边的会员跟西泠印社的同仁是否有一些雅集啊，有一些学术上的交往呢？

　　黄：我个人倒是经常去啊，偶尔也有一些副会长他们会带着会员去做交流参加活动，但是有一些活动因为不是在暑假，很多老师就不是特别方便，但是我们还是经常去杭州，我们和西泠印社之间，算是交流比较多、比较频繁的，而且，从杭州那边过来的也比较多，常来我们这边做一些聚会。

　　许：您有没有发现咱们两岸的篆刻艺术家，他们在篆刻风格上，有没有什么差异性？

　　答：台湾的篆刻家，像我们基本上都是从老一辈的那边开始学习的，从大陆来的文人篆刻啊，他们带着这种观念进来的，那也影响到我们这一辈对篆刻的一个概念。所以我们都从古玺印开始，再来进一步就是"晚清六大家"这样的精英作品来学习。应该说台湾的篆刻都算是比较严谨一点的，那相对来讲，大陆这边就比较开放，要表现自己的个性，风格比较多样一些。当然台湾这边现在也有很多人，有年轻人去学习这样的风格，很有气势的感觉啊。但是多数来讲，我认为台湾是比较传统一点，那大陆这边是比较张扬，喜欢表现个人创作的一个态度。但是我觉得一个印章，能够从传统的养分里吸收累积的话是比较好的，而且我在教学生上面，都是鼓励这个方向的。我觉得自己要打造一个风格，得是慢慢累积形成的，应该是积累了前人的作品精华，再转成自己的风格，而且这风格可能是慢慢慢慢地成立，慢慢生化出来的，而不是说一下子，你想要做什么样的风格，就有一个突然的改变，这也是我个人对创作的理解。那么大陆这边，有的艺术家想要表现的风格就比较多元，很百花齐放的感觉。

　　许：咱们这边日常的活动，都有怎样的一种状态呢？

　　黄：一般的印社的小型聚会是常有的，大的活动比如三五十个人的活动就不是那么多，大的活动通常都是一年一次。有时候几十个印人对一个专门的课题来研究也会有，有时候也有分部在台北、台中，在高雄，为了一个专门的课题去做一些讨论啊，研究啊，探讨一下创作啊，倒是常有的。

许：我听说协会现在有四十多位会员，但是会有淘汰制？

黄：淘汰制的考量也不是说因为作品的好坏，而是说他在活动的配合上。假如说他对协会的支持度不高，你故意拖拖拉拉的，那这样就影响到整个会务的推动啊，这样就要做一个取舍了。

许：您介绍说会员里面有一些二十几岁的年轻人，这些艺术家的风格和艺术水准，您是怎么评价的呢？

黄：我们这边里面有很多年轻人，最年轻的就是 20 来岁。他还在研究所读书，但是他在台湾的比赛都得过头奖，连续好几年都获奖，去年他也在山东得到了首奖，算是很优秀的，他走的路也是属于比较精致的，比较规范的。但是事实上台湾的很多篆刻家，尤其是年轻篆刻家，也是很多元的。

许：西泠印社一百一十五年社庆，您会去杭州吗？您会不会带着年轻会员去参加这样的盛会？

黄：我会出席的，我也会考虑带年轻人去的，但是我还要考量他们很多上班的因素啊，不然呢其实他们很多人都很乐意去参加的。西泠印社作为一个一百一十五年的团体，从晚清开始到现在，发展也是挺不容易的。我觉得西泠印社堪称是"天下第一社"，对印章来讲，它有悠久的历史嘛，在印学方面有着光荣的历史，当然它也背负着很重大的一个传承的责任。我希望有更多的年轻人可以加入西泠印社。

南鹤溪

日本书道鸣鹤流第四代传人，天溪会会长
采访人：王欣
时间：2019年11月28日
地点：日本东京天溪会

王：老师好！请您介绍一下日下部鸣鹤和吴昌硕之间交往和友情的渊源。

南：1880 年前后，杨守敬来到日本，他带来了一万两千多卷法帖，这是我们可以从书上看到的如此庞大的数字。他把这些法帖拿给这里的书法家们看。日本的书法家们对此深受震撼，反思从中国借来文字，自己到现在究竟学了些什么啊。所以，受到杨守敬书法理论的影响，日下部鸣鹤对金石之学憧憬之至，他想下功夫做一番真正的学习。可是，当时他并没能马上成行。大概是过了两年之后吧，对于金石之学的无限憧憬，终于怎么也按捺不住了，各种感慨常常溢于言表。最后，日下部鸣鹤去了中国。他先到了上海，见到了吴大澂、杨岘、吴昌硕这三位先生，所有这一切，在我们这里都有详细的记录。

我们天溪会与西泠印社的友好交流，也是缘于日下部鸣鹤与吴昌硕的相识。日下部鸣鹤与吴昌硕相识时，曾在灵隐寺的飞来峰留下石刻："大日本明治二十四年夏六月日下鸣鹤来游于此。"石刻留存至今。在他们相识一百年的时候，我们访问了中国，在吴昌硕出任第一任社长的孤山西泠印社立下了两人结友百年的纪念碑："吴昌硕、日下部鸣鹤结友百年铭志。"

王：日下部鸣鹤与吴昌硕先生之间的互相欣赏和诗文唱和，一直被后世引以为雅谈，鸣鹤流对于王羲之、吴昌硕等人的尊崇，应该也是一百多年来的传统吧？

南：王羲之的《兰亭序》，可谓是行书的经典圣书。以学习《兰亭序》而在书法界立身，这是鸣鹤既定的方针。所以，尊崇王羲之是当然的。1891 年，日下部鸣鹤曾经为追寻王羲之足迹专门来到浙江。在尊崇王羲之的字的同时，另外从文字学，从金石文到篆书一脉，则以吴昌硕先生为源泉。可以说，如果不遇见吴昌硕，就不会结识金文。

因此，我刚才说过的，杨守敬来日本，给大家看到了带来的汉魏六朝的法帖，但是如果不从金文学起，日本人就只知道王羲之的行书了。从这一点来说，我们理解为，这相当于开创了一段历史。

也就是说，在这之后，鸣鹤在文字学方面开始觉醒了。尊崇的是王羲之的《兰亭序》，这是因为字美。可是，书法如果没有文字学的支持是无法成立的。而文字学的原点就是篆书。因此，要把篆、隶、楷、行、草书放到文字学的体系中去解读理解，彻底掌握其发展变化的历程。汉字最伟大的地方就是每一个字都有其对应的意义，一个文字里，就有深深的含义。进一步说，就是具有哲学一样的意义。

这些方面，是无法单单从书法美上获得的。因此，我们认为，不学习吴昌硕先生的篆书这样的学问，就无法成为文字学家。而我们一直被教导，领会的是：不成为文字学家就不能成为书法家。因此，我们有一个严格的约定：不做文字学问，只游戏笔墨的，就不是鸣鹤流。

说到友谊，我们这次出版的《信可乐也》这本书的主题，也是贯穿了吴昌硕先生与鸣鹤的友谊。我认为真正的友谊友情，是看能否贯穿一生到最后。就像咱们刚才去日下部鸣鹤墓地看到的一样，到最后，吴昌硕先生对鸣鹤这位友人的深深友情，他用自己的书法，用篆书书写下的日下部鸣鹤的墓碑。我们对这一友情非常、非常珍惜，直至今日。

这就是从吴昌硕先生那里学来的，鸣鹤一直在学习，并且经过一百二十五年，延续了两代，三代，一直传到现在，到今天我们手里还在学习的篆书字体。篆书体，也像刚才说的，每一个字都有意义，比如这个字，这是"氵"，可能还是说水字旁更准确，现在叫三点水；这是个"泪"字，犬，是有一个点的，现在的日文汉字已经没有这一点了，所以说，如果不是从篆书入手考证，文字学就混乱不堪了。

有了篆书以后，再有隶书。隶书也叫官字，是官吏向百姓发布的大量的布告上使用的字体。当时还没有纸，要刻在木板或者石板上，要刻很多字，所以自然就形成了这种扁扁字体了。

高木圣雨

西泠印社日籍名誉理事，日本谦慎书道会理事长
采访人：王欣
时间：2019年11月28日
地点：日本东京高木圣雨书房育文斋

　　王：先生您好！一百多年以来，吴昌硕先生是不是一直在日本金石书法界有很大的影响力？

　　高：河井仙郎在二十世纪初赴中国留学，成为吴昌硕的弟子，学到了很多并带回日本。在日本，河井仙郎的书法影响力不大，但因为掌握了高超的篆刻技术，给日本篆刻界带来了深远影响，为日本篆刻界的发展贡献了力量。另外，河井仙郎虽然没有师从吴昌硕学习书法，但是他将很多吴昌硕的书画作品带回了日本，并在日本进行推广，为吴昌硕风格的书画作品在日本的普及贡献了力量。在这个意义上说，河井仙郎，不仅仅是河井仙郎，还有日下部鸣鹤等其他大师也都曾赴中国留学，与吴昌硕建立了深厚的友情，并将其作品带回日本，因此给日本的近代书法带来了深远影响，这一点是毋庸置疑的。因为在高岛屋举办过吴昌硕作品展，由此提高了吴昌硕在日本的知名度。1956年青山杉雨出版了一本书法杂志，其中第二期是吴昌硕作品特辑，这本杂志让日本书法界都知道了吴昌硕。之后一直到现在，吴昌硕的小篆、行书、草书等所有字体的作品，很多人都在学习。现在的日本书法界，涌现出了以吴昌硕作品风格为中心的"金石派"等团体，引领了日本书法的潮流，所以说吴昌硕对日本书法的影响也很大。

　　日本书法界的推崇吴昌硕的传统一直延续至今，我无论是作为谦慎书道会的代表，还是作为青山杉雨的弟子，相当于西川宁老师的徒孙辈的弟子，我必须要继承这些前人的精神，所以我现在担任谦慎书道会的理事长的期间，谦慎书道会经常还要举行吴昌硕作品展。比如在其诞辰等纪念日都会举行吴昌硕作品展，希望吴昌硕的名字不要湮没在历史中，不被世人遗忘。在日本我们一直在坚持举办这样的作品展，在日本东京以外的很多地方也都在举行吴昌硕作品展，谦慎书道会更是有责任珍惜传承吴昌硕作品的艺术精神。

十多年前，青山杉雨和沙孟海先生联合举办过一个作品展。当时为了庆祝日中邦交正常化三十周年，我们在杭州的孤山举办了青山杉雨和沙孟海作品展，这也是对吴昌硕老师的一种精神继承。在此前后，日本收藏家珍藏吴昌硕作品展在杭州西湖美术馆举行，为了让中国人知道日本人也是如此喜爱吴昌硕的作品，我们决定在杭州举行这次作品展，然后同时举行了青山杉雨和沙孟海作品展。可以说吴昌硕先生是日本书法界的恩人。

青山杉雨老师去世前，曾被聘为西泠印社顾问，之后谦慎书道会的小林斗盦也担任了西泠印社的名誉副社长，谦慎书道会很多同仁也都担任名誉社员、名誉理事等。可以说在西泠印社海外社员中这些人占了相当大的比例，所以谦慎书道会以后也一定会继续与西泠印社交流下去，作为现任的谦慎书道会理事长我是这么认为的，也坚信将来我的后任们也不会忘记西泠印社的。

高木圣雨作品

王：二十世纪八十年代，青山杉雨先生参加了在西泠印社吴昌硕先生胸像的赠送仪式。

高：这次活动不是谦慎书道会做的，是日本《读卖新闻》发起的赠送吴昌硕胸像活动。在揭幕仪式上，青山杉雨、小林斗盦和梅舒适等数十位先生也作为日本书法家的代表出席了。现在吴昌硕的胸像还在孤山吧。最早的一尊吴昌硕胸像应该是朝仓文夫的作品，是他在1921年制作并送给吴昌硕先生的。八十年代这一尊是读卖新闻社的社长小林与三次发起复制的，他们邀请了朝仓文夫的学生，日本著名雕塑家西常雄重新雕塑了一尊吴昌硕铜质胸像，并将胸像赠送给西泠印社。河井仙郎等人之后，曾经有过一段时间西泠印社和日本中断了交流，自从赠送吴昌硕胸像后，双方又开始了频繁的交流。

王：这些书画作品就是您书房的日常摆设吗？

高：是的，这些作品并不是为了今天的拍摄而挂在这里的，平时就这样放在这里。平时会有一些小的更换，但是现在这样大概有一年以上了。吴昌硕老师、沙孟海老师，还有青山老师，虽然这里没有青山老师的作品。这是一种传承，我很重视。再往前追溯，

那边是赵之谦的匾额。赵之谦、吴昌硕、沙孟海、青山杉雨老师，我把这些代代传承的作品放在自己的房间里，自己也想继续传承下去，虽然很难。

这是吴昌硕八十三岁的书法作品。在其晚年，在这样一张很长的纸上写的单独的一个字，为了让这个单字成为一幅好的作品，如果下笔没有贯穿的力道，这个字看上去就很孱弱，而这个字的气势完全没有被这张纸压制住，是一幅非常优秀的作品。还有，在这里有一个收藏印，这是青山老师的收藏印，他去世前送给我了，所以我尤其珍惜这幅作品。这个字所有的笔画都一样粗，这个难度是很大的，一般的书法中，笔画的粗细是不同的，而吴昌硕的这个字笔画线条厚度相同，用墨量相同，这种凸显单字的书法技艺非常高超，吴昌硕不愧为优秀的书法家。

这是小林斗盦老师的作品，这样大小的印是小林老师制作的最后的作品之一。此后不久他就去世了，这大概是他九十一岁的时候制作的印，九十二岁去世。九十一岁高龄还能有力气制作这样一个印，说明小林老师是很用心的。中国很多篆刻家年纪大了之后就不再制印了，小林老师一直到去世都亲自制印，他也是一位很伟大的书法家。

这个是"郁文斋"，是我书房的名字，有"喜欢旧东西"的意思。我很喜欢收藏吴昌硕等中国老师的作品，所以我起了这个名字。

这里收集了吴昌硕老师从大约三十七岁到八十四岁的书信手稿。这个是他在三十七岁时候写的，吴昌硕年轻时候的手迹，写着"日中（甲午）战争"的字迹。

很多人喜欢研究书信里的内容，当然书信并不是书法作品，写信人也没有想把书信写成书法作品，因此作者本人的特点可以通过字体直接展现出来。书信里的字最能体现作者的特点，而在创作作品的时候，作者会考虑表现力、字形等因素，因此也有人更喜欢书信里的字。

你们听说过"率意之书"（即兴之作）吗？书信里的字体可以被称为"率意之书"。在日本很重视书信。虽然我们生活的时代不同，但是通过这些书信，书法传统的另一种面貌也会被不断地传承下来，我还有吴昌硕老师的其他书信。

这是吴昌硕老师的自用印，有"写字时多蘸墨"的意思，我也把这个印用在自己的很多作品上，有"多用墨，多学习"的意思。特别是我在写大字的时候，经常用这个印，然后我的作品参加展览会时，很多人看了都很惊讶。安吉的吴昌硕纪念馆提出想要这个印，这个印上刻着"鄣吴"，这是吴昌硕老师的出生地安吉鄣吴村，是吴昌硕老师怀着思乡之情而刻的印。这个就是吴昌硕老师思念家乡、充满回忆的印。

这些都是吴昌硕老师的自用印，我把这些印用在了自己的很多作品上。这些印章都是用不错的石材制作的。这些印章，如果只是我自己一个人欣赏的话就有点浪费了，所以我也希望有更多人的欣赏到，作品展览会的目的就是要帮助很多人学习书法，我想增加这样的机会。

青山庆示

西泠印社顾问青山杉雨之子，西泠印社名誉社员
采访人：许继锋
采访时间：2017年11月21日
采访地点：日本东京世田谷青山杉雨"师宁堂"

　　许："师宁堂"这个斋号是青山杉雨先生为了表达对尊师西川宁先生的崇敬吧？我看"师宁堂"外边的客厅很整洁，这里的一切都是您父亲生前原来的样子吗？

　　青：是的，西川宁老师对父亲一生的影响特别大，他们的感情也很深。这个书斋和客厅，一直是父亲在世时候原来的摆设，没有改变。长桌子和椅子靠着墙边，对面有一个矮矮的小梯子。父亲还在的时候，他就端坐在长桌后面，学生们把作品带过来，站上梯子，把他们的书法高高举着，请老师点评。父亲去世以后，就由他的大弟子成濑映山老师坐中间，其他两位师弟坐在两边，学生们还是在下边高举着自己的作品请老师做点评。他们一直保持着这个做法，一年会有十几二十次这样的点评。他们来了以后，先要把书房还有里里外外的桌椅擦干净，一切打扫完了才开始点评。父亲在这里指导的时候，就一个人坐在这里。比起父亲的指导，三位老师的指导更为细心。我父亲点评的时候，有时只用一句话草草了事。他会对举起作品的学生说"这不是你该拿来的作品""果然大幅的作品你还是不行啊"这样的话，但是，三位老师指导的时候真的非常认真仔细，会点评每一个字，有时候会在笔画上做改动的记号。所以，几十年里好像一切还是老样子，我有这样的感觉。

　　许：我刚才也上了二楼看见了先生的书房，他的书斋好像和我们这一次来东京拍摄看到的其他书法家的书房格局不太一样，倒是很有中国古典书房的感觉。

　　青：父亲是很早就去中国做书法交流的，1956年他就有机会去了北京，那时候日本和中国还没有建交，他们是第一批到中国去的日本书法家吧。那一次他去了故宫，他看到了三希堂，后来他的书房就是按那个样子做的。

青山杉雨参加吴昌硕胸像赠呈仪式（1980 年）

青山杉雨在仪式后参加笔会（1980 年）

许：今天特别感谢您在先生的书斋接待我们，还让我们欣赏了很多先生的珍贵的藏品。刚才我们看到了一些陶瓷的酒杯和果盘上，有潘天寿、诸乐三、沙孟海他们几位先生的手迹。

青：那是 1963 年秋天，我大二的时候。来日本访问的潘天寿、诸乐三和沙孟海老师一起在我们以前的家里开了交流会。那时日本和中国的外交关系还没有完全恢复。那天我从大学回家，发现家门口竟然停着警视厅的巡逻车，我本以为是有什么事故发生了，最后进了家门才发现是父亲和三位老师在开交流会。我猜测因为从中国来了一些有身份的人，所以日本这边在安保上也对比采取了相应的措施。这个事情的背景大概是这样。那天应该谈得特别开心，父亲就请几位老师在陶瓷的土坯上留下了墨宝。这些都是交流会后的余兴，让他们在盘子和杯子上画的。先在素坯上创作，然后再去烧。这已经很多年了。

不过，这些酒杯烧制完成之后应该是没有使用过。我父亲完全不喝酒，他要出门应酬喝酒的话身边总会叫一个会喝酒的人，要敬酒时，总是让那个人喝。因为我父亲真的是那种一杯就倒的人。他喜欢抽烟的。我不习书画，所以这时候才第一次知晓了西泠印社。以后父亲和西泠印社有很多来往，他差不多一两年就会去一趟中国的。

许：我们刚才在青山杉雨老师的藏品里看到了西泠印社社长饶宗颐先生题赠的书画作品。

青：是的，我父亲比饶宗颐社长稍长几岁，他们两人有很深的交情，他们相互之间有很多的交流。他们最后一次相见应该是 1992 年，那是父亲最后的海外旅行，他去了台湾，去了香港。他们两位会经常互赠作品，这幅作品就是饶宗颐老师送给我父亲的，

青山杉雨作品

是一开始在香港的时候就画好了，后来饶老师来日本，又在东京补写了一个落款，所以画面上落款的时间不一样。这件作品也是饶宗颐老师送的，具体什么时候送的，我也不清楚，作品上也没有题写年份。以前饶宗颐老师赠送我父亲作品的时候，父亲也会进行类似作品的创作，不过他边画还是会边念叨："还是比不过饶老师啊……"

　　许：您父亲和饶宗颐先生都是宗师级的大学问家，他们二位艺术创作成就卓然而令人仰止，而且他们对于敦煌艺术都是情有独钟，在收藏和研究上倾注了很多的心血。

　　青：父亲对敦煌艺术十分喜爱，他曾经为了欣赏敦煌艺术，专程到法国巴黎等世界著名的博物馆去，就为了一睹敦煌艺术的真容。他对敦煌一直心向往之，但是，他虽然去过中国十几次，却从来没有到过敦煌。二十年前，1997年10月9日，我和母亲，还有家人，父亲的弟子成濑映山老师一起专程到敦煌。母亲当时八十多了，她捧着父亲的遗像，我们带着父亲个人收藏的敦煌文献，赠送给敦煌研究院。这是了却了父亲生前的遗愿。

　　许：我知道，这是意义非凡的一次捐献，也是敦煌国宝被法国探险者劫掠九十年之后的第一次回归。我们要特别感谢青山杉雨先生，也要向您和您的家人表达敬意！

　　青：这次捐赠给敦煌研究院的八件珍贵文献，是父亲在二十世纪九十年代从散落在日本的文物市场上找到的。他一直爱不释手，也曾经与西川宁老师一起欣赏研究过。

他当时就和西川宁前辈说，希望有机会让文献回到敦煌。二十年前我把文物亲手交给敦煌研究院院长段文杰老师的时候，大家都非常激动。特别是五代和北宋的《归义军衙府酒破历》，当年被切成两段，一段被伯希和拿走，现在藏在法国国家图书官，另一段也一分为二，一半存于敦煌研究院，另外一半就是流散到日本的我父亲的收藏。两段合并后，大家发现它的正面是晚唐的《金刚经注疏》，《归义军衙府酒破历》是这件文书的背面。这真的让人特别感慨，失散近百年的文献终于聚首了。

许：我们这一次在日本采访，可以真切感受到中日两国书法家在文化根脉上的深度联系，我们昨天在东博拍摄时，也看到了青山杉雨先生捐赠给博物馆的明清名家书画艺术珍品，看出来您父亲在取法中国传统书法经典上用心很深。

青：父亲的收藏很丰富。这些书法作品也是根据父亲的生前遗愿，我和母亲一起捐给东京博物馆的。捐赠的作品一共有几十件吧，包括杨维桢的《草书张氏通波阡表》卷、文徵明《草书千字文》卷、董其昌的《行书画松小赤壁》卷、倪元璐的《草书五律诗轴》和吴昌硕《墨梅图轴》等一些名篇。父亲是一直希望把自己的私藏变为公藏，有更多的人了解这些珍品。父亲他一直心仪文人书法和金石韵味，西川宁老师也是认为书法家不只是写字，更要做一个文人。

许：特别崇敬青山杉雨先生在中日文化交流中做出的卓越贡献，也感谢您在此后几十年的无私奉献。我知道您不仅按照父亲的遗愿向很多博物馆捐赠珍藏，您自己也为西泠印社捐献了很多珍贵的藏品，其中有的捐赠还填补了西泠印社收藏的空白。

青：我也是西泠印社的社员。这是西泠印社的传统，我想这也应该是父亲希望看到的。我在 1999 年向西泠印社捐献了吴昌硕先生的《墨兰图》，2008 年，又捐赠了吴昌硕先生刻的"石友诗画之研"端砚。

西岛慎一

西泠印社日籍名誉社员，日本著名书画评论家
采访人：王欣
时间：2019年11月25日
地点：日本东京西岛慎一家

王：西岛老师您好！在您的印象里，日本书法界与西泠印社之间的交往，有没有一个特别重要的时刻？

西：说到重要时刻，我不能不提到1987年的兰亭书会。这是1987年在绍兴兰亭参加兰亭书会时的照片，活动主办方是中国当时最大的报社《人民日报》，还有在日本影响地位相当的大媒体日本《读卖新闻》和日本电视放送，他们是共同主办的单位。这个活动可以说是盛况空前吧。当时中方代表有三十多人，日方也有三十多人参加。这么多有影响力的贵宾参加那次活动，这样的盛况在当时是第一次，目前看也是最后一次。

说起这次兰亭书会，必须说到此前几年小林社长和青山杉雨老师的兰亭之行。1980年11月，读卖新闻社社长小林与三次和青山杉雨老师，一起到杭州西泠印社赠呈吴昌硕的半身铜像。当时他们去绍兴兰亭旅游，看到了王羲之等书法大家们曾在兰亭举行书画雅集时的九曲流觞。小林社长马上提议，那就重现当时的场景，再办一次兰亭书会，并多次劝说青山老师，最终促成举行了日中兰亭书会。当时兰亭里面的设施还比较简陋，但是青山老师非常尊敬沙孟海老师，虽然没有见过几次面，但是非常尊敬他。那次书会汇集了启功、沙孟海和青山杉雨、村上三岛等两国书坛的杰出人物，很多不能来现场的老师也送来了作品参加。

之后的1988年，"西泠印社展"在东京、大阪和岐阜举行。这次展出是西泠印社和读卖新闻社一起主办的。其实青山老师一开始不太愿意参与，但是沙孟海派了人来东京，当面劝说青山老师，说这是一次很有意义的活动，恳请他的帮助。最终青山老师决定接下这个任务，他还亲自到西泠印社审定了参展作品。所以说青山老师虽然和沙孟海老师见面不多，但是很喜欢沙孟海老师。这次"西泠印社展"在日本影响很大，

是展出时间最长、效果最好的一次。

王：吴昌硕先生对于日本金石书法界的影响很大，而且一直延续到现在，这里面有没有一些特殊的原因？

西：日本传统的书法在进入距今一百五十年前的明治时代之后，发生了巨大的变化。当时中国有一位名叫杨守敬的书法家来到日本。通过杨守敬，日本人第一次知道了同时期中国的书法作品。之前的日本闭关锁国，只有长崎是作为贸易港口对外开放的，所以有很多中国船只去了长崎，随之很多相关金石书画的书籍和法帖也进入了长崎，其中拓本很多。日本人通过这些拓本欣赏到了中国的书法作品。进入明治时代后，杨守敬被日本人所推崇，也有很多日本人为此去了上海，第一次欣赏到了同时期中国的书法作品，这些作品中也包括吴昌硕的作品。

吴昌硕最初对于日本的影响主要是篆刻，日本的篆刻家因为河井仙郎的关系一直受吴昌硕的影响，包括现在。也有很多人学习吴昌硕的书法，但是很少有人学习吴昌硕的画。有相当多的人在学习吴昌硕的书法。特别是青山杉雨先生，他特别认真地学习了吴昌硕的行书、草书和篆书等。吴昌硕的作品有很大的影响力，而且这种影响持续至今。

在日本，对于吴昌硕的作品各地有不同的喜好。在东京，大家喜欢篆刻、书法作品，在京都、大阪等关西地区，人们喜欢吴昌硕的画。大阪有一家大型百货商店叫高岛屋，曾经举办过三次吴昌硕的作品展。这个和明治大正时代的文人画家富冈铁斋有关系，富冈铁斋的作品在关西很受欢迎。而说到同时代与富冈铁斋画风相似的中国书画家，大家就会想到吴昌硕。所以高岛屋通过举办作品展销售吴昌硕的画作，奠定了吴昌硕作品在日本的地位。在明治时代，来自东京的日下部鸣鹤去了上海，他见到了吴昌硕，并请他刻了一方印章，这成为东京人认识吴昌硕的契机。之后河井仙郎也去了上海，见到了吴昌硕，河井仙郎的篆刻作品受到了吴昌硕的影响。当时带河井仙郎去上海的是文求堂书店的田中庆太郎，他是专门在日本销售中国的书籍的，他对吴昌硕的作品很感兴趣。可能是受到了河井仙郎的影响，他首次为吴昌硕制作了图录。当时在中国还没有艺术家的作品图录，他首次通过图录详细介绍了吴昌硕的作品。

吴昌硕艺术成就广泛，他的交友范围也很广泛。河井仙郎和长尾雨山是西泠印社最早的一批社员，河井仙郎还创作了西泠印社历史上第一篇《西泠印社记》。对于在日本学习书法的人来说，西泠印社是圣地，相当于伊斯兰教里的圣地麦加，能去一次西泠印社，是毕生所追求的，他们非常推重西泠印社。

吴昌硕很受喜爱，而西泠印社对于日本的书法家，特别是篆刻家来说，是内心向往之地，能成为西泠印社的社员，是他们强烈期望的。

王：为了表达对吴昌硕先生的仰慕，当时是不是有很多日本的艺术家还专程跑到中国来？

西：是的。吴昌硕的名字当时出现在日本的很多书籍中，很多人都会去读这些书，由此可知当时吴昌硕在日本的名气是有多大了。

吴昌硕故居"立体画"

吴昌硕的晚年，家在上海静安区的山西北路，当时出了上海火车站往后左转，有一条小路就可以通向吴昌硕的家。

在日本，这个叫"立体画"。把这个"立体画"打开就能看到居室里面的不同墙面。我们看日本茶道的茶室，茶室的构造是什么样子的，通过"立体画"就可以展现出它的完整的结构，而不仅仅是平面图的视角。这样立起来就能看到整个茶室的构造，这个就是日本传统的"立体画"。你看这就是吴昌硕家的一个书房。当年有一个叫楠濑日年的人曾经拜访过吉庆里吴昌硕的家，楠濑日年当时住在东京，他去了上海之后，参观了吴昌硕的家，回来后制作了这个"立体画"。

这是吴昌硕作品的图录特辑，是京都一家杂志出版的。出版时间在昭和二十七年，也就是 1952 年，是二战结束后出刊的所有特辑中最早的一本。这上面刊登了很多著名的人物，每个人都述说了自己对吴昌硕作品的感受，这些感受非常有助于吴昌硕的研究。其中特别是一个叫小笹喜三的人，他年轻的时候去过上海，并拜访过吴昌硕。他是带着长尾雨山写的推荐信去拜访的吴昌硕。他去了吴昌硕家之后的感想很有意思。在日本，像吴昌硕这样的艺术大家往往住在宽敞的房子里，过着富足的生活。但是小笹喜三去的时候却发现吴昌硕在极其简朴的条件下生活，他非常吃惊。这是实际访问过吴昌硕家的人的感想，是很珍贵的文献资料。

这是非常喜欢吴昌硕，甚至也把吴昌硕作品相关要素融入了自己作品中的青山杉雨的编著。1956 年，他编写了《吴昌硕作品集》。青山老师一生编写的杂志中，一共做了十三次吴昌硕特辑，由此可见他非常喜欢吴昌硕。这就是最早的一本特辑。上面记述了吴昌硕如此被喜爱的原因。上面的一些作品也都是青山老师身边朋友们的，比如这个是大型文具店收藏的金山先生的作品，金山先生是与青山老师齐名的雕刻家。青山老师从这些大家手中借来了作品，编成了特辑。金山先生也是西川宁的弟子，他收藏了很多珍贵的作品。这里写着"青山书法研究所"，所以我们可以得知这幅作品是青山老师收藏的。这些资料都很珍贵。青山老师很喜欢吴昌硕的行书和草书，还专门下功夫学习过，但是当时没有吴昌硕的行书和草书的太多资料，所以青山老师就凭借在战前传入日本的吴昌硕作品集，用放大镜一边观察吴昌硕的字迹一边临习，这些事情都可以通过这本杂志了解到。

吴昌硕与石鼓文有很深的渊源，经常临摹。吴昌硕经常临摹，这是他临摹的宁波天一阁复刻的石鼓文拓本。青山老师在晚年时给我们留下了一幅临摹石鼓文的大作。他奉行的艺术作风十分严谨，在临摹石鼓文的时候，他要对照一些相关的作品和摹本。青山老师将这些作品摊开在手边，一边摆放着宋安国曾经收藏过的、最早的石鼓文拓本，以及吴昌硕临摹的摹本和《范氏天一阁刊本》，青山老师同时对比着三部作品进行临摹。这就是青山老师留下的和吴昌硕有关的拓本临摹的相关资料。

吴昌硕年轻时的照片很少见到，这本书上的照片，是年轻时候的吴昌硕。这是一本他自己临摹的石鼓文的作品特辑。这一本图录上面写着"吴氏三代书画展"，所谓的"三代"就是吴昌硕，其子吴东迈、长孙吴长邺，以及如今依然健在的吴超。吴氏三代的书画展在当年曾经同时举行，这就是作品特辑。这一本特辑上面有很多不为人知的照片，这是朝仓文夫赠送的他创作的吴昌硕胸像，是摆放到西泠印社之前拍的照片，这些都是很少见的照片。

吴昌硕是近代的重要人物，不仅仅是近代，从王羲之以后的中国传统书法家中，我认为吴昌硕可以排进前十位。他是一位非常重要的书法家。我的理由和沙孟海老师曾经写过的一篇书法评论里的观点有点接近。从沙孟海生活的年代回溯至三百年前，即对明代以后书法家的评述，在吴昌硕之前还有赵之谦，沙孟海对赵之谦的作品评价不高，认为其作品具有太重的装饰痕迹。而沙孟海认为吴昌硕的作品比较古典，就像唐代诗人杜甫，他创作了很多古典风格的诗词，他的作品具有中国最早的诗歌集《诗经》及《孟子》的传统风格，这对中国人来讲是非常重要的。吴昌硕通过临摹石鼓文，掌握了中国传统书法的精髓，并将其运用于自己的作品中，所以我认为在中国书法史上，吴昌硕是非常重要的人物。青山杉雨老师和西川宁老师也是这么认为的。

高岛屋的展览会是日本首次重点介绍并宣传吴昌硕作品的活动，之后便出版了这本杂志。这本杂志全册都是与吴昌硕相关的内容，也登录了很多作品。很多重要人物都在上面推荐吴昌硕，比如这位长尾先生，他在上海待了很长时间，与吴昌硕有很深的交情；新海竹太郎是当时很有名的雕塑家；桑名铁城和长尾雨山是吴昌硕同时代的篆刻家，主要在京都活动，他收藏了很多中国的书画作品，很有名；八木春帆创作了很多具有中国风格的作品，是很有名的画家；松林桂月一直活跃到战后，他的日本画很受欢迎。这些名人都对吴昌硕的作品做了推介，是很值得纪念收藏的一本杂志。这本杂志很少为人所知，所以能拿到一本也是不容易的。所以说在日本推广吴昌硕的作品，这本杂志发挥了很重要的作用。当时在日本有一位妇孺皆知的作家叫夏目漱石，他在东京一家美术馆举行书法展时，也将吴昌硕的作品作了实验性地创作展出。夏目漱石很有可能是看了这本杂志，学习到了吴昌硕作品的有关知识。很多篆刻家应该没有看过这本杂志，这是很重要的文献。而且这是彩色版，当时彩色版杂志是很少见的。

大门玉泉

日本北海道书法"莲叶会"代表
采访人：杨铭　王欣
时间：2019年11月22日
地点：日本北海道苫小牧市大门玉泉书房

王：大门老师好！请问您从多少岁开始学习书法？

门：小学四年级，所以是十二岁的时候。我的书法人生可以分为前期、中期和后期三个阶段。我的落叶归根之处还是书法。我是来了北海道之后才开始独立创作的，主要原因是关西的老师去世之后，我师从了北海道的老师。此期间我经历了人生的巅峰和低谷，当时在经济方面比较拮据。我之所以能够开始独立创作，是因为看到了溥仪的妹妹韫颖的创作，她用铅笔做作品，我对照了她的作品来练习创作。所以中国在很多方面都对我有恩。我在绘画方面受关西老师的影响，我模仿过上村松园老师的作品，现在我就想用一支画笔描绘完我的一生，制作用汉字和假名完成的《和汉朗咏集》，以表对中国各位朋友的谢意，这是我的梦想。

王：您说了当时经济很拮据，那么去北海道后的生计问题是如何解决的呢？

门：当时是去打工，主要是写字。写各种字，包括名片、表彰证书，给孩子们的补习班、成人培训班上课等，主要在上述一些方面的领域打工。

王：您什么时候接触了汉字书法？

门：我在读女校的时候，在大阪有一位叫田中的老师，他也有一家美术馆，同时也担任美术学习的老师。我参加了他们的学习小组，练习书写汉字。从王羲之的书法开始学，除了王羲之，还有别的书法家，都想不起来了。我们学过行书、草书，也学了一点隶书。中国古典行书、草书和隶书，就学了这些。

王：您学习过中国诗歌吗？

门：是汉诗吗？我现在这个年纪了，是有点忘记了。应该还记得一些成语。嗯，有"温

大门玉泉作品

故知新"，突然这么一问真有点想不起来了，还有"何日君再来"。古典的诗词有点难，还有些什么，我去西泠印社的时候写过的，忘记了。哦，还有"画龙点睛"。

王：您关于西泠印社的印象，是什么时候开始形成的？

门：我与西泠印社的缘分始于2008年结识丁如霞老师。那是在东京的上野森美术馆，当时有一个丁如霞老师的祖父丁仁的书法作品展。最早我对中国这个国家的印象，来自我小时候看地图，我看地球仪的时候知道有这个国家。我很向往中国。当时，在我家的附近也有一些中国朋友，我从他们那里听到了很多中国的事情。后来我也读了丁如霞老师送给我的书《丁家人》。了解到了日本在1932年开始的战争中，给中国带来了深重灾难。我曾去过卢沟桥，站在卢沟桥上，感到非常内疚，一直到现在我都忘不掉那种感觉。尤其是通过阅读丁如霞老师送我的书，我知道了中国在受到日军空袭的时候，当地房屋被毁，物品被扔，一个家族的家传宝物也都被焚毁丢弃。读到这里的时候我想起了太平洋战争的时候，美军空袭大阪、神户时的场景，这些我都经历过。我们失去了最重要的东西。可能也是感同身受吧，因为我经历过美军的空袭。不可思议的是，我与丁如霞老师第一次在神户见到的时候，顿感心头一热，可能就是一种不可思议的缘分吧，我对此一直无法忘却，我与丁老师的交情一直持续到现在。在与丁如霞老师第一次见面的时候，我想大阪的中国邻居林爱钗如果还健在的话就好了。我是同时把对林爱钗的回忆和思念都叠加在了丁老师身上。我想通过我的书法人生，与丁老师建立更密切的联系。随着对中国了解的不断深入，我们之间的关系也越来越深厚。现在我在北海道基本没有亲戚了，至于问我会与丁老师的关系好到什么程度，可以这么说吧，就是我很想了解丁如霞老师的过去，我还为此写了一首歌。

王：第一次访问西泠印社，您终于登上孤山时有什么感想？

门：我感觉我站在了原点，站在了起始点，就是看到了源头。中国朋友经常说"喝水不忘挖井人"，我开始学习书法的时候，是继承了日本先人的传统，他们对我有恩。而日本文字更早的来源，便是中国的丁仁老师所擅长的甲骨文等。我去杭州西泠印社的时候，有一种不可思议的感动。所以我在孤山看到丁仁先生的画像时，仿佛见到了丁仁老师本人。我去西湖的时候，看到西湖边已经历了千年风雨的柳树，于是第二天到上海创作了一首诗。拙作是用日本的俳句写的，表达了这些柳树让我与西泠印社、与丁老师结缘。当时有很多感慨，还有很多话想讲，但是因为时间关系，就没有写太多。

现在回想起一步一步爬孤山的场景，应该是有两个想法吧。第一个是自己的上进心。我上孤山的时候九十多了，身体也不好，当时医生也建议我不要离开日本，是我自己达成了对书法的预期的目标，所以我坚信自己越往上走，感觉就越能靠近丁仁老师，并与丁仁老师心心相通。还有一个就是为了日中的友好关系。我站在西湖边，但是还不了解水底和水面的情况，水流是快还是慢，和日本琵琶湖一样，水面和水底的水的流速是各不相同的。我现在对中国还不太了解，但是我想通过书法这一条道路了解更多。与丁如霞老师一起，我一边爬山，一边祝福着中国一直到二十二世纪都可以与日本保持友好关系。

王：我看您平时一直穿着和服。您当年去西泠印社，也是穿着和服登上孤山？

门：是的。我小时候去茶道、花道培训班的时候，母亲告诉我说，学习茶道、花道的时候就应该穿和服，所以我去学习的时候就一直穿着展现四季不同景色的和服。我可以不需要专业老师帮忙，自己就能穿上和服。日本人对于传统和服普遍认为，通过和服可以看见中国服饰的变迁，日本和服就是来源于中国。每当系上和服腰带的时候，我都会感到精神一振，相信自己什么都可以做到！这种感觉在穿洋装的时候是没有的，只有穿和服的时候才有这种感觉。我对和服爱不释手，这就是我的风格。

王：在中国的时候，您交了很多新朋友吧。

门：我去年和丁如霞老师一起去了杭州和上海，虽然年纪大了，但是感觉实现了我的梦想，我了解到了丁仁的历史以及西泠印社饶宗颐社长等，欣赏了他们的作品。中国和日本，通过文字，在字里行间建立了人与人之间的联系。如今的二十一世纪是一个浮躁的时代，审视人类的时候，文化交流就意味着和平。书法是一种文化，通过文字我进一步加深了与中国朋友的感情。我现在的年纪已经去不了中国了，通过与丁如霞老师的沟通，通过西泠印社之行，我有一个梦想，我会在余生一直坚持与中国开展交流。

大门玉泉在孤山题襟馆

龙乐恒

西泠印社第一个欧洲籍社员

采访人：许继锋　杨　铭

采访时间：2018年8月18日 / 2019年7月28日

采访地点：杭州孤山题襟馆 / 法国巴黎龙乐恒家

　　许：龙先生好！我在采访您之前，看过一些材料，发现咱们是同一年上的大学，不过您属虎，我属兔，您是哥。按中国人的说法，可以叫您龙哥。您的中文名字龙乐恒，有没有什么特别的涵义？

　　龙：嗯是的，也有一些朋友叫我老龙，年纪小一点的也叫龙老师、龙先生。我是1980年上的大学，当时上的是法国巴黎国立东方语言学院，上大一的时候，老师给我起的中文名字。我的法文名字叫 Lourent·long，洛朗·隆，差不多是法文名字的音译。隆就是龙，long，是跟英文一样，长的意思，有时候也可以说是高，就是长得又高又瘦的人的绰号。我知道龙在中国是小姓，还有姓隆的，更是小姓。我遇到过一个姓龙的人，说他的祖先是皇上赐姓龙，到底是真是假，我也不知道。乐恒就是 Lourent，这个也有时候翻译成罗兰。这个名字的的字源和桂有关，桂花的桂，是桂冠的意思。我出生在复活节之前一天，法国东南部的人有在复活节来临前把桂冠或者橄榄枝挂在墙上的习惯。我把室名取作凉思斋。凉思斋是我1987年去台湾留学时用的斋号，用的是唐代诗人李商隐的诗意，有凉秋思旧的意思，也是感怀时光流逝，有中文的典故，也是法文的俗语。我的斋名也叫铁押楼，因为我曾经有一方元代铁铸的画押印。我还自号花醉散人、南风外史、最近半汉、半个汉人、永德布衣。这些斋号，有的与收藏有关，有的以心境自况，有的也是表明处世的方式。我的宇宙观没有放弃欧洲古代文化的那部分，也喜欢中国文人那种散淡自由的潇洒。

　　许：我看您自我介绍的材料里，还号称是西泠第一高鼻子？

　　龙：这真是历史事实。我是西泠印社创社历史以来的第一个西洋人，纯西洋人加入西泠印社。原来有一些其他国家的社员，他们有的是华裔，不然就是属于汉文化体

系里的亚洲人。我是 1987 年硕士毕业
后去台湾留学，开始正式学篆刻，是因
为一些偶然的情况跟篆刻结缘的。在这
之前，1983、1984 年自己刻过一些印章，
但是完全不懂，就在巴黎一家中国卖文
房四宝的店里买了刻刀和石头，还有简
单的篆刻字典，刀法也不懂，什么也不
懂，玩一样地刻了几方。后来的启蒙是
在台湾，有一天我去台湾一家比较有名
的文房四宝店去看篆刻用品。我去的时
候来了两个人，拿了一幅印屏，要来裱。
我就问刻印的是谁，谈来谈去的他们就
把这位先生的地址、电话给了我。第二
天我打电话去拜访，结果就遇见了我篆
刻的启蒙老师，姓马名民振，河北永年

龙乐恒在巴黎工作室

人是也。我的启蒙老师这个人是比较有意思的，他会搞英文篆刻。他年轻的时候喜欢
文学，结果十八岁的时候抗战爆发，投笔从戎了。我认识他的时候已经是退伍的空军
少将，那时候他找回了自己原来的爱好，刻刻印、写写书法。自己取号"永年酒徒"，
就是特别好酒，非金门高粱不喝。他有一个孩子在美国，也从美国给他寄大陆的名酒。
我当时就每个星期两次上他家去。

　　许：您是十五岁就开始接触了东方文化？

　　龙：对，我现在回想起来，我最早对东方艺术的兴趣应该是产生于参观巴黎的吉
美博物馆，这是法国最大的亚洲文物博物馆。当时我对吉美博物馆整个艺术氛围感觉
最强烈的就是印度、中国两种天地。吉美博物馆的氛围从阿富汗到印尼，从日本到斯
里兰卡无所不包，但是过了几年后我已经对印度没有了兴趣，而是转到了中国的艺术
世界。到了高中毕业我曾经有过一点犹豫，是要去学日文还是要去学中文，最后决定
还是学中文吧，因为汉字文化的基础都在中国。说到学日文，我到现在都没学日文，
但是说实话我起码能看懂一些日本的汉学著作。他们的汉学应该比欧洲的早，当然日
本的更丰富。他们更早受到中国文化的影响，也可以说是属于汉学范畴的学说。至于
欧洲汉学的鼻祖就是利玛窦。

　　我十五岁上高一，到高中毕业了确定要读东方语言学院。一开始还没有学中文，
但已经在收集有关中国的书籍。巴黎有一家中国书店，叫凤凰书店，我已经是他们的

龙乐恒在孤山

老客户了。

学习中文对于我了解东亚文化很有好处。汉字不只是在中国，甚至一些日本、韩国、越南的文人也懂汉字。当时的中文，在东亚应该等于欧洲的拉丁文，是文人的共同语言。不少日本的、越南的文人，用中文写作的很多。到二十世纪初，一般的日本文人不光会读古文、会写古文，也会写诗词。其实这对日本人非常难，日文没有声调，没有平仄，非死记硬背不可。越南还比较好，现在的越南文也有类似广东话的声调。

许：您入社是哪一年？

龙：入社是 2004 年，决定入社并交了申请是在 2003 年。2003 年是西泠印社百年社庆，我应邀参加了西泠印社的国际印学研讨会，会后递交了入社申请书。正式入社是在 2004 年的春季雅集。当时和我同时入社的有七八个人。媒体也报道了，照片也登了，我一个洋人穿着长袍马褂加入了西泠印社。有人说我是西泠印社第一高鼻子。

许：当时您入社是谁介绍的？我知道入社都要有理事的推荐。

龙：我在西泠印社应该主要有三位老师，最有名的年纪最大的就是刘老刘江老师。我是 1998 年拜师的。另外还有张耕源、林乾良老师。林乾良老师很有意思，因为我们第一次见面，他就来考我，让我看一枚印章。我想是不是一位叫佛印的大师的印章，他说猜得对。我们还谈到了昆曲《十五贯》。我翻译的昆曲演出版的《十五贯》，把它翻成法文，译本里有注解，还有很长的一篇序言，把《十五贯》的流传过程介绍给法国人，就是《十五贯》怎么从两部话本小说经历明末清初的版本流变，后来经过戏剧百花齐放年代的改编，得到周恩来支持的演出版本，就是周传瑛、王传淞扮演的况钟和娄阿鼠的版本。当时把我学习篆刻的印谱也交给他看了，还谈了印章，再拜他为师。因为我经常不在杭州，我每次都会把刻好的印谱寄给他，他加了批语再寄回来，一段时间下来觉得进步很大。

所以，我觉得刻印要有三多：多看，多看印谱也；多听，多听印人之吾；多刻，这个意思很明显，就是自己要多刻印。我自己摸索了这么多年，最缺的就是跟篆刻家的交流。后来慢慢地跟国内的一些名师打交道，自己觉得真正入了门道。

许：您入社以后这十多年，大概刻了多少印？

龙：我手里这一本印谱，五十页，是明天准备捐赠给印社的。这是我个人印谱的第二十九卷，五十乘二十九册，大概一千五百方差不多。

许：您这回是把一千五百方印的印谱全部捐给社里了吗？

龙：印谱，世界上印谱最全的只有一个地方，就是西泠印社。我最早学印的时候只有一本，可能到了1992年才有了三本。我1992年第一次来孤山，看到西泠印社门市部，在这里，终于看到有好印谱。我就一下子买了两百本，一个大箱子寄回法国，能用一辈子。以前在北京荣宝斋还有别的什么地方的也都有印谱，但不是用连史纸打的，就是一般的宣纸，打印子都模糊了。印谱我有一本捐给台湾了，那时候在台湾做过一个展览，还有一本给吉美博物馆了。我除了把自己的印谱捐给西泠印社，还把多年从世界各地搜集来的一些藏品也捐给了社里。我的藏品，要捐给懂得这些藏品珍贵价值的地方，要给懂的人欣赏，西泠印社就是最好的地方。

许：我看您刻章用的材料好像特别不一样，除了寿山石、青田石，据说还用法国黄杨木刻章啊？

龙：我好几年前有个机会。我家在法国东南部有一位远亲，他们家的花园里原来有这么高、这么粗的一棵大黄杨树。2011年的冬天特别冷，树冻死了。后来我大哥把树弄到手，但是也想不到怎么用。我后来把它锯成这么厚这么大的，一块一块的。这是我的一个朋友帮忙的，他是搞镜框、做盒子的，他可以确保锯正、锯直，然后抛光。黄杨木很硬，如果没有特别的锯子，弄不好。最近一些年石头贵了，我就怕如果买不到石头怎么办？结果刻了几方，包括我在巴黎办展览用的两方，感觉还不错。还有几块是用竹根刻的，就是和指头差不多粗细的竹根，也能刻，但是比较费时间。我还刻过两三方象牙的，也不好刻的。别的需要特别工具的，玛瑙、玉石，这些自古至今都是借助工具刻的，比钢铁还要硬的，你刻不动。试过一次，也不怎么懂，跟石头的效果，跟刀刻的效果不一样，不成功。

许：您除了自己从事艺术创作，有带学生吗？有人跟您学篆刻吗？除了篆刻，您的工作更多是做什么？

龙：现在有一个学生，一个篆刻学生。他想刻印，还想

龙乐恒黄杨木篆刻作品

龙乐恒指导法国学生

刻自己想象出来的。是法国人，纯法国人。四十出头，刻汉字，也刻他自己想象的肖形印。最近我带学生去了两次巴黎的中国文化中心，那边挂了西泠学堂的牌子。但是这个时间都太短了，学习需要时间，光是掌握刀法就需要时间，这刀法的初级入门还比较好掌握，再后来刀法上的细节巧妙，那种技术在肖形印上也可以用。基本上来找我的朋友都还是要刻汉字的，刻名章，也刻一些闲章。有的朋友也因为特别喜欢那一句话，就请我翻译成汉字，再刻闲章。我也刻过一些西方名言、拉丁文成语，翻译成文言文刻成印。去年还刻了一方印，送给了林乾良老师。是莎士比亚剧作《皆大欢喜》里的一句台词，一句名言："愚公则为贤，贤者则为愚。"不过有时候会比较难，要选意思比较合适贴切的，又要翻译得比较简约，闲章还是用古文比较合适。不过这些都是小事情，因为找我的客人不多了。我在巴黎的工作主要是文物鉴定，金石书画方面文物的鉴定。

许：您刚才说自己带了一个四十多岁的法国学生，目前在海外，对金石文化感兴趣的这种年轻人，多不多？

龙：问题还是要有气氛。中国的文化气氛还比较浓，这个也不是因为你特别有文化，也不一定是出身书香门第的。我在苏州待过一年，我发现那边有的年轻人刻的印章特别好，为什么？就在汉字的气氛。有的书法也比较讲究，因为环境都是汉字。好的汉字文化，在海外就还要自己去找。现在整个气氛也不怎么讲究，不光是汉字，还有文化。电脑、手机作为工具，什么都可以下载，什么都可以传播，不管什么字体，字典，下载到手机你也可以。其实你既然选择了一份热爱，不分古今中外，你要是喜爱这个事情，你就要下很深的功夫。

许：您觉得自己在艺术上处在哪一个层面？

龙：应该是在慢慢成才的路上。这一方面在艺术上，不光是篆刻还是别的都是学不完的，有时候真的要学到老，但同时也慢慢感觉到我现在已经开始有结果了。说到刻印上，基本上可以参考古文字像甲骨文、大篆、金文、古玺、楚简，甚至融合一些汉印用刀来刻，有时候也学习把邓石如、邓散木，甚至说齐白石的刀法与甲骨文合为一体。有一方印我觉得蛮成功，是用单刀法刻甲骨白文，这是十几年之前，给刘老刻的"耄年之作"，我们师生合作的。乾隆八十大寿的时候就有"耄念之宝"。

第二次采访

杨：您在法国做古董鉴定，中国文物的古董鉴定，有没有碰到过中国人？在法国有碰到中国同行吗？

龙：没有。说实话，在法国搞中国古董买卖的，一般不懂中文的，哪会认得出我们这些明清瓷器的什么年号，什么年制，基本就是"目不识丁"。不只是法国人，也有亚洲人请我鉴定文物。有一次，一位越南人请我鉴定他们家藏的一幅画，说是赵孟頫的，其实明显是赝品。市场上大多都是赝品，我碰到的很多。好东西有，不多。

杨：龙先生在这个行业做了多少年？

龙：我是1998年开始，这些原来都是在卢浮宫后面的，原来是一家百货公司，后来被一家英国公司收购，上面都是办公楼。我最早跟他们交往，是为了做翻译，后来才接触了文物，有一些书画印章。鼻烟壶不是太懂。偶尔有铜器，石碑主要是佛像，唐代的小佛像。

杨：您怎么鉴定真伪呢？

龙：看书画，尤其是书画方面的文字，有一些明确的信息，不光知道是谁写的，也知道写的是什么意思。一般法国人看到有文字的东西，就想知道写的是什么。有的鼻烟壶是有画的，内容有的是《三国演义》，有的是《水浒传》，也有《红楼梦》。如果有文字内容，比较简单的就是看落款、看日期、看这位先生的字和号、看印章上面的内容信息、看年代、看章法、看画风笔法、看装裱功。

杨：我发现刚才有一位中国籍的法国人，向您求印章。您到古董店跟他们交流，像古董店的老板，他们其实并不是特别了解中国的文化，在我看来是不是您在巴黎的时候，在交流上反而有一点落寞感？

龙：知音难寻，反正自古至今都是这个道理。那些搞古董的，那些看起来特别欣赏中国字画的，大多时候我只不过是给他们做翻译，也会给他们解释这是谁，这象征什么，或者有什么典故。给他们比较简单的鉴定报告或者翻译，也不能写得太长了，要尽可能引用法文资料给他们看。有时候鉴定也不是鉴定真假，就是给他们一种文化背景。给他们参考的资料基本上是法文的，用洋文资料介绍的中国文化很难说有什么熏陶。

杨：您在交谈中经常提到高罗佩这个名字？您比较欣赏高罗佩？

龙：对，我最早对他的了解还是看他的侦探小说《大唐狄公案》，我也知道他很早就专注研究别人不去关注的另类的方面，而且不光是研究，还有亲身的体验。也写古琴，就会弹古琴，还和于右任、冯玉祥他们组织"天风琴社"。我以前有一个收藏中国古董的很好的朋友，他送给我一本高罗佩的英文版专著，是原版第二版的书，汉语叫"琴道"。主要讲的是古琴在文人文化生活中的地位，有乐谱，也讲指法，讲制造古琴的方法，讲欣赏古琴、收藏古琴，也讲到古琴在国外，主要是日本的流传，这是古琴学上的权威之作。我觉得高罗佩不光是汉学家和东方文化学家，他也变成了中国文人。他的文言文写得这么好，看他《琴道》那篇序，简直就有"唐宋八大家"的味道。他自己也会画画、会书法，还有人说他的字叫"高体"。他研究裱画，自己也有经验。高罗佩撰写的《书画鉴赏汇编》应该是最早的系统讲印章篆刻的西方人的专著。他的收藏也很多，他的著作手稿和收藏大多珍藏在荷兰莱顿大学和荷兰大学图书馆。

杨：您刚才说高罗佩已经是一个中国文人。

龙：是，他不光是研究，他已经把中国文化变成了自己的文化思考的方式，还娶了一位出身名门的金枝玉叶，清朝贵族后裔的淑女为妻。他还写《秘戏图考——中国古代房内考》。他的研究方向很广泛，而且不光是研究，自己也要有那种经验。他写《长臂猿考》，自己居住的东京和吉隆坡大使馆的花园里就养长臂猿。

杨：您有没有觉得自己可能成为高罗佩那样的一个中国人？

龙：我写过一封致高罗佩的信函。

　　吟月庵主人高罗佩大使阁下尊鉴，

　　人事三长两短，一时如百年，丽载若刹那。如今阁下身处民国，临安重庆。距今七十余年，逍处万里之外一泰西。然古人多流传文墨遗迹，书画印作是也。多读先贤明着，安非与阁下会晤哉！

　　久仰阁下狄公案侦探小说，尤慕汉学专著，最钦佩阁下融入华夏文明，知、行融合之深。精通汉、韩、日语，能梵、蒙、满文，开辟汉学新领域如音乐、书画篆刻、动物学、房内术。又成出身泰西一中土文人，师金枝玉叶叶寺梦学琴，又拜故清逸老为书画篆刻师。阁下所研究似乎宗于非亲自经验者不涉，如"琴道"既能抚焦尾，《书画鉴赏汇编》能挥毫、动刀、鉴赏、修画等，并可谓西洋首位篆刻家。其甚《长臂猿考》，阁下在驻印度尼西亚大使馆园林养几只，正如荆川先生养鹤者也。且治学严谨，英文古雅，高山安可仰君子也！

　　愚久慕阁下才知，呜呼哀哉！生之晚矣！久隐冥间，安得蒙教？

　　又仰阁下清雅高志。百忙之中，得闲收集古玩，动笔法书编辑，又以抚琴雅集，云雨莲下为娱，不亦快哉！斋名"中和琴室"，知者方解其中唯。

　　愚虽了阴间阳世有别，诚求蒙教多修树人之道，人间火烧简帛技能通知神鬼，然亡魂奈之若何？多望早有一日显灵赐教。肃此

　　顺颂

　　钧安

愚龙乐恒顿首再拜

己亥大暑于凉思斋

　　杨：您现在用中文写作的时候，经常也是会用文言文的。

　　龙：主要是文言文或者是偏文言文的语言。我觉得现代人写文章俗气，主要是太啰唆。当然白话文也有变化。《水浒传》这样的白话文跟清末民初的白话，跟现代的白话文又是两码事。如果翻译的话也要看谁了，翻译也不是这么简单。我主要是觉得古文不光是比较简略，主要是思考方式。我用法文写文章的时候，也不喜欢啰唆。

　　杨：您这么说也有做人的理念，不仅是做学问。您觉得中国传统的文人艺术家个性很特别，是不是您比较欣赏那些个性比较自由潇洒的？

　　龙：那是古来如此的。在古代中国的官僚体制里，那些贵族，我觉得古代欧洲也一样，总有一些人还是讲究个性的。才华出色、作用特殊的人，他们的为人行事风格鲜明。有一个词叫"风流才子"，中国有，欧洲也有。"风流"这两个字，用法文讲，这个意思也经历过变化，刚好是一样的，原来是哲学方面的、思想方面的比较豪放的、有个性的，后来就变成像现在"风流"的这个意思，偏好"玩女人"的那种。最早的意思，不光是这样的。

　　杨：您的生活理念是不是也希望自由不受拘束，风流才子的方式。

　　龙：我自己是比较欣赏这些风流才子型的，但是我写得不怎么好。我想过写一出剧本，描写的人物也是那种风流才子，文武全才、会拔剑打仗、会吟诗作画，起码我认为思想比较开放。可能跟中国文化有关，也不只是中国文化，中国的、欧洲的都有。但

龙乐恒在孤山题襟馆

是可以了解中国文化也能用另外一种立场，另外一种观点看事情。

杨：我知道您有过另外一封致丁敬的信函，好像有一些心境很特别的。

龙：是的。

> 龙泓山人丁敬身先生讲席，
>
> 人事长短无常，有一时如百年，存丽载若刹那者。如今先生身处大清康雍乾盛世，安居候潮门耕耘。远离三百五十多年之今世，逍处万里之外一泰西。然古人多流传文墨遗迹，诗书印作是也。多读先贤神迹，岂非与古人会晤哉！
>
> 久仰先生铁笔甲于一世，去宋元明华丽，尚周秦汉朴实，创立浙派，足为西泠鼻祖，后世方家必学一脉。愚亦欣求古玺汉印简朴无华，久而久之相看两不厌，然仍求先生满白文篆刻坚中有损，整中见化之妙诀。呜呼哀哉！先生久隐冥间，安得蒙教？
>
> 又仰先生清雅高志。于仕途无缘，以酿酒度日，金石为娱，聚友作乐。收古器，藏文字，同时不足为严肃，自号钝丁、龙泓山人、清梦生、孤云石叟为证。"钝丁"一号传说因先生用磨钝铁钉做刻刀，有之乎？或自讽"丁蠢货"而取耶？终生以治印吟诗享余年，不亦快哉！
>
> 先生实属"高山安可仰"者。愚虽了阴间阳世有别，诚求蒙教多修树人之道，人间火烧简帛技能通知神鬼，然亡魂奈之若何？多望早有一日显灵赐教。敬此
> 顺颂
> 刀安
>
> 　　　　　　　　　　　　　　　　　　　愚龙乐恒顿首
> 　　　　　　　　　　　　　　　　　　　己亥大暑于凉思斋

杨：从这封信里，可以感受到丁敬先生对您巨大的吸引力？

龙：他的吸引力其实是比较模糊的。他没有做过官，参加过一次科举考试也没有得到什么功名。我写这篇东西的时候参考了一些材料，他的出身年月好像还是推算出来的，应该是没有很正式的传记，也没有关于他的太多细节的记载。他就是典型的一介布衣，靠酿酒、卖酒为生，刻印卖字也有特别的讲究，一般人买不到他的字。但是他的魅力很大，我一看就觉得他有意思，不光是篆刻方面，人格上也比较有意思，爱交朋友，爱喝酒，痴爱刻印。

杨：孤山西泠印社有丁敬的石像，您上山的时候见过吧？

龙：山上有雕像的，我知道是按当年的画像和石像复刻的。我看过那幅画，好像头发不多，细细的长辫子，印象特别深的是鼻子，就是那种往上翘的鼻子。看起来这个人很不凡，就是与众不同，蛮有意思的，看到了古代文人的那种幽默。

杨：我看您年轻时的照片，包括在台湾的时候还有穿西服的那种造型，您是什么时候开始穿这种长袍大袖的服饰的？

龙：我是一直就比较喜欢穿着打扮的，年轻时没有像现在变成一头"老熊"，是比较讲究的。我在当时，就是八十年代初，尤其推崇英国的一种复古风，就是五十年代的那种味道。所以我的选择，就是比较有个性的，有时候还喜欢戴点小首饰。但是我的问题是自己没有学好做裁缝，我想象的一些服装样式没有真正做到位。最近这些年和原来的一些朋友又恢复了联系，他们给我做的服饰穿起来轻松多了。当然也有布料的问题，就是用棉布，不用化纤材料的，还有就是剪裁得比较宽松的。

杨：您的穿着让我想起了中国文人的魏晋之风。

龙：现在说魏晋之风可能有太多的炒作。我觉得是比较有意思的，魏晋出现了那些风流才子，陶渊明、王羲之、王献之，还有谢灵运，那是当时的大贵族、大才子。王羲之家是琅琊王氏，汉代就开始发迹，虽然到了那个年代没有了以前的光荣。但是大家都是知道王羲之、王献之、谢灵运他们家族的显赫，他们也都是做大官的。

杨：中国人其实认为服装包含了一种文化内涵，所以说中国人会有"衣冠楚楚""衣冠南渡"这样的一些语言，因为衣冠不仅仅是服饰。

龙：这种说法特别珍贵。我们说服饰也叫礼服。比如我们说琴书、琴谱、弹琴，这些都是比较通俗的说法。但是，你看《今古奇观》，你看《俞伯牙摔琴谢知音》这样的故事，你会明白一些弹琴的其他道理，比如不焚香不弹，衣冠不整不弹。衣冠按现代化的理解，衣可以是衣服，也可以是礼服的意思；冠，可以说是帽子，但是官员戴帽子意味着上朝，或者祭祀，或者接待贵客。我一般情况下就是戴块头巾或者那种就是包头巾的一块方布，也许是一条绳子，那就是最简单的。所以衣冠的话，代表着一种规矩。

杨：您对中国很多时代的先贤都很景仰，如果说让您选择出生在中国哪一个时代的话，您会怎么选择？南北朝？

龙：也不一定。唐朝也可以，当然也未必，虽然有所谓太平盛世，但是什么朝代都有不怎么好的方面。盛唐之后也有安史之乱。南北朝也是一直乱，不是兵变，就是暗杀。

杨：看来您最喜欢的还是唐诗？

龙：我会经常翻翻《唐诗三百首》，会背的就那么那几首，包括李白的。

杨：您挑一首最能打动您的唐诗。

龙：刚才就吟了几句。"葡萄美酒夜光杯，欲饮琵琶马上催，醉卧沙场君莫笑，古来征战几人回。"

杨：为什么最喜欢这首诗呢？

龙：这首诗有种异国他乡的味道。因为唐代的葡萄酒还是从西域过来的。凉州啊，兰州啊，甘肃这些地方，当时就跟外族的交流比较多，旅途上是战士也是诗人，琵琶也是雅韵、俗韵很难分清的，有一种蛮特别的感觉。

杨：您是不是特别能体会异国他乡的感觉？

龙：我看有不少汉学家，他们因为自己是外国人，会选择一些不一样的观察立场。有的汉学家，他们不光是研究中国，而且对中亚文化都比较精通。

杨：您是不是特别享受，在不同的文化中畅游的感觉？

龙：我在想我是不是早就需要一种与自己的文化不同的一种世界观，这是我第一次参观吉美博物馆就产生的想法。在语言上，我中文、法文好一点，会读一点古法文，英文也可以，稍微懂拉丁文，懂拉丁语系的西班牙、意大利文，所以我做的论文，给西泠印社研讨会写的文章，基本上都是有关西方和中国印学的关系。有的在中国发表，有的在欧洲出版。

杨：您有没有考虑过选择其他生活方式？

龙：有时候真有幻想，就是到山里找那种比较小的，不是道观就是寺庙，过隐居修身的日子。

上孤山的一千零一页

——写在纪录片《西泠印社》后面

五年，用一千多个日子上孤山。

今日，交出了《西泠印社》书稿，内心很久无法平静。

从六集纪录片在 2020 年 12 月 3 日完成最后一集《刀法》的播出，到今日完成书稿的整理，又过去了一年多。我突然发现，其实这是于 2017 年 6 月 27 日项目启动以来，在五年时间里完成的有关西泠印社题材的第四部作品。

五年前，我们的节目定位是以一部纪录片向创社一百一十五年的西泠印社致敬，现在看来，我们也可以说用心完成了献给西泠印社创社一百二十年的一份薄礼。今天，于西泠印社即将迎来创社一百二十年吉日之前呈上的这部书稿，既是我们的《西泠印社》影像记录的文字版，又是另一部西泠印社的口述史。2020 年冬天完成播出的《西泠印社》六集，我们采用的是"后人忆故人"的叙事方式。在几年里，我们有幸联络并邀请到了西泠"创社四君子"的后人，丁辅之先生的孙子丁利年、丁裕年、丁辅之先生的孙女、吴隐先生的外孙女丁如霞、王福庵先生的孙子王乃康和叶为铭先生的孙子叶金池；首任社长吴昌硕先生的曾孙吴民先、第二任社长马衡先生的孙子马思猛及第三任社长张宗祥先生的外孙女徐洁；著名社员李叔同先生的孙女李莉娟，高式熊先生的女儿高定珠，方介堪先生之子方广强、女儿方丹文，葛昌楹先生孙子葛贤镇；还有日本金石书画界宗师级人物青山杉雨先生的儿子青山庆示、日本书道鸣鹤流第四代传人南鹤溪女士等近百位见证了一百多年西泠印社历史的相关人士，他们以第一人称的在场方式再现了很多感人而精彩的段落。更要特别感谢的是，西泠印社执行社长刘江先生、名誉副社长高式熊先生和副社长陈振濂、韩天衡、李刚田和童衍方诸位先生，不顾身体不适和事务繁忙，为我们亲身讲述仰望孤山、上得孤山的传奇瞬间。整理下来，竟煌煌百余万言，他们的讲述有史实、有细节、有情感、有主张、有温度，今天再次看来，仍然让人激动不已。所以，我说这不啻西泠印社弥足珍贵的一部口述史。但是，囿于各种原因，我们只节选了其中一部分，同样受限于各种条件，这些文字未能每一篇都交由受访者审定，更由于我们学识修养等诸多原因，虽然已花费了大量的时间查证，其中的部分讲述也难免会有一些与现有记录表述不同、主张不同。我们把作为节目素材的口述内容整理出来，尽量保留精彩部分与大家分享。若有不当之处，万望有识之士不吝指教，以利日后订正。我们不胜感激！

我们完成的四部作品，第一部是于 2018 年 11 月播出的风格版三集系列片《孤山路 31 号》，第二部是六集故事版的《西泠印社》，第三部是今天即将献给大家的兼有纪录片影像文字版和西泠印社口述史的《西泠印社》，还有一部，就是我们在五年间以新媒体方式发布的公众号"西泠不冷"，它记录了我们发现的不一样的西泠印社，也记录了我们发现和记录这个过程的不一样的喜怒哀乐。"西泠不冷"，还有一个蛮有意思的名称，叫"一千零一页"。按最初我们的设想，学习、探寻和创作纪录片《西泠印社》的过程，可能是漫长的一千多个日子，我们希望日更一文、一图或一段视频，用一千零一页把它记录下来。这里的每一页，也许都有关中国人的成长记忆，有关中国文化的传承基因，有关中华文明呼应宇宙的核心密码。我们相信，这是一部更有意味的作品。它亦会告诉大家，一群电视人，一群孤山秘密的寻访者，如何渐入佳境上孤山，如何用五年时间走完海拔 38 米的孤山。

五年，真是一千多个令人难忘的日日夜夜，但它完全可以说是我职业生涯最充实的五年，其中有的时间甚至也可以描述成个人情绪的至暗时刻，因为焦虑，因为其他很多无法道与人知的困惑与不解。但是，与今天因为片子的制作而获得的心灵充实，这五年更应该说是我之人生难得的锤炼时刻。我相信自己已变成了另一个人。

不过，还是留下了很多遗憾。

2017 年项目启动，我们即开始联络采访时任西泠印社社长的饶宗颐先生，经由节目文史顾问梁章凯先生与邓伟雄大哥安排，商定次年春节之后去香港拍摄。不料 2018 年 2 月 6 日晚，我们接到了邓哥发来饶公仙逝的消息。虽然我们作为内地唯一一家卫视媒体有机会在香港记录了 2 月 28 日与饶公最后告别的仪式，但是，作为致敬西泠印社创社一百一十五年的一部纪录片，未能留下先生作为印社第七任社长的生前最后影像，不能不说是个极大的遗憾。邓伟雄大哥是饶公的女婿，也是香港影视界的一位前辈，一位参与创造了香港影视黄金时代的传奇人物，尤其是他填词与撰写的《万水千山总是情》《笑傲江湖》《铁血丹心》《神雕侠侣》《射雕英雄传》《楚留香》等影视作品歌曲，曾经风靡华语世界，也可以说已成为一代人的青春记忆。我很想邓哥为片子写一首歌。接到为纪录片《西泠印社》填写主题曲的邀请，邓先生未加推辞，并写下了"西湖之畔，孤山之上，西泠印社中人，刀锋锐，铸出多少新天地"这般气势非凡的词句。遗憾的是，因为《孤山路 31 号》为赶在一百一十五年社庆日前而提档播出，主题歌来不及录制。第二部《西泠印社》播出，又因疫情及其他原因，录制和播出计划不断调整。阴差阳错之下，我们与邓哥合作的缘分差点错过。时间急迫，我们提出了一个近乎失礼的请求，希望把邓哥之填词与《湖山记》及我们团队才华横溢的美术指导唐本达等年轻人撰写的推广词混录成一曲说唱版的《西泠不冷》，虽然传播效果极为轰动，但终究没有把邓哥的词实现为独立的作品。邓哥成人之美的君子风范令人感激。

我们在 2018 年中秋之后在医院里采访了高式熊先生，他原来答应出院之后为我们题写"西泠不冷",想不到几个月之后,次年春节前高老竟在医院辞世,令人唏嘘不已。也是在2018年晚秋,我们在台北拜访了著名篆刻书画大师吴平先生,作为浙江乡贤,采访之后,我们约了先生孤山再见,想不到春节之后,先生已驾鹤仙去。

此后,在本书编撰的时间里,我们又陆续收到周澄、薛志扬、丁裕年、马思猛和曹工化等先生离去的消息,斯人已逝,音容宛在。唯其如此,他们留下的有关西泠印社、有关金石文化的一切,弥足珍贵。

尤为遗憾的是,在这几部作品中,西泠印社的那些年轻人,那些代表未来的新的一页,很少有机会在片子里表现自己的风采。"天下第一名社"的文脉赓续,西泠印社中人的确应该多一些新鲜的面孔。很多朋友都在问,这会不会是下一部片子的重点?

五年,每一个上孤山的日子,都已经成为篆刻在我们生命里的特殊印迹,孤山层层叠叠的每一页,看得见天雨粟鬼夜哭的苍茫过往,每一页都是堪与湖山并永的创造与精神的蕴藏。纪录片完成了,但唐本达的"孤山影像纪"好像刚刚开始。

所以今天,我们要特别感谢孤山,感谢伴随我们上孤山的每一次特别的指引和每一份非凡的能量。我会记得五年前,导演组第一次上孤山,节目文史顾问王佩智先生从前山石坊下的"渐入佳境"开始,与我们用脚步丈量孤山、阅读孤山;我会记得从五年前组织第一次专家论证会到播出前题写分集片名,以及五年间每一次精彩的访谈,陈振濂先生为纪录片付出的所有;我会记得五年间,为我们找到每一方印、每一张书画的珍藏处,不管在北京还是东京,不管是在杭州、福州,还是在台北、香港,只要打通了梁章凯先生的电话,即刻就可以得到准确的答案;我还会记得在节目的播出前后,余正、茅大为、陈峰、王臻、诸葛慧等先生对我们的无私帮助与提点。五年期间,西泠印社社委会、西泠印社集团、西泠印社出版社、中国印学博物馆给予了全程支持,在此要一并表示敬意。尤其是江吟先生,无论是纪录片制作还是两部书稿出版,都给予了很多指导意见。出版社安排的伍佳和王欣,专业而智慧,我们共同合作的图书《孤山路31号》获得了第三十六届浙江省优秀出版物艺术类编辑奖和优秀出版物装帧设计奖,希望我们再次为创社一百二十年献上一份不一样的礼物。

我曾经与很多朋友说过,我退休之后可能还会经常去孤山,以后大家可能经常会在孤山路31号的那个月亮门前遇见我。我会做一个志愿者,在那边继续为大家说孤山,说西泠印社的故事,说那些让我们感动的西泠印社君子们的故事。

一切都是渐入佳境,一切都是未完待续。

上孤山,我欲罢不能。

许继锋

壬寅立夏于良渚友竹居

癸卯仲春补记

西泠印社

SEAL IN TIME

总导演 许继锋

君子的刀法

西泠印社
SEAL IN TIME

君子的刀法

总导演 许继锋

纪录片海报《湖山记忆》
作品入选《第十七届亚太设计年鉴》

西泠印社
SEAL IN TIME

君子的刀法

总导演 许继锋

纪录片《西泠印社》作品信息

出 品 人	吕建楚
总 监 制	华宣飞
总 策 划	陈振濂　龚志南　胡　戎　陈立波
策 划	王宏伟　秦　陶　祁汉忠　江山红
	沈　芸　陈九九　韦　路　王庆文　王群力　杨劲松
文史顾问	王佩智　梁章凯　曹工化　陈博君
总 导 演	许继锋
总 撰 稿	张海龙
分集导演	张　拓　徐祝辉　王　欣　杨　铭　葛临镫　孙宇铭
导 演 组	谢凯一　毛立波
解 说	汪　洋
角色配音	刘　丹
摄影指导	余源伟
摄 影	孔佐殷　孔万杭　魏楠一　谢驰明　毛立波　焦大勇　魏章浩
	王晗俊　宋孝玄　赵逸凡　陈柯男　李伯涵
摄影助理	叶子健　李　飞　陈财余　姚庐健　朱昶霖　金卓皓
灯 光 师	曾凡涛
灯光助理	夏守伟　王有德　路长友　吕云飞　吕延伟
延 时	魏章浩　韩　燚　李伯涵　赵庆宇
航 拍	叶子健
红外摄影	马理朝　武子杰　王壮壮
超微距摄影	朱逸凡　肖　华　赵庆宇　赵一博
特邀延时航拍创作团队	程方和程晓工作室
延 时	程　方　程　晓　袁祥祎　黄凌燕　方　正
航 拍	程　方　程　晓
特邀情景再现创作团队	喆和子安视效实验室
导 演	汪　哲
副 导 演	徐冬艳
摄 影	马天亮

灯 光 师　陈　晓

视　　效　汪　隆

动画创作指导　张　拓

三维动画团队　孔时伟　程剑峰　卫　巍　曹卫卫　麦　芃　刘悦辉　金苗倩
　　　　　　　何晓飞　翟亚超　范　迪

二维动画团队　陈家熙　吴家桥　宋　然　姚庐键

美术指导　唐本达

美 术 师　王一冉　高云燕

美术助理　孙佳翊　刘梦婷　道具师　徐德水　陈　敏

包装制作　陈家熙　吴家桥　姚庐键

后期指导　郭　亮　祝　青　陶　红

后期统筹　凌佳豪　杜重远

后期协调　宋天硕

后期制作　杨　奕　刘继业　牛弋戈　陈　婕　闻舒越　陈　铭

调 色 师　宋天硕　王　刚

校　　对　李　政

片头导演　丁晓嵘

片头后期　崔博文　王润波　马　川

音乐顾问　陈其钢

主题曲作词　许继锋

主题曲作曲　王之一

主题曲演唱　霍　尊

片头音乐演唱　单聪明秀

弦乐录音　国际首席爱乐乐团

乐团总监　李　朋

音乐制作统筹　雨黎音乐工作室

音乐编辑　陈九九　周一红

音乐录音混音　许　扬

音乐监制　侯　湃
音效设计　高泽霖
混音助理　刘小路　田卓群
终　　混　高泽霖
混 录 棚　万像循声
"西泠不冷"平台维护　楼　吟　汪莹瑕　王安静
"西泠不冷"图文编辑　汪莹瑕　王安静
宣传片制作　陈谷峰　方思远　项富祥
宣传推广　彭榆博　边　渊　张　捷　冯　京　沈　旸　潘　雯　高　超
　　　　　王炜健　宫　浩　章俊杰　王　璠　许一鸣　张琴言　沈雨潇
海报设计　唐本达
设计助理　刘梦婷　余　豪　林宗仪　叶　舒　潘奕璋
宣发助理　袁雄宇　邵　臣　胡晓鲲　王俊棠　胡文豪　李澄祖　庞碧辉
　　　　　赵芳彤　王邵伟
编播统筹　刘桐春　郑　竑
协　　调　邱　云　张　帆　顾祥森　王丽艳　周克平　申　俭　戴海栋
　　　　　王　臻
统　　筹　张　峰　洪兵站　王海杰　何　琦　马　莉
资料统筹　郭超英　诸葛慧　邓　京　陈叶华　程　昕　周怡甸　朱小雨
　　　　　胡慧媚
版权统筹　汪冰冰　吴小榕
版权运营　林小楠　李凌枫　翁心颖　韩文超　高　欣
视频合作平台　腾讯视频　爱奇艺　优　酷　哔哩哔哩　今日头条　咪咕视频
制　　片　曾伟民　储成诚
制片主任　相　忆
技术统筹　陈家熙
艺术统筹　余源伟
项目统筹　杨　罡
制 片 人　王　欣

监　　制　陈方柱　林　涌

特别感谢　陈振濂先生题写分集片名
　　　　　楼炳文撰　吴新如题《西泠六章》
　　　　　唐本达制　陈峰题《孤山听雪》
特别鸣谢　杭州华唐影视传媒有限公司（余源伟团队）
　　　　　杭州时之华文化传媒有限公司（程方和程晓工作室）
　　　　　藏朴文化工作室（刘文胜团队）
　　　　　北京尚古书屋　福州本末文化
特别致敬　饶宗颐　高式熊　吴　平
　　　　　小林斗盦（日）　青山杉雨（日）
感　　谢　蔡　毅　陈爱彬　陈　峰　陈宏勉　陈惠琴　陈　墨　陈　勇
　　　　　邓昌成　邓伟雄　范一安　方国梁　傅玉芳　高庆春　韩回之
　　　　　洪能仕　黄尝铭　江　吟　蒋瑾琦　金恩楠　晋　鸥　孔品屏
　　　　　李　平　李清源　林　尔　李夏荣　刘　瑜　陆元峰　吕国璋
　　　　　毛　腾　钱　路　桑建华　沈凤君　沈正宏　施养耀　孙路遥
　　　　　谭　飞　唐存才　王青云　王舞月　王孝方　王　勋　王恩清
　　　　　吴　超　吴　越　吴根荣　吴国豪　吴金洋　吴新如　吴文纹
　　　　　吴心东　吴　莹　吴定玮　徐金超　薛平南　薛志扬　杨　磊
　　　　　杨湘蓁　余　正　袁力鑫　叶名佩　赵东晓　赵杭波　赵　熊
　　　　　张耕源　张　宏　张炜羽　郑文灏　周　澄　周易阳　祝辰洲
　　　　　赤井清美（日）　井谷五云（日）　内藤富卿（日）
　　　　　青山庆示（日）　小林高明（日）　小林俊明（日）
　　　　　奈良衡斋（日）　冈野央（日）
　　　　　浙江大学传媒与国际文化学院　浙江大学国际影视发展研究院
　　　　　范志忠　赵　瑜　范静涵　仇　璜　林　玮　顾晓燕　陈晓蕾
　　　　　周江伟　徐　怡　何慧秀
协助拍摄　中国国家博物馆　故宫博物院　韩天衡美术馆　浙江展览馆
　　　　　浙江省博物馆　浙江美术馆　浙江图书馆　西泠印社社务委员会

西泠印社集团有限公司　西泠印社出版社　浙江传媒学院
浙江大学医学院附属第一医院　杭州市民族宗教事务局
杭州西湖风景名胜区管理委员会　杭州西溪湿地公园管委会
杭州博物馆　杭州孔庙　杭州市良渚博物院
杭州虎跑李叔同弘一法师纪念馆　杭州超山风景名胜区管委会
杭州超山吴昌硕纪念学堂　杭州高级中学　杭州市紫阳小学
西湖琴社　诗外空间　宁波博物馆　安吉吴昌硕纪念馆
安吉吴昌硕故居　海宁市张宗祥书画院　平湖李叔同纪念馆
北京孔庙　北京市广播电视局　北京伯璟文化传播有限公司
上海博物馆　上海市文史研究馆　上海吴昌硕纪念馆　上海市肺科医院
南京图书馆　上海王一亭艺术研究会　中国嘉德国际拍卖有限公司
香港集古斋　香港三联书店联合出版（集团）有限公司
香港饶宗颐文化馆　香港大学饶宗颐学术馆　台北孙中山纪念馆
台湾印社　台湾篆刻家协会　日本东京国立博物馆　日本朝仓雕塑馆
日本谦慎书道会　日本天溪会　日本饭岛书店

鸣　　谢　刘江艺术馆　杭州西泠文化创意有限公司
联合摄制　中共浙江省委宣传部　中共杭州市委宣传部　浙江广播电视集团
　　　　　西泠印社　浙江大学

浙江广播电视集团出品
浙江卫视　　2020年11月